Antología de poetas laureados estadounidenses

Primera edición: septiembre, 2018

© de la selección, traducción y prólogo:
Luis Alberto Ambroggio, 2018
© del preámbulo: Robert Pinsky, 2018

© de los poemas: sus autores

© Vaso Roto Ediciones, 2018
España
C/ Alcalá 85, 7º izda.
28009 Madrid

vasoroto@vasoroto.com
www.vasoroto.com

Grabado de cubierta: Víctor Ramírez

Queda rigurosamente prohibida, sin la autorización de los titulares del *copyright*, bajo las sanciones establecidas por las leyes, la reproducción total o parcial de esta obra por cualquier medio o procedimiento.

*Printed in USA* - Impreso en Estados Unidos
Imprenta: Lightning Source

ISBN: 978-84-948989-8-3
BIC: DCQ

Luis Alberto Ambroggio (ed.)
# Antología de poetas laureados estadounidenses
(1937-2018)

Edición y traducción de Luis Alberto Ambroggio
Preámbulo de Robert Pinsky

Vaso Roto / Ediciones

# Preámbulo
## Robert Pinsky

The official title, in full, is "Poet Laureate Consultant in Poetry to the Library of Congress."

The part that is sometimes left out, "Consultant in Poetry to the Library of Congress," is plainer than "Poet Laureate" with its vaguely royalist glitter. But in truth "Consultant" is more distinguished than "Laureate." To be consulted by the representatives of the people is more noble, as well as more democratic, than to be laureled. The British Poet Laureate is the servant of one family, at the traditional apex of a class system. In contrast, the Library of Congress is at the service of all Americans, open to everyone. The Library, our national organ of memory, is the most encompassing storehouse of words and images in the world. Destroyed by British troops during the War of 1812, the Library was re-founded when the U.S. Congress acquired the personal library of Thomas Jefferson.

Jefferson's name is particularly relevant to this volume of translations compiled in Spanish by the poet Luis Alberto Ambroggio. From Ambroggio's essay "Thomas Jefferson and the Spanish Language: Praxis, Vision, And Political Philosophy"[1] we can learn that Jefferson read *Don Quixote* attentively in Spanish, a language he advised future generations to study.

---

[1] Luis Alberto Ambroggio, *The Hispanic United States*, New York, Long Island al Día Editores, Golden Collection, 2017, pp. 57-69.

El título oficial, completo, es «Poeta Laureado Consultor de Poesía para la Biblioteca del Congreso».

La parte que a veces se deja de lado, «Consultor de Poesía para la Biblioteca del Congreso», es más sencilla que «Poeta Laureado» con su resplandor vagamente monárquico. Pero, en verdad, «Consultor» es más digno que «Laureado». El ser consultado por los representantes de la nación es más noble, así como más democrático, que ser laureado. El Poeta Laureado Británico es el servidor de una familia, en el ápice tradicional de un sistema de clases. Por el contrario, la Biblioteca del Congreso está al servicio de todos los estadounidenses, abierta para cada uno. La Biblioteca, nuestro organismo nacional de la memoria, es el depósito más abarcador de palabras e imágenes de cuantos hay en el mundo. Destruida por las tropas británicas durante la Guerra de 1812, fue fundada nuevamente cuando el Congreso adquirió la biblioteca personal de Thomas Jefferson.

El nombre de Jefferson es particularmente pertinente en este volumen de traducciones compiladas en español por el poeta Luis Alberto Ambroggio. Del ensayo de Ambroggio «Thomas Jefferson y el idioma español: praxis, visión y filosofía política»[1] aprendemos que Jefferson leía el *Quijote* cuidadosamente en español, un idioma que les aconsejó a las generaciones futuras que estudiaran.

---

1  Luis Alberto Ambroggio, en *Estados Unidos Hispano*, Nueva York: Long Island al Día Ed., Colección Dorada, 2015, pp. 53-65.

In a 1787 letter sent from Paris to his young nephew Peter Carr, Jefferson writes: "Spanish. Bestow great attention on this, and endeavor to acquire an accurate knowledge of it. Our future connections with Spain and Spanish America will render that language a valuable acquisition. The ancient history of that part of America, too, is written in that language. I am sending you a dictionary." Ambroggio also quotes from Jefferson's letter of the same year, to his future son-in-law Thomas Mann Randolph: "Spanish is most important to an American. Our connection with Spain is already important and will become daily more so. Besides this the ancient part of American history is written chiefly in Spanish."

The poems in this book, with the background of Jefferson and the history of the Library of Congress, reflect vital, though tangled, cultural threads. For example: the relation of democracy to high standards of learning; the recurring American conflict between nativism and our actual, polyglot origins; the relation of cultural power to political power; of money to art; and of the European past to the United States. Each of those binary questions can be complicated by our knowledge that the slave-owner Jefferson, a deservedly revered and visionary patriot and humanist, also had a covert, mixed-race family.

Among the great stony realities of history, adapting to them with terms like "laureate" or "consultant," poetry persists among the monoliths as a flourishing channel of life, flourishing in the fissures, like the little flowering plants that are so hardy it can seem they survive by breaking apart the massive stones. Such matters of historical scale and endurance, amplified by two languages, can enrich a reading of Elizabeth Bishop's "View of the Capitol from the Library of Congress."

En una carta de 1787 que le envió desde París a su joven sobrino Peter Carr, Jefferson escribe: «Español. Préstale mucha atención y procura adquirir un conocimiento exacto del mismo. Nuestras relaciones venideras con España y la América hispánica harán que la adquisición de este idioma sea muy valiosa. La historia antigua de esa parte de América también se ha escrito en ese idioma. Te envío un diccionario». Ambroggio también cita la carta de Jefferson, del mismo año, a su futuro yerno Thomas Mann Randolph: «El español es de primordial importancia para un estadounidense. Nuestra conexión con España ya es importante y lo será cada día más. Además de esto, la parte antigua de la historia americana ha sido escrita principalmente en español».

Los poemas de este libro, con los antecedentes de Jefferson y de la Biblioteca del Congreso, reflejan hilos culturales de suma importancia, aunque enredados. Por ejemplo: la relación de la democracia con los altos patrones de aprendizaje; el recurrente conflicto estadounidense entre el nativismo y nuestros actuales orígenes políglotas; la relación del poder cultural con el poder político, del dinero con el arte, y del pasado europeo con Estados Unidos. Cada uno de esos cuestionamientos binarios puede complicarse con nuestro conocimiento de que el propietario de esclavos Jefferson, un patriota y humanista visionario y merecidamente venerado, también tuvo una familia encubierta de raza mulata.

Dentro de los vastos roquedales de la historia, la poesía, adaptándose a ellos con términos como «laureado» o consultor, persiste entre los monolitos como un canal floreciente de vida, brotando en las hendiduras, al igual que las pequeñas plantas de flores tan robustas que parecen sobrevivir rompiendo las piedras macizas. Estos asuntos de histórica escala y resistencia, amplificados por dos idiomas, pueden enriquecer la lectura del poema «View of the Capitol from the Library of Congress» de Elizabeth Bishop.

Anyone who has been in the elegant space of the Laureate office, high in the Library's Jefferson Building, knows the windowed balcony with its memorable view— from a bit above!—of the Capitol. The dome is startlingly close. Seeing it from that balcony is like looking at a piece of sculpture from inside another piece of sculpture, both of them monumental— and yet, in the way of Washington at its best, also democratic. That is, this "View" embodies an architectural ideal free from imperial ornament: the Capitol and the Library are visibly splendid and even ceremonial, but not regal or pompous,

With characteristically sly, quietly subversive understatement, Bishop contrasts the visual rubric of her poem's title with the sense of sound. The Air Force Band, "playing loud and hard," can be seen from the Library, but cannot be heard:

> the music doesn't quite come through.
>
> It comes in snatches, dim then keen,
> then mute, and yet there is no breeze.
> The giant trees stand in between.
> I think the trees must intervene,
>
> catching the music in their leaves
> like gold-dust, till each big leaf sags.
> Unceasingly the little flags
> feed their limp stripes into the air,
> and the band's efforts vanish there.

The music, inaudible yet martial, like the poem's title, implies a moment of formal importance. The title could be the caption

Cualquiera que haya estado en el elegante espacio de la oficina del Poeta Laureado, en lo alto del edificio Jefferson de la Biblioteca, conoce el balcón de ventanas con su vista memorable –algo más elevada– del Capitolio. La cúpula se siente sorprendentemente cercana. Contemplarla desde ese balcón es como estar viendo una escultura desde dentro de otra escultura, ambas monumentales y, sin embargo, democráticas, en el más genuino estilo de Washington Esto es, esta «Vista» personifica un ideal arquitectónico libre de ornamentación imperial: el Capitolio y la Biblioteca son visiblemente espléndidos e incluso ceremoniales, pero no monárquicos ni pomposos.

Con uno de sus característicos eufemismos astutos y discretamente subversivos, Bishop contrapone la rúbrica visual del título de su poema con el sentido del sonido. La Banda de la Fuerza Aérea, «tocando ruidosa y fuertemente», puede ser vista desde la Biblioteca, pero no puede ser escuchada:

> la música no se oye del todo.
>
> Llega fragmentada, tenue primero, luego intensa,
> después muda, y, aun así, no sopla la brisa.
> Los árboles gigantescos se interponen.
> Creo que los árboles deben interponerse,
>
> reteniendo la música en sus hojas
> como polvo de oro, hasta combar el más amplio envés.
> Incesantemente las pequeñas banderas
> alimentan el aire con sus frágiles rayas,
> y el esfuerzo de la banda se diluye justo ahí.

La música, inaudible y castrense, como el título del poema, sugiere un momento de importancia formal. El título podría ser el

for a souvenir sold in a D.C. gift shop along with a recording of patriotic music. The word "View" identifies and orients in a formulaic way, but "view" can also mean something more idiosyncratic, personal, individual— possibly, less impressed by the official than by the natural. The poem concludes with an amused, ironic plea. Can the trees kindly make a little room for our bombast, please?—

> Great shades, edge over,
> give the music room.
> The gathered brasses want to go
> *boom - boom.*

The comically personal tone suggests that the "gathered brasses" are a bit like children, indulging their wish to make noise. The pleasure of reading a poem in two languages can be illustrated by Jeannette Lozano Clariond's engaging translation of that stanza:

> Enormes sombras, rebasadas,
> dejan espacio a la música.
> Los instrumentos de viento quieren hacer
> *bum-bum.*

Bishop's "brasses" imply one moral quality of the Air Force Band's performance, a bright, nervy surface while "los instrumentos de viento" may emphasize windiness. The tentative, comically minimal "edge over" has a suitable counterpart in the also comical, perhaps more aggressive or competitive "rebasadas." In this way, a good translation can be both tribute and exegesis. In the original

subtítulo para un *souvenir* vendido en un negocio de regalos de Washington D.C. junto con una grabación de música patriótica. La palabra «Vista» identifica y orienta a manera de fórmula, pero «vista» también puede significar algo más idiosincrático, personal, individual –posiblemente menos impresionado por lo oficial que por lo natural–. El poema concluye con una súplica divertida, irónica. ¿Pueden los árboles amablemente dejar un pequeño espacio para nuestra grandilocuencia, por favor?

> Great shades, edge over,
> give the music room.
> The gathered brasses want to go
> *boom - boom.*

El tono cómicamente personal sugiere que «los instrumentos de viento» son un poco como niños, dándose el gusto y deseo de hacer ruido. El placer de leer un poema en dos idiomas puede ser ilustrado por la premiada traducción de esa estrofa por parte de Jeannette L. Clariond:

> Enormes sombras, rebasadas,
> dejan espacio a la música.
> Los instrumentos de viento quieren hacer
> *bum-bum.*

Los «instrumentos» de Bishop implican una cualidad moral de la actuación de la Banda de la Fuerza Aérea, una brillante, nervuda fachada, mientras que «los instrumentos de viento» pueden enfatizar la ventolera. La tentativa y mínimamente cómica expresión «edge over» tiene una contraparte adecuada en la también cómica, quizás más agresiva o competitiva, expresión «rebasadas». De este modo, una buena traducción puede ser a la vez tributo y exégesis. En el original tenemos «gathered brasses» sugiriendo un

we get "gathered brasses" suggesting a soldier's term for big shots; and in the translation we get their long-winded bluster, "de viento."

Translation also enriches Natasha Trethewey's poem "Enlightenment" (p. 494): Jefferson again, a father and daughter touring Monticello, both aware of slavery and Sally Hemings. In the poem's conclusion, words of their tour guide provide a final, ongoing crystallization:

> *Imagine stepping back into the past,*
> our guide tells us then — and I can't resist
>
> whispering to my father: *This is where*
>     *we split up. I'll head around to the back.*
> When he laughs, I know he's grateful
>
> I've made a joke of it, this history
>     that links us — white father, black daughter —
> even as it renders us other to each other.

In the last lines, this unusual family, with its racial differences, intensifies the ways people— or a people— can become "other to each other." A compact, brief expression of a large, long-lived dilemma. In Ambroggio's convincing, musical Spanish:

> de que haya hecho una broma de ello, de esta historia
>     que nos vincula –padre blanco, hija negra–
> incluso cuando nos convierte en otro para el otro.

With the Spanish "incluso," with its English cognate "including" and the temporal "cuando," one language adds to another different emphases on inclusion and exclusion, the shades of "as" and "when."

término de soldado para fuertes tiros; y en la traducción tenemos su bravura de largo vuelo, «de viento».

La traducción también enriquece al poema «Ilustración» de Natasha Trethewey. Nuevamente Jefferson; un padre y su hija recorriendo Monticello, ambos conscientes de la esclavitud y de Sally Hemings. En la conclusión del poema, las palabras de su guía turística proveen una cristalización final y siempre en desarrollo:

> *Imagínense retroceder al pasado,*
> nuestra guía nos dice entonces; y no puedo resistir
>
> susurrándole a mi padre: *aquí es donde*
>   *nos separamos. Me dirigiré a la parte posterior.*
> Cuando se ríe, sé que está agradecido
>
> de que haya hecho una broma de ello, de esta historia
>   que nos vincula –padre blanco, hija negra–
> incluso cuando nos convierte en otro para el otro.

En los últimos versos, esta familia inusual, con sus diferencias raciales, intensifica los modos de cómo la gente –o un pueblo– pueden llegar a ser «otro para el otro». Una expresión compacta, breve, de un largo y amplio dilema de vida. En el español convincente y musical de Ambroggio:

> de que haya hecho una broma de ello, de esta historia
>   que nos vincula –padre blanco, hija negra–
> incluso cuando nos convierte en otro para el otro.

Con el «incluso» del español y su cognado en inglés «including», así como el temporal «cuando», uno de los idiomas le añade al otro diferentes énfasis de inclusión y exclusión, los tonos de «as» y «when».

In other words, these poems in two American languages, gathered under the heading of a national, ceremonial office, recall in a particular way poetry's double nature: because we imagine it in the mouth and breath, for the ear, this is the most intimate of arts; and because language is bound up with civic life, this is also an art of the *agora*, the marketplace of words, goods, gossip, prejudices, laments, festivities and ideas. (Where often it is useful to have at least a little knowledge of more than one language.)

In that spirit, I'll quote one more poem to celebrate this volume of poems associated, somewhat obliquely, with the city of worldly power. It was composed by a poet whose name is in two languages, flaunting and relishing their overlaps, harmonies and collisions: William Carlos Williams' "A Sort of a Song" (p. 138):

> Let the snake wait under
> his weed
> and the writing
> be of words, slow and quick, sharp
> to strike, quiet to wait,
> sleepless.
>
> — through metaphor to reconcile
> the people and the stones.
> Compose. (No ideas
> but in things) Invent!
> Saxifrage is my flower that splits
> the rocks.

In Spanish, the flower's name, based on the Latin for rock-breaker, is cognate with the English, though pronounced differently (translation again by Ambroggio):

En otras palabras, estos poemas en dos lenguas americanas reunidas bajo el encabezado de una oficina nacional, solemne, recuerdan de un modo particular la doble naturaleza de la poesía: porque nos la imaginamos en la boca y el aliento, para el oído, ésta es la más íntima de las artes; y porque la lengua está relacionado con la vida cívica, éste es también el arte del ágora, el mercado de palabras, bienes, chismes, prejuicios, lamentos, festividades e ideas (donde frecuentemente es útil tener al menos un cierto conocimiento de más de un idioma).

Con este espíritu, voy a mencionar un poema más para celebrar este volumen de poemas asociados, de cierta forma oblicua, con la ciudad de poder universal. Fue compuesto por un poeta cuyo nombre conjuga dos idiomas, alardeándose y deleitándose de sus superposiciones, armonías y choques; «A Sort of a Song», de William Carlos Williams:

> Let the snake wait under
> his weed
> and the writing
> be of words, slow and quick, sharp
> to strike, quiet to wait,
> sleepless.
>
> — through metaphor to reconcile
> the people and the stones.
> Compose. (No ideas
> but in things) Invent!
> Saxifrage is my flower that splits
> the rocks.

En español, el nombre de la flor, basado en el latín para «rompepiedra», es cognado con el inglés, aunque se pronuncie de manera diferente (traducción de Ambroggio):

Una especie de canto

Deja que la serpiente espere bajo
su maleza
y que el texto
esté hecho de palabras, lentas y rápidas, afiladas
para atacar, silenciosas en la espera,
insomnes.

–a través de la metáfora reconciliar
personas y piedras.
Escribe. (No hay ideas
sino en las cosas). ¡Inventa!
Saxífraga es mi flor que divide
las rocas.

That the two languages share a word for this flower—a particle of their shared history, ancient and recent— shows again how translation can add to the tectonic pleasures of understanding.

Robert Pinsky
Poet Laureate Consultant in Poetry
to the Library of Congress
(1997-2000)

Una especie de canto

Deja que la serpiente espere bajo
su maleza
y que el texto
esté hecho de palabras, lentas y rápidas, afiladas
para atacar, silenciosas en la espera,
insomnes.

—a través de la metáfora reconciliar
personas y piedras.
Escribe. (No hay ideas
sino en las cosas). ¡Inventa!
Saxífraga es mi flor que divide
las rocas.

Que los dos idiomas compartan una palabra para esta flor —una partícula de su historia compartida, antigua y reciente— demuestra nuevamente cómo la traducción se suma a los placeres tectónicos del entendimiento.

Robert Pinsky
Poeta Laureado Consultor de Poesía
para la Biblioteca del Congreso
(1997-2000)

# Introducción

Luis Alberto Ambroggio

Hubiese querido que el nacimiento de esta antología tuviese una explicación mitológica, una fábula borgiana, pero surge de un contexto sublimemente sencillo. Cabalmente en la impresionante oficina del Poeta Laureado de la Biblioteca del Congreso –con la vista espectacular del Capitolio, muebles de realeza, en el piso superior del edificio Thomas Jefferson– de la que hablan Pinsky y Elizabeth Bishop. Allí, su director, Robert Casper, luego de un evento que realizamos con el Poeta Laureado Robert Pinsky en ese «templo de duendes» (como lo llamaba emocionado Jorge Luis Borges), me obsequió el volumen *The Poets Laureate Anthology*, editado por Elizabeth Hun Schmidt, con autógrafos de Daniel Hoffman, Maxime Kumin, Mark Strand, Billy Collins, Rita Dove, Kay Ryan y Charles Simic. De esa emoción surge y también del regalo de vivir en Washington D. C., pues me ha permitido compartir recitales inaugurales y otras celebraciones con poetas como Anthony Hecht, Robert Hass, Donald Hall, Rita Dove, Kay Ryan, W. S. Merwin, Juan Felipe Herrera y otros muchos. Siempre bajo la cita de John F. Kennedy que me inspira: «Mientras el poder corrompe, la poesía purifica, ya que el arte establece las verdades humanas básicas que deben servir como el fundamento de nuestro juicio», aunque, como veremos, cada uno de los poetas honrados con estos nombramientos ejerció sus funciones, modelando y expresando su visión que debe medirse por su capacidad de sentir amor, dolor, rechazo. Ante todo en una democracia que se dice libre, abierta, humana. Los poetas aquí representados han dejado una huella indeleble.

El origen del título y cargo de Poeta Laureado se remonta al laurel (*«laurus»*) que estaba consagrado en la antigua Grecia a Apolo, patrón de la música y las artes, y, en consecuencia, se usaba para configurar una corona con la que se honraba a poetas y héroes. Dado que las personas a quienes se les otorgaba la corona de laurel eran ilustres, el término «laureado» se generalizó para todas las personas que se destacaban alcanzando la gloria. Este premio nace así de las costumbres de Grecia y Roma de coronar al vencedor en diversos tipos de concursos, entre ellos el poético, y servirá a lo largo de los siglos para distinguir a alguien de forma oficial dentro de una nación. Se citan como ejemplos de poetas laureados en la antigua Roma a Lucano y Estacio, más tarde a Francesco Petrarca con la pasión de su Laura. De esa tradición emanan en diferentes países actuales los nombramientos de Poeta Laureado, ese poeta que el Gobierno elige para ser reconocido como representante nacional y de quien se espera que componga poemas para acontecimientos de Estado y otras circunstancias gubernamentales. En el Reino Unido, por ejemplo, William Wordsworth trató de rehusar el nombramiento como tal de la reina Victoria, pero su breve desempeño sobrevivió en la dedicatoria de Lord Byron en su *Don Juan*, como señala Elizabeth Hun Schmidt en la introducción a *The Poets Laureate Anthology*.

Siguiendo esta trayectoria, pero con el propósito de evitar la connotación imperial, la Biblioteca del Congreso de Estados Unidos optó por nombrar desde 1937 a un Consultor oficial de Poesía, cargo conceptualizado por el reconocido poeta Archibald MacLeish, a quien el presidente Roosevelt designara como Bibliotecario del Congreso entre los años 1939 y 1944. Luego, en 1985, el Congreso adoptó una ley en la que cambiaba el nombre del cargo al de Poeta Laureado Consultor de Poesía para la Biblioteca del Congreso. Esta ley se debió al tenaz esfuerzo del senador demócrata de Hawái y héroe veterano Spark Matsunaga, que durante veintidós años luchó por este cambio. Muchos estados del país tienen sus propios poetas laureados oficiales. Incluso, esta moda alcanzó a ciertas ciudades. La mayor parte de los que ostentan el título obtienen tal distinción por certamen público, compilación de reconocimientos y otras causas; algunos de los nominados cuestionan el carácter imperial y monárquico de un título que los incomoda; otros han suscitado controversias por sus actitudes o acciones en el cargo; y otros más, como es el caso de Amiri Baraka, del estado de Nueva Jersey, provocaron a veces su sustitución.

De todos modos, tal cual afirma Billy Collins en el preámbulo a la Antología:

> *The Poets Laureate Anthology* [Antología de poetas laureados] contiene muchas sorpresas, descubrimientos que podrían cambiar nuestras ideas respecto a cómo debe leerse el trabajo particular de un poeta. Consagrados como lo están algunos de estos poetas, sin embargo es importante recordar que cada uno de estos poemas comenzó como algo más pequeño –una línea inicial, una imagen intrigante, «un nudo en la garganta» como dice Frost– y no como una contribución para una antología como ésta, con su sobrio título histórico... Es prudente afirmar que estos poemas no fueron compuestos para ser declamados al público estadounidense desde el balcón de la oficina del Poeta Laureado, viendo el Capitolio, sino que más bien su intención era comunicarlos calladamente a un lector en particular, o no recitarlos a nadie, dado que los poemas pueden ser lo que los poetas se dicen a sí mismos mientras deambulan de habitación en habitación por las casas de sus experiencias.

Nuestra versión en español de esta *Antología de poetas laureados estadounidenses* concuerda y difiere de la edición original en inglés en una serie de aspectos significativos y que corresponde aclarar. En primer lugar, se ha optado por revertir el orden cronológico, comenzando con el primer poeta Consultor de Poesía para la Biblioteca del Congreso y finalizando con la Poetisa Laureada que ocupa actualmente el puesto. Así se recorre siguiendo un criterio historiográfico la poesía que no sólo se renueva, sino que resucita a lo largo de estas ocho décadas. Además. incluye a los poetas más recientemente nominados, como Philip Levine, Natasha Trethewey, Charles Wright, Juan Felipe Herrera y Tracy K. Smith, ausentes en la edición en inglés por haberse publicado en 2010. Asimismo, se decidió, en el caso de cada poeta, incluir una bio-bibliografía con la mayor cantidad de datos posibles en un espacio limitado a efectos de dar a conocer a estos autores, no necesariamente renombrados en el mundo de la literatura hispana, e incentivar la curiosidad del lector hacia una investigación más profunda. Una indagación más allá de los detalles de sus actividades, posiciones y proyectos como poetas laureados a los que aludimos someramente en esta introducción y en los que se concentran las alusiones biográficas de la antología en inglés, algunas de cuyas citas y puntualizaciones utilizamos en este recorrido inicial.

Las bio-bibliografías que hemos incluido se basan en y completan las publicadas por la Academia de Poetas Estadounidenses en su página www.poets.org, con la autorización de la organización a través de su directora, Jennifer Benka. Por falta de espacio no nos detenemos en aspectos importantes de la vida sentimental y familiar de los poetas, a pesar de la relevancia e influencia de estos hechos en su escritura, ni en una discusión crítica detallada de la misma. Los criterios de selección de los poemas de cada autor se limitan a algunos de los incluidos en la antología original, tratando de seleccionar los más accesibles a la traducción y más expresivos en sus ejes discursivos, estéticos o con respecto a otros referentes teóricos. Es curioso observar, incluso, que son muy pocos los poetas laureados que han sido elegidos para antologías críticas de Estados Unidos, como la de Harold Bloom, *The Best Poems of the English Language: From Chaucer Through Frost*, y la de Hazel

Felleman, *The Best Loved Poems of the American People*. La antología en inglés, y por lo tanto nuestra antología (sólo una muestra breve) en cuanto a poemas incluidos, es, como todas las antologías, una escultura atrevida de inclusiones y exclusiones, excusable resultado de esa utópica «política cultural». A lo que debemos añadir, en este caso, el hecho precedente de haber sido elegido o excluido como Consultor Poeta Laureado; hecho que nos motiva a preguntarnos, por ejemplo, por qué están ausentes de estos nombramientos poetas estadounidenses distinguidísimos como Wallace Stevens, Marianne Moore o W. H. Auden. Feliz o desgraciadamente, dentro de las circunstancias planteadas, aquí no fueron nuestras tales opciones.

Recorreremos entonces a vuelo de pájaro algunas de las destacables contribuciones, áreas de activismo, posturas y logros de cada uno de los Poetas Laureados/Consultores de poesía de la Biblioteca del Congreso a lo largo de estos ochenta años, desde 1937, con los poemas «empolvados» de Joseph Auslander, hasta el presente.

En efecto, el primer poeta en ejercer el puesto oficial de Consultor de Poesía de la Biblioteca del Congreso fue Joseph Auslander (1937-1941), quien dedicó con entusiasmo su tiempo, en sus propias palabras, «a la tarea de construir en nuestra Biblioteca Nacional para el Pueblo de Estados Unidos un santuario permanente para los manuscritos y objetos de interés de los poetas de nuestro idioma». Auslander ha sido descrito como oscuro, ornamentado e imitador del romanticismo gótico inicial de la poesía estadounidense. Lo siguió Allen Tate (1943-1944), quien en el desempeño de su cargo se distinguió por ser una fuerza catalizadora, curador de las colecciones de poesía estadounidense e inglesa, editor de la antología *Sixty American Poets, 1896-1944* y creador del *Quarterly Journal of Current Acquisitions* de la Biblioteca del Congreso. También fundó el grupo de Amigos de las Letras Estadounidenses de la Biblioteca del Congreso; y fue un poeta descrito como regionalista, agrario, crítico moderno, apologista, católico romano y modernista innovador.

Robert Penn Warren, ganador de tres Premios Pulitzer (dos por su poesía y uno por su narrativa), fue el siguiente Consultor de Poesía para la Biblioteca del Congreso (1944-1945). Hablaremos más de sus dos gestiones en la segunda de ellas, cuando cuarenta y dos años más tarde fuera nombrado Primer Poeta Laureado, al cambiar el título del cargo. Fue designada a continuación la primera mujer, Louise Bogan (1945-1946), minimalista con intensa emoción en su poesía y destacada recitadora, que se desarrolló disfrutando de su cargo: «El trabajo en la Biblioteca es encantador». Durante su permanencia recopiló una bibliografía con las obras literarias publicadas en Inglaterra de 1939 a 1946, evaluó y registró todas las revistas dedicadas a la publicación de poesía y supervisó las primeras etapas del duradero proyecto de la Biblioteca de grabar la mejor poesía en inglés del siglo XX (iniciativa que luego también se aplicó a la mejor poesía hispanoamericana).

Karl Shapiro (1946-1947) –en su término como quinto Consultor de Poesía para la Biblioteca del Congreso, inmediatamente después del regreso de su servicio militar en la Segunda Guerra Mundial– se ocupó en oponerse a T. S. Eliot y a que se registrase a Ezra Pound en la serie de Grabaciones de la Biblioteca por su fascismo, del que fuera exonerado en 1946, al mismo tiempo que se le declaraba mentalmente enfermo y fuera enviado al Hospital St. Elizabeth de Washington D. C. También se opuso a que se le otorgase a Pound el primer Premio Bollingen de Poesía, algo que, como él mismo recuerda, fue un giro crucial en su carrera: «De pronto me vi forzado a tomar una decisión, consciente de que debía defender y ser tomado en cuenta como judío», aunque, en algún momento de su vida un tanto desconcertada, pensó en convertirse al catolicismo.

Con veintinueve años de edad, lo sustituye como sexto Consultor de Poesía Robert Lowell (1947-1948): «Este trabajo –escribe–

me recuerda el palacio de Kafka». Llega a Washington cinco años después de haber sido encarcelado por su oposición a la guerra y su desempeño en el cargo se califica de insulso. Estaba desanimado por el estado de las Grabaciones de Poesía de la Biblioteca, y llegó a informar al bibliotecario de que «la selección de poetas era idiosincrática. Cuatro o cinco de las inclusiones eran absurdas». Aconsejó que se incluyeran los álbumes de poetas mayores, como Frost y Eliot. Una vida con complicaciones y conflictos de familia y amigos (entre ellos Elizabeth Bishop), que se expresa en su poesía íntima, confesional, a la vez influyente y controversial.

Léonie Adams (1948-1949), poeta de versos románticos, lapidarios y metafísicos, reemplazó a Lowell como Consultora / Laureada, y tomó este nombramiento, no como un reconocimiento sino como un trabajo al que le dedicó todo su tiempo. Inauguró en 1948 la tradición de realizar en la Biblioteca del Congreso el evento formal de una lectura poética como toma de posesión del cargo. Otra mujer, Elizabeth Bishop, la sigue como octava Consultora de Poesía de la Biblioteca del Congreso, para el periodo de 1949-1950. Bishop declara al ser nombrada: «Yo siempre he sentido que escribí más poesía al no escribirla que al escribirla y ahora esta ocupación de la Biblioteca me hace sentir realmente como "poeta por omisión" [*poet by default*]». Trabajó arduamente durante su término para enriquecer el Archivo de las Grabaciones de Poesía de la Biblioteca, dando los recitales obligatorios y presidiendo la organización de la celebración de los setenta y cinco y setenta y seis años de Robert Lowell en la Casa Blanca. Esta dedicación y estas actividades afectaron incluso su salud y su entrega a la escritura.

Conrad Aiken (1950-1952) estableció, con su primera carta como Poeta Consultor, los límites de su actuación. Desechaba apariciones en público: «Por desdicha, yo soy uno de esos condenados que simplemente no puede hablar. Tres atentados en tres décadas me enseñaron que el resultado final fue causar un sufrimiento grande e innecesario tanto a otros como a mí mismo». Empleó su tiempo como Consultor de Poesía escribiendo su autobiografía *Ushant*, con las profundas tragedias personales de su infancia, cartas, así como recuerdos de los momentos compartidos con algunos de los grandes de la época, como T. S. Eliot, William Carlos Williams, Robert Penn Warren y otros escritores amigos. Es curioso notar que el siguiente nominado para el cargo de Consultor de Poesía para la Biblioteca del Congreso (1952), el reconocidísimo poeta William Carlos Williams, médico de ascendencia puertorriqueña, nunca ejerció el cargo plenamente a raíz de una serie de problemas de salud (derrames cerebrales) y acusaciones de ser comunista.

Después de tres años con estas complicaciones en la oficina del Consultor de Poesía para la Biblioteca del Congreso, así como el vacío creado por las mismas, se nombró a Randall Jarrell para el periodo 1956-1958. Jarrell se comprometió a restaurar las actividades y prestigio de este cargo, promoviendo la lectura de la poesía, dando una conferencia inaugural memorable y escribiendo uno de sus poemas más famosos, «La mujer en el zoológico de Washington», título del libro que le mereció el National Book Award for Poetry en 1961. Lo siguió en el cargo Robert Frost, ya un héroe nacional, nombrado a sus ochenta y cuatro años Poeta Consultor de Poesía para la Biblioteca de 1958 a 1959. Redefinió las responsabilidades y amplió los objetivos de su cargo para abarcar no sólo la poesía, sino la política, abogando por una cercanía entre el Gobierno y las artes, con un rango de influencia que se sintiera más allá de la Biblioteca del Congreso. La Biblioteca creó un nuevo puesto de tres años para Frost como «Consultor Honorario para las Humanidades» y el presidente Kennedy le pidió que leyera en su investidura presidencial una de sus obras. Compuso para tal ocasión el poema titulado «Dedicación».

En el periodo siguiente (1959-1961), Richard Eberhart, poeta-empresario, ocupó el cargo de Consultor de Poesía de la Biblioteca del Congreso, una experiencia que consideró invaluable: «Llegué aquí con un gran respeto por la Biblioteca y dejo la Biblioteca con un aprecio incluso mayor por la seriedad de sus objetivos, la excelencia del trabajo logrado y la calidad continua de cooperación. Ha sido una experiencia profesional y personal gratificante el haber servido como uno de los Consultores de Poesía de la Biblioteca del Congreso». Su gestión se distinguió por su energía en llevar a cabo sus obligaciones. Convenció a noventa poetas de que leyeran sus obras para el Archivo de las Grabaciones de Poesía y Literatura de la Biblioteca. Organizó recitales, impartió talleres en la zona de Washington D. C., sirvió en el Comité Asesor del Presidente para las Artes, dio conferencias en universidades, además de continuar con su propia obra creativa.

Louis Untermeyer, conocido como editor, crítico y promotor de poesía de numerosos autores, desde Heinrich Heine a Emily Dickinson y Robert Frost, con más de cien libros publicados, fue nombrado por la Biblioteca del Congreso para el puesto de Consultor entre los años 1961 y 1963. Así describió este acontecimiento: «Yo estaba destinado a actuar como un irradiador poético, irradiando amor por la poesía a lo largo de tantas millas como fuera posible». La frecuencia y el éxito de sus recitales y conferencias en la Biblioteca del Congreso durante su término ayudaron a dispersar las acusaciones de subversión comunista que tanto le afectaron en su carrera literaria y televisiva. En octubre de 1962, se llevó a cabo el Primer Festival Nacional de Poesía en la Biblioteca del Congreso.

«Toda esta fama y honor es algo muy lindo mientras tú no lo creas»: palabras de Howard Nemerov, nombrado décimo quinto Consultor de Poesía de la Biblioteca del Congreso (1963-1964) y luego Poeta Laureado durante el periodo 1988-1990. En 1963 escribió un ensayo titulado «¿Qué hace el Consultor de Poesía?». En ambas oportunidades, Nemerov disfrutó la organización de frecuentes cursos, talleres y recitales para jóvenes en la Biblioteca del Congreso, a efectos de promover la valoración e importancia de la poesía. Se cita con frecuencia la frase del director de la

Biblioteca, James Billington, al anunciar la segunda nominación de Nemerov: denomina su escritura «desde profunda hasta conmovedora y cómica».

Cabe notar la coincidencia de que el décimo sexto Consultor de Poesía de la Biblioteca del Congreso, Reed Whittemore, también sirve como tal en dos oportunidades (1964-1965 y 1984-1985), comenzando su segundo periodo como sustituto del convaleciente Robert Fitzgerald. Whittemore afirmó sobre su oficio: «El trabajo es tan raro y especial en el mundo de la Biblioteca y la burocracia federal como en el mundo de la poesía, que es un trabajo de oportunidad, *un catbird seat*/una silla de sinsonte maullador (puesto envidiable por las ventajas que ofrece)». William McGuire se apropió de esta expresión para el título de su libro *Poetry's Catbird Seat*, que utiliza también el blog de la Biblioteca. Cabe aclarar que esta aserción de Whittemore ilustra la realidad de los múltiples compromisos públicos que debe asumir el Consultor de Poesía o Poeta Laureado con la Biblioteca del Congreso, con la nación y con las artes.

Stephen Spender, aunque nacido en Londres, fue nombrado, como el primer extranjero, décimo séptimo Consultor de Poesía de la Biblioteca del Congreso (1965-1966). Dictó la icónica conferencia «Caos y control en la poesía». Activista político desde la causa republicana en la Guerra Civil española hasta en el partido comunista de Inglaterra, destacó como cronista y cultivó la autobiografía. Aparentemente, según el testimonio de quienes lo conocieron en Washington, su voz en privado difería mucho de su voz pública. En privado estaba lleno de ideas, aunque era conciso, usando metáforas brillantes y muchas anécdotas, mientras que en público fracasaba en su capacidad de comunicación. Le sucedió en el cargo de Consultor de Poesía para la Biblioteca del Congreso James Dickey (1966-1968), quien aceptó la plaza decidido a cambiar las cosas, pero luego de su primera conferencia de prensa como portavoz nacional de la poesía ante una audiencia estupefacta –con opiniones muy fuertes sobre una variedad de temas como leer y escribir poesía, LSD, egos saludables, la Presidencia, críticos literarios, Allen Ginsberg y Theodore Roethke, Madison y Vietnam— manifestó cierta desilusión. Durante su término brilló con sus conferencias, especialmente la que dedicó a la «Metáfora como pura aventura». En 1977 Dickey leyó su poema «La fuerza de los campos» en las ceremonias de investidura de su coterráneo de Georgia, el presidente Jimmy Carter. A pesar de la importancia que le atribuía a la poesía, se le distingue más por su novela *Deliverance*, escrita en 1970 y llevada a la pantalla grande por John Boorman dos años después.

William Jay Smith, experto excepcional tanto en la lírica formal breve como en poemas largos con versos libres en prosa, fue nombrado Consultor de Poesía para la Biblioteca del Congreso durante el periodo 1968-1970, aunque no le gustaba el término de Poeta Laureado porque pensaba que implicaba una responsabilidad casi oficial de ser como un líder animador de la nación. De origen europeo e indígena de la tribu choctaw, Smith incorporó a la Biblioteca literaturas de muy diversos orígenes culturales. Trabajó con una compañía de televisión local para filmar recitales, coloquios con Robert Hayden y Derek Walcott, de Trinidad. Organizó recitales para niños, investigadores y maestros.

El primer residente de la costa oeste estadounidense en ocupar el puesto de Consultor de Poesía para la Biblioteca del Congreso fue William Stafford (1970-1971), aunque le costó mudarse desde Lago Oswego, en Oregón, a la capital federal. La mayor parte de su tiempo en el cargo la ocupó leyendo y respondiendo mensajes de diversos remitentes relacionados con la poesía.

Una poeta originaria de Canadá, Josephine Jacobsen, pasa a ocupar el puesto de Consultora de Poesía para la Biblioteca del Congreso en los dos años siguientes (1971-1973), durante los cuales expandió las series de recitales de la Biblioteca, concentrándose en atraer a jóvenes poetas afroamericanos que no participaban mucho en los eventos anteriormente programados en ese sitio icónico. Este esfuerzo dio sus frutos, de tal modo que observó: «la atmósfera ha cambiado totalmente [...]. Los poetas negros que viven en Washington han invitado al Consultor a sus hogares, y han discutido las relaciones entre negros y blancos en el mundo de la poesía y del arte en general». Jacobsen, en su término de Consultora, se distinguió por su capacidad generosa y aguda al escuchar los trabajos de otros escritores. En su discurso de 1973 en la Biblioteca del Congreso, definió la inspiración poética como una forma de energía transferida, a través de una lectura concentrada, del poeta al lector. Luego, desde 1973 hasta 1979, sirvió como Consultora Honoraria para la organización Letras Estadounidenses de la Biblioteca del Congreso.

De 1973 a 1974, Daniel Hoffman ejerce el cargo de vigésimo segundo Consultor de Poesía para la Biblioteca del Congreso y utiliza su tiempo y los recursos de la Biblioteca para diseñar e investigar los temas de su producción épica «*Brotherly Love*», un poema largo sobre Pennsylvania y su fundador, William Penn, cuyo padre fuera un almirante inglés. Libro-poema en el que contrasta la visión luminosa de Estados Unidos de Penn con los conflictos inextricables de su historia, como son las luchas por los territorios, el mantener la fe de los nativos, además de los usos y abusos del poder que cuestionan los ideales de éste.

Lo siguió Stanley Kunitz, Consultor de Poesía para la Biblioteca del Congreso durante el periodo 1974-1976 y de quien hablaremos más en detalle con motivo de su nombramiento como décimo Poeta Laureado en el bienio 2000-2001.

La elección de Robert Hayden para el periodo comprendido entre 1976 y 1978 es histórica, ya que fue el primer poeta afroamericano en ocupar el puesto de Consultor de Poesía para la Biblioteca del Congreso, lo que generó una gran publicidad. Ello lo llevó a afirmar: «...yo era noticia (aunque sea menor) en Estados Unidos, Europa y África[...]. De repente me volví "público"[...]. Me sentí atrapado entre la sociología y la política...». Vale la pena resaltar también que, anteriormente, Robert Hayden había sido nombrado Poeta Laureado de Senegal y practicaba la religión Bahá'í, que se distingue por promover armonía étnica, reconciliación religiosa y relaciones internacionales ideales. El término de Hayden como Consultor de Poesía para la Biblioteca del Congreso coincidió con el Bicentenario de la nación, por lo que se convirtió en el Poeta Laureado del Bicentenario. Como voz de Estados Unidos en esta celebración histórica, Hayden publicó en 1978 la colección de poemas *American Journal.*

William Meredith, nombrado para el término siguiente (1978-1980) como Consultor de Poesía para la Biblioteca del Congreso, ejerció su cargo con activismo y creatividad. Desde el comienzo, recogió una antología informal de poemas para los maestros de los barrios pobres de las ciudades, que pensó contribuiría efectivamente a la enseñanza de la poesía. Coherente con la trilogía que predicaba acerca de las razones de la obra del poeta como disidente, apologista y solitario, le escribió una carta al presidente Carter condenando su orden de arresto contra personas que protestaban por el desarme nuclear frente a la Casa Blanca. Añadió logros prodigiosos a la serie de grabaciones poéticas de la Biblioteca y se concentró en la poesía latinoamericana y de Europa oriental (especialmente de poetas búlgaros). También dedicó su tiempo a organizar el original simposio «Ciencia y literatura», que tuvo lugar en 1981.

La siguiente Consultora de Poesía para la Biblioteca del Congreso fue Maxime Kumin (1981-1982), una activista en favor de la presencia cultural femenina, el cambio social y en contra del chovinismo. Utilizó su puesto para destacar y promover la obra de otras mujeres escritoras, iniciando una serie muy popular de talleres de poesía de mujeres en el Centro de Literatura y Poesía de la Biblioteca (en los que participaron, entre otras, Diane Ackerman, Leslie Marmon Silko, Marge Piercy, Linda Pastan,

Ruth Stone, Audre Lorde, Josephine Miles, Shirley Kaufman, Eleanor Ross Taylor y Adrienne Rich). Asimismo cumplió con su fuerza motivadora que describe así: «Esto es algo con lo que me siento verdaderamente evangélica... Yo llevé a cabo una gran cantidad de esfuerzos comprometidos de divulgación con los profesores de inglés de la secundaria bajo el lema de que "por lo que a mí respecta ustedes están en la vanguardia"». Incluso en Washington D. C., durante su término, no se despegó de su caballo, traído de su campo en New Hampshire.

Anthony Hecht, el vigésimo séptimo Consultor de Poesía para la Biblioteca del Congreso, manifestó al inicio de su término un claro disgusto con Washington. Éstas son sus palabras: «Lisa y llanamente, Washington no provee el tipo de audiencia leal, entusiasta e informada con que la poesía puede contar en Nueva York o en ciertas universidades de primera». En el segundo año de su término cambió de opinión, calificando a las audiencias de la capital estadounidense de «leales, buenas [...], bien educadas y conscientes». Dedicó su tiempo a dar conferencias en escuelas locales, organizar recitales, recibir a visitantes en la Oficina de Poesía y a responder a una correspondencia abrumadora de poemas sometidos para su evaluación. Y luego, paradójicamente, cuando culminó su término en la Biblioteca del Congreso, permaneció de por vida en Washington D. C., enseñando en la Universidad de Georgetown hasta 1993.

Robert Stuart Fitzgerald sirvió como el siguiente Consultor de Poesía para la Biblioteca del Congreso (1984-1985) de una forma peculiar, limitada por su estado de salud, sin ir a trabajar a Washington y siendo el primero en fallecer mientras ocupaba el cargo, el 16 de enero de 1985. Sin embargo, organizó una serie de programas, entre ellos lecturas de poetas como Annie Dillard y John Hearsey, grabaciones y eventos relacionados con traducciones de textos griegos y latinos icónicos (como *La Ilíada* y *La Odisea* de Homero y *La Eneida* de Virgilio). Colaboró con Reed Whittemore, quien lo sustituyó interinamente en el cargo y de quien ya hablamos en relación con su nombramiento para el periodo 1964-1965.

Gwendolyn Brooks, la primera afroamericana en ganar el Premio Pulitzer y ser nombrada Consultora de Poesía para la Biblioteca del Congreso, fue reconocida durante el ejercicio de su cargo (1985-1986) por su amabilidad, su generosidad legendaria, su energía activista y su atención personal a cada carta o solicitud recibida, especialmente de niños y de grupos marginados, como cuando aceptó hablar y recitar sus poemas en el Centro de atención integral a víctimas de drogas o alcohol en la cárcel de Lorton en Virginia. Brooks continuó con la tradición de organizar las lecturas de poesía al mediodía (*brown bag*), excepto que ella pagaba el costo del almuerzo de cada uno de los participantes, a veces más de veinte, y les daba a los poetas que leían un estipendio de doscientos dólares por su tiempo y sus gastos de viaje.

El primer autor con el nuevo título de Poeta Laureado Consultor de Poesía para el periodo 1986-1987 fue Robert Penn Warren, a quien hemos mencionado anteriormente en su primer nombramiento. Una de las características de su servicio fue el tratar de distanciar su trabajo del Gobierno, de la oficialidad. En una de sus primeras conferencias de prensa, afirmó que no tenía ninguna intención de actuar como un «halagador rentado» o de escribir «odas a la muerte del gato del presidente» en el cumplimiento de sus obligaciones, que, como las de todos los poetas nominados para este cargo, consistía en impartir una conferencia al inicio de su término, en asesorar a la Biblioteca del Congreso en relación con sus programas literarios y en recomendar nuevos poetas para el Archivo de las Grabaciones de Poesía de la Biblioteca.

«Tenemos la suerte de que existe un Richard Wilbur para servir como sucesor de Robert Penn Warren como Poeta Laureado Consultor de Poesía para la Biblioteca del Congreso», declaró el director de la Biblioteca al darle este cargo para el periodo 1987-1988. Su nombramiento y discurso inaugural recibieron una extraordinaria cobertura en la prensa y otros medios de comunicación, con entrevistas en publicaciones, como la popular *People*, en los prestigiosos periódicos nacionales *New York Times* y *Washington Post* y los noticieros de cadenas de televisión como ABC y Worldnet. Además de esta atención, que calificó de halagadora y molesta, dedicó su tiempo a actividades como el programa «Una tarde de poesía en el proceso de traducción». Grabó un video de treinta minutos con la entrevista «Conversación con Richard Wilbur» que se vendió en la Biblioteca. Apareció en episodios del programa *The Writing Life* y de la serie televisiva del canal PBS titulada *Voces y visiones,* además de desempeñar las tareas rutinarias de su cargo antes especificadas.

A Wilbur lo sustituyó Howard Nemerov para el periodo 1988-1990. De sus gestiones ya hablamos al referirnos a su primer nombramiento para el cargo, en los años 1963 y 1964.

Mark Strand ejerció la función de Poeta Laureado Consultor de Poesía para la Biblioteca del Congreso durante los años 1990 y 1991. Desde el principio sostuvo que «los políticos están siempre buscando gente que esté de acuerdo con ellos, aunque tengan la tendencia de hacer las cosas más deleznables. Los poetas, por otro lado, tienden a ser los animadores del universo». Él mismo mantuvo que su tiempo en Washington no fue uno de sus grandes logros en relación con actividades, escritura y proyectos. Dio su conferencia inaugural y organizó algunos recitales con poetas destacados. Curiosamente, su nombramiento coincidió con la publicación de su poemario *The Continuous Life* que, según los críticos, exhibe elementos paralelos al modo en que interactúan el alfabetismo, la oralidad y el patriotismo nacional.

El siguiente Poeta Laureado, y el único en obtener el Premio Nobel, fue el estadounidense-ruso Joseph Brodsky, que ejerció su cargo entre los años 1991 y 1992. Resaltando el espíritu de servicio público del trabajo, desarrolló la idea y el proyecto de solicitar a las editoriales que imprimiesen copias económicas de poemarios para distribuirlas en lugares públicos, supermercados, hoteles (al lado de las Biblias), aeropuertos y hospitales. En definitiva, lugares donde las personas se congregan y, como dijo, «pueden matar el tiempo mientras el tiempo los mata». También afirmó: «Yo soy un empleado del Gobierno y como tal mi preocupación no es tanto el bienestar de los poetas en sí sino el de la audiencia, la dimensión de la audiencia».

Mona Van Duyn fue honrada, según sus palabras, con «el extraño título» de Poeta Laureada para el periodo 1992-1993, un puesto que –en su opinión y la de otros– no era para ella. De hecho, sirvió durante un año y dijo que «saldría pateando y gritando en la dirección opuesta» si le pidiesen que permaneciera para un segundo término. Así y todo, el director de la Biblioteca afirmó que «ella aportó sabiduría y estilo al rol de Poeta Laureado de Estados Unidos [...]. Durante su tiempo en la Biblioteca, nos dio dos tipos nuevos de programas literarios: lecturas para niños, ejemplificadas por la reciente tertulia con Lloyd Alexander, y lecturas dramáticas, que incluyen las muy exitosas rendiciones de *The Changing Light at Sandover* de James Merrill». Durante su término se organizaron lecturas en la Biblioteca del Congreso de distinguidos poetas y autores, como Donald Justice y Eavan Boland, Louise Glück y Mark Strand, los novelistas Edna Buchanan, Richard Bausch y William Maxwell, Jean McGarry, así como un coloquio sobre poesía estadounidense con los panelistas Joseph Brodsky, Denis Donoghue, Czeslaw Milosz, Anthony Hecht, Mark Strand, David Lehman y Rosanna Warren.

«Mucho de lo que he hecho en los pasados dos años ha involucrado la educación de jóvenes en temas de poesía, así como el acercamiento de la poesía real a la vida real, y con esto quiero decir poesía seria y difícil», afirmó Rita Dove resumiendo los objetivos de su ejercicio como Poeta Laureada entre los años 1993 y 1995. A través de la organización de eventos múltiples convocó a escritores para explorar la diáspora afroamericana, lideró actos de poesía infantil y de jazz, algo que no sólo llevó a cabo durante su periodo como séptima Poeta Laureada, sino también luego como Asesora Especial para la Celebración del Bicentenario de la Biblioteca del Congreso junto con Louise Glück y W. S. Merwin, en 1999 y 2000. Famosa por sus entrevistas en la televisión y su ejemplar liderazgo en la organización de la temporada literaria, el director de la Biblioteca le pidió que sirviera durante un segundo término en el que trajo a jóvenes poetas nativos de la nación de Montana Crow y organizó una serie de tardes poéticas y de jazz en las que los músicos acompañaban a los poetas. Rita Dove siempre destacó la influencia de Gwendolyn Brooks en su escritura y en la de generaciones de autores.

La sustituyó en el puesto de Poeta Laureado Robert Hass (1995-1997), el primero de la costa oeste y que destacó por patrocinar de una conferencia notoria la semana anterior al «Día de la Tierra» (Earth Day), dedicada a la escritura sobre la naturaleza, «Watershed: Writers, Nature and Community», que incluyó a autores ecologistas como Gary Snyder, Terry Tempest Williams, Wendell Berry y William Kittredge. Este proyecto continúa en la actualidad como un concurso nacional de poesía, arte e impacto ambiental, «River of words», para estudiantes de primaria y secundaria. También organizó en la Biblioteca presentaciones de autores de los estados del oeste, como Ishmael Reed, David Mura y Carl Rakosi. Asimismo, Hass inició una columna en la sección Mundo del Libro del diario *Washington Post*, llamada «Poet's Choice», en la que presentó y discutió un poema por semana. Dentro de los poetas incluidos en esta columna encontramos voces tan diversas como las de William Carlos Williams, Linda Pastan, Robert Frost, Seamus Heaney, Constantino Cavafis, Ellen Bryant Voigt y Pablo Neruda.

Robert Pinsky, que nos honra con el preámbulo de esta edición y aclara su postura al respecto, sirvió como Poeta Laureado por un periodo sin precedentes de tres términos (1997-2000). Además de su activismo y visibilidad dando hasta tres recitales al día en diversas partes del país, Pinsky inmediatamente hizo una llamada nacional para que la gente le enviase sus poemas favoritos con los justificativos de tales preferencias. Pinsky recibió más de dieciocho mil presentaciones para su proyecto «My Favorite Poem», dedicado a la celebración, documentación y motivación del rol de la poesía en las vidas de los estadounidenses, con el propósito de diseminar la poesía como arte masivo, abarcando grupos y territorios nuevos. Las entregas seleccionadas fueron luego compiladas en tres antologías de poemas. Como eje central de este proyecto se grabaron cincuenta documentales protagonizados por personas leyendo y discutiendo sus poemas favoritos. Estos videos, proyectados como segmentos en el programa de televisión en PBS «The NewsHour with Jim Lehrer», pueden incluso verse ahora en la página web del Favorite Poem Project y forman parte del Archivo Permanente de las Grabaciones de Poesía y Literatura de la Biblioteca.

Entre 2000 y 2001, Stanley Kunitz, luego de haber servido como Consultor de Poesía de la Biblioteca del Congreso en el periodo 1974-1976, ya a los noventa y cinco años, aceptó la nominación como décimo Poeta Laureado de Estados Unidos, aunque en sus palabras tal cargo «sea un vestigio de la era de la monarquía que no encuadra con el espíritu adversario del poeta». Utilizó su posición, siguiendo su concepción del arte incorrupto y pacifista, para ensalzar y defender «la consciencia solitaria como opuesta a la gran estructura de poder del superestado». Fue descrito por el *Washington Post* como «padre sustituto gestante de poetas». En su puesto disfrutó más que nada «la comunicación con personas que no son poetas, como amas de casa, comerciantes y jóvenes escolares con la mirada puesta en el futuro. Esas cartas eran tan conmovedoras, tan reales, que sentía ser la respuesta para aquellos que conceptualizan la poesía como de un modo marginal del arte en el mundo moderno. No es así; da en el blanco, en el centro de la experiencia humana».

En el término posterior, y ampliando la iniciativa de Pinsky, el Poeta Laureado Billy Collins (2001-2003) promovió la idea de que los estudiantes de secundaria leyesen un poema por día durante los ciento ochenta días del año escolar. A tal efecto creó el sitio de Internet «Poetry 180». Este proyecto ha gozado de gran popularidad y la página web (www.loc.gov/poetry/180/) continúa siendo actualizada y mantenida por la Oficina de Asuntos Públicos de la Biblioteca del Congreso. En 2002, se le pidió a Collins, como Poeta Laureado de Estados Unidos, que escribiera un poema conmemorativo del primer aniversario de los ataques del 11 de septiembre de 2001 y la destrucción de las Torres Gemelas y del World Trade Center en Nueva York. El recital tuvo lugar en el marco de una sesión parlamentaria del Congreso de Estados Unidos en Washington D. C.

Si bien, como hemos visto, algunos poetas laureados destacaron la obra de otros poetas menos conocidos, la siguiente Poeta Laureada durante el término 2003-2004, Louise Glück, promovió la obra de artistas jóvenes en sus selecciones para las becas y premios nacionales de poesía patrocinados por la Biblioteca, el Premio Nacional de Poesía Rebekah Johnson y la beca de la Fundación Witter Bynner. Las presentaciones de estos poetas galardonados fueron preparadas y divulgadas ampliamente por Glück durante su servicio en la Biblioteca del Congreso, algo que hizo con intensidad y pasión. Rehusó desde su nombramiento dedicar su tiempo a entrevistas, promoción en radio y televisión o a viajar por el país concediendo entrevistas. Escribió durante su término el libro *Averno*. Nombró a Dana Levin y Spencer Reece como becarios de la Fundación Witter Bynner, y presentó la obra de los poetas Peg Boyers, Dan Chiasson y Peter Streckfus ante las audiencias de la Biblioteca. Estos cinco poetas participaron en el simposio que organizó Glück para dar a conocer su obra y discutir el arte de escribir poesía.

Al presentar a Ted Kooser en su conferencia inaugural como Poeta Laureado para el periodo 2004-2006, el director de la

Biblioteca del Congreso, James H. Billington, manifestó que la poesía de Kooser «nos hace pensar de forma diferente con respecto a lo que damos por sentado en la vida cotidiana». Kooser planeó concentrar sus esfuerzos como Poeta Laureado en hacer la poesía más accesible a la gente y en promover su lectura. Inició el proyecto «The American Life in Poetry Project» para dar a conocer la poesía a un amplio rango de lectores a través de su columna semanal gratuita en periódicos y publicaciones digitales. Cada columna consiste en poemas cortos que un lector promedio puede entender y apreciar, junto con unas pocas notas introductorias de Kooser. El proyecto, que ha continuado por más de una década con más de quinientas columnas, ha sido sumamente exitoso, llegando a millones de lectores cada semana.

A pesar de criticar al entonces presidente George W. Bush, Donald Hall, estoico y rural, fue nombrado Poeta Laureado Consultor de Poesía para el periodo comprendido entre 2006 y 2007. Luego de su nombramiento y antes de iniciar sus funciones en el cargo con su conferencia y recital inaugural, Hall fue el orador destacado en el Festival Nacional del Libro de la Biblioteca del Congreso, celebrado anualmente en el Parque Nacional de Washington D. C. Posteriormente formó parte de una lectura histórica con el Poeta Laureado del Reino Unido, Andrew Motion, en la Biblioteca del Congreso, la misma semana en que la reina Isabel II visitaba Washington D. C., leyendo sus poemas y los de otros poetas de sus respectivos países como inicio de la serie «Poetry Across the Atlantic», patrocinada por la Biblioteca del Congreso, la Poetry Foundation y la Sociedad de Poesía con sede en Londres, a efectos de reunificar las poéticas de Estados Unidos y el país europeo. Además, de abril a junio de 2007, Donald Hall se dedicó a responder a través de videos a las preguntas hechas por adolescentes y educadores.

Charles Simic, nacido en Yugoslavia, fue seleccionado Poeta Laureado para el siguiente periodo (2007-2008), aunque también había rechazado una invitación de Laura Bush, la esposa del presidente Bush, a visitar la Casa Blanca. Según su propio testimonio, durante su término llevó a cabo entre quince y veinte lecturas, al menos veinte entrevistas y numerosos eventos relacionados con su función de Poeta Laureado, pero no inició ningún proyecto porque los que se le ocurrían no eran factibles de llevar a cabo. Sin embargo, contribuyó a la literatura nacional con un eclecticismo original que conjugaba el verso norteamericano, la sátira oscura de Europa Central, la rapsodia sensual de América Latina y yuxtaposiciones del surrealismo francés.

La siguiente Poeta Laureada, Kay Ryan (2008-2010), creó el proyecto «Poetry for the Mind's Joy Project» y tomó contacto con la comunidad nacional de estudiantes universitarios y profesores a través de un certamen de escritura poética, incluyendo los poemas ganadores en una antología digital en la página web de la Biblioteca del Congreso. También organizó una conferencia digital destacando pautas sobre cómo escribir poesía y ciertos aspectos de su propia experiencia de cuarenta años como escritora, sus pruebas, aprendizaje y errores, solicitando a su vez la participación de los estudiantes con preguntas y opiniones. La culminación de este proyecto tuvo lugar en el llamado «Community College Poetry Day», el 1 de abril de 2010, en el que Ryan dirigió una videoconferencia de una hora con los estudiantes seleccionados de los colegios. Esta videoconferencia fue apoyada por diversas instituciones, como MAGPI, el GigaPop para Internet2 del Medio-Atlántico, la Iniciativa de Artes y Humanidades del Internet2 y la Red de Video de la Universidad de Pennsylvania.

W. S. Merwin ejerció su cargo de Poeta Laureado en el periodo 2010-2011. Ya en 1999, el Dr. Billington había nombrado a Merwin, así como a Rita Dove y Louise Glück, Consultores Especiales de Poesía para ayudar al entonces Poeta Laureado Robert Pinsky con los programas de poesía del año del Bicentenario de la Biblioteca. Según Merwin, el presidente de Estados Unidos le preguntó cuál sería el tema de su gestión como Poeta Laureado, a lo que respondió: «El hecho es que no hay separación entre la imaginación humana y el resto de la vida. Dicho de otra manera, los seres humanos no son una especie separada. El mundo es parte de nosotros. Debe ser parte de nuestro júbilo y placer. Cuando destruimos al mundo, nos estamos destruyendo a nosotros mismos». Su gestión, aunque a distancia desde su residencia en Hawaii, constó de estética, activismo y ecología.

El Poeta Laureado número dieciocho, Philip Levine, inició su cargo en el otoño de 2011, al abrir la temporada literaria en la Biblioteca del Congreso, y seleccionó en 2012 a los becarios del Premio Witter Bynner. Asimismo, formó parte de la videoconferencia del 4 de mayo de 2012, transmitida en vivo por Internet en diez sitios –cinco escuelas secundarias, cuatro bibliotecas públicas y una comunidad de jubilados– ubicados en diversas partes del país. El programa titulado «Detrás del Escenario con el Poeta Laureado», presentaba a Levine leyendo y discutiendo tres de sus poemas, seguido de un espacio de preguntas y respuestas con las instituciones participantes. Protagonizó el Festival Nacional del Libro de la Biblioteca del Congreso de 2012.

Natasha Trethewey, quien sustituyó a Levine como Poeta Laureada para el periodo 2012-2014, participó en la serie de entrevistas y comentarios del presentador del canal televisivo PBS Jeffrey Brown de «NewsHour» bajo el nombre «Where Poetry Lives», programa que utilizaba la poesía como el marco de referencia dentro del cual se analizaban importantes factores que afectaban a la sociedad estadounidense. Los reportajes en los que participó Trethewey abarcaron desde una semblanza del programa de poesía relacionado con el Alzheimer en Brooklyn, Nueva York, que trataba de ayudar a víctimas de la demencia animándoles a utilizar la poesía para activar sus recuerdos hasta otros ejercicios de la mente. Dentro de este compromiso como Poeta Laureada, Natasha Trethewey y el periodista de PBS Jeffrey Brown viajaron a

Mississippi y Alabama en un peregrinaje para dejar un testimonio de las dificultades y sufrimientos que el pueblo padeció durante el movimiento por los derechos civiles. También llevaron a cabo visitas a jóvenes con problemas, detenidos en el Centro de Detención Juvenil del Condado King, en Seattle, Washington, trabajando con la organización sin fines de lucro Pongo Teen Writing Project, a efectos de que se pudiesen expresar convirtiendo sus difíciles historias en poesía.

En el proceso de sucesión, Charles Wright llegó a ser el vigésimo Poeta Laureado, Consultor de Poesía para la Biblioteca del Congreso (2014-2015). A sus setenta y nueve años mantuvo una posición sin mayores proyectos, excepto por los recitales y conferencias, mínimas actividades requeridas en su cargo. En su lectura inaugural, llena de humor, citó al Che Guevara —«vive tu vida como si estuvieras muerto»— en el contexto del poema «Sombra y humo» y, de hecho, decidió ser innovador y no seguir la tradición en la organización de su acto de despedida. En vez de dar la conferencia, decidió mantener una impresionante conversación pública con su amigo Charles Simic, el décimo quinto Poeta Laureado.

A continuación, se eligió al primer escritor hispanounidense como Poeta Laureado Consultor de Poesía para la Biblioteca del Congreso. Se trata de Juan Felipe Herrera, cuyo desempeño en el cargo (2015-2017) se caracterizó por un activismo como el antes ejercido por Rita Dove, Robert Pinsky o Natasha Trethewey. Protagonizó el Festival Nacional del Libro en el primer año de su nombramiento y participó en más de ciento treinta actividades oficiales como Poeta Laureado, llevando a cabo lecturas, talleres, conferencias con estudiantes y público en general, a lo largo y ancho del país. En su primer año, también organizó el proyecto nacional «The House of Colors», que consistía en invitar al público a participar con un verso en un poema épico sobre su experiencia estadounidense, «La familia», el cual se publicaba mensualmente. El segundo proyecto, «The Garden» incluyó videos sobre la interacción de Herrera con artefactos y colecciones de la Biblioteca, incluidas sus respuestas y diálogos con los curadores y otros participantes. En el segundo año de su cargo, destacan tres proyectos realizados por Juan Felipe Herrera: «The Technicolor Adventures of Catalina Neon», un poema narrativo presentado en la página de la Biblioteca del Congreso, read.gov, en el que contribuían estudiantes de segundo y tercer grado de Estados Unidos. En el segundo programa, llamado «Wordstreet Champions and Brave Builders of the Dream», Herrera trabajó con aproximadamente cuarenta profesores de secundaria de las escuelas públicas de Chicago, en colaboración con la Poetry Foundation, para desarrollar nuevos ejercicios y estrategias en la enseñanza de poesía a los estudiantes del primer año de secundaria. En la conclusión del programa en este distrito escolar, el más grande del país, se planea evaluar el impacto alcanzado en los estudiantes y profesores que participaron. La tercera iniciativa implicó la creación de una oficina en la costa oeste estadounidense, «Estudio del Laureado de Palabras Visuales», un espacio dedicado a clases y *performances* en la Biblioteca Henry Madden de la Universidad Estatal de California, en Fresno, en el que la poesía se mezcla con la música y las artes visuales.

La actual Poeta Laureada, Tracy K. Smith, nombrada para servir dos términos consecutivos (2017-2019), se ha dedicado a impartir recitales y mantener coloquios en pueblos pequeños y comunidades rurales de la nación con el objetivo de inspirar una valoración de la poesía y la historia en estados como Nuevo México, Carolina del Sur y Kentucky. En su segundo año, Tracy K. Smith, profesora de la Universidad de Princeton, ganadora del Premio Pulitzer y de numerosos reconocimientos, planifica expandir su proyecto para llevar la belleza y delicia de la poesía a nuevas audiencias en más pueblos y comunidades rurales de Estados Unidos, «donde los festivales literarios no siempre llegan». También publicará una antología titulada *American Journal: Fifty*

*Poems for Our Time,* que utilizará en sus actividades en los diferentes lugares. El título de la antología proviene de un poema de Robert Hayden, el primer afroamericano nombrado Poeta Laureado, y contiene poesías que ofrecen cincuenta perspectivas diferentes de Estados Unidos, con ejes discursivos concernientes a pérdidas, experiencias de inmigrantes, gritos contra la injusticia; poemas que evocan y celebran la historia y la diversidad estadounidense. Algunos de los poetas incluidos en la antología son los Poetas Laureados Natasha Trethewey y Charles Wright, así como los reconocidos autores Mark Doty, Ross Gay, Terrance Hayes, Laura Kasischke y Mary Szybist, entre otros.

Luego de gozar este paseo por la cronología y ciertos puntos de interés de los laureados, no nos extenderemos con respecto a la estrategia y la práctica de la traducción, porque necesitaríamos otro capítulo. La dificultad de la traducción ha sido ampliamente tratada y maltratada a lo largo de la historia, ya que encarna un cúmulo vivo de interpretaciones siempre discutible, fascinante, impensable, con los esplendores y miserias de las que hablaba Ortega y Gasset. Siempre es difícil traducir, desde el repetido grito de «traductor traidor» hasta la teoría de la traducción como copulación, en la que el hijo o se parece más a uno de los padres o a ninguno. La lucha entre reflejar lo más fielmente el poema original, con su dicción típica, lo más americano/estadounidense posible en su canto de pueblo, de democracia –material, concreta, imaginista–, y al mismo tiempo reencarnarlo de la forma más agradable en el mundo hispano, es inagotable. Esta elección de literalidad pareciera casi irónica y paradójica dado el carácter por esencia figurativo del lenguaje poético. Si bien la mayoría de los poemas han sido traducidos, para mal o para bien, por quien edita esta antología, hemos incluido de forma excepcional, y señalándolo debidamente, las traducciones de Alberto Girri, Jeannette Lozano Clariond y

Nieves García Prados, un poco en homenaje a estos poetas que se interesaron y hacen honor a la literatura de los poetas laureados de Estados Unidos. Otros traductores, como los reconocidos poetas nicaragüenses José Coronel Urtrecho y Ernesto Cardenal, Jorge Luis Borges, Sabino, el grupo del Círculo de Poesía de México y un largo etcétera, han incluido parcialmente a los poetas laureados en sus publicaciones, pero no los hemos utilizado aquí.

Más allá de la traducción, nos complace comprobar en las obras originales de los poetas laureados estadounidenses sus referencias a lo hispano. Por citar sólo algunos ejemplos: W. S. Merwin, que tradujo poemas del español al inglés, afirmó que «el español era su primer amor entre los idiomas extranjeros [...]. Amo a México y España y he vivido en ambos países. También tengo una conexión con Cuba. Mi esposa pasó su adolescencia en Cuba, aunque había nacido en Argentina». Los poemas escritos originalmente en español por Juan Felipe Herrera y otros en que mezcla ambos idiomas, los hemos decidido incluir tal cual fueron escritos. La amistad entre Octavio Paz y Mark Strand, que pasó sus últimos años en Madrid, donde vivía con su pareja Maricruz Bilbao. El poema «Taxonomía» de Natasha Trethewey, escrito –como dice en su epígrafe– a la manera de las pinturas de castas de Juan Rodríguez Juárez, c. 1715. Los azarosos encuentros entre Robert Lowell y Jorge Luis Borges. La intrigante huella del español en la educación de Robert Pinsky. En fin, la lista no concluye en este párrafo con que cerramos esta presentación de la *Antología de poetas laureados estadounidenses* que tenemos el honor de presentar en español, desde Estados Unidos, el segundo país hispanoparlante del mundo, para el universo de la poesía que no tiene fronteras, que se abre al deleite y la imaginación de los lectores.

LUIS ALBERTO AMBROGGIO
Academia Norteamericana de la Lengua Española

# Agradecimientos

Como dice Elizabeth Hun Schmidt en su sección de reconocimientos, para mí un eco whitmaniano, libros como éste contienen multitudes. En esta versión en español, me limitaré a destacar algunas de las personas que estuvieron directamente involucradas. Comienzo con Jeannette Lozano Clariond, directora de la editorial Vaso Roto y líder en el mundo de la edición y traducción al español de destacados poetas estadounidenses (publicaciones de obras traducidas de Elizabeth Bishop, Charles Wright, W. S. Merwin, la escuela de Wallace Stevens y muchos otros). Jeannette ha sido la alentadora e impulsora de este proyecto. Con ella, agradezco a todo el equipo de Vaso Roto –cuyas ediciones bilingües borran fronteras– que se ha encargado de los aspectos editoriales de esta antología. Le agradezco a Robert Casper el obsequio de la antología con los autógrafos de algunos poetas laureados. Al gran poeta Robert Pinsky, que me honra con su amistad y el preámbulo que compuso para esta edición. A Jenniffer Benka, directora de la Academia de Poetas Estadounidenses, por permitirnos usar las biografías de los poetas como base para nuestra versión. A Nieves García Prados (autora con Charles Simic de la antología poética *Mil novecientos treinta y ocho, Días cortos, largas noches*, así como *Picnic nocturno*; y con Natasha Trethewey de *Thrall*, entre otros de los poetas laureados estadounidenses más recientes) por permitirnos incluir aquí sus traducciones. A Gabriel Ventura y Olivier Tafoiry por sus sugerencias y minuciosas revisiones de esta edición. A Roberto Carlos Pérez, excelente escritor y ensayista, editor del libro sobre el gran escritor mexicano *José Emilio Pacheco en Maryland*, por su lectura crítica y otros comentarios. A la Dra. Rosa Tezanos-Pinto por su apoyo y comentarios. Y, por supuesto, a todos los poetas laureados, a la Biblioteca del Congreso, a todos los que colaboraron en el volumen original de *The Poets Laureate Anthology*, mencionados por Elizabeth Hun Schmidt. Al Instituto Cultural Mexicano de Washington D.C. y a la Academia Norteamericana de la Lengua que agendaron la presentación de esta antología como uno de los eventos clave de su Congreso de 2018.

# Antología de poetas laureados estadounidenses

# 1937-1941:
# JOSEPH AUSLANDER
[1897-1965]

Joseph Auslander nació en un barrio pobre de Filadelfia, Pennsylvania, el 11 de octubre de 1897. De niño trabajó en una fábrica clandestina, pero luego llamó la atención su sobresaliente aptitud literaria en sus años de secundaria en Brooklyn. Se graduó en Letras (BA por sus siglas en inglés) en la Universidad de Harvard en 1917 y en 1924 obtuvo la beca Parker para estudiar en la Sorbonne. Ese mismo año publicó su primer poemario, titulado *Sunrise Trumpets* (1924). Fue traductor, antologador y autor de otras colecciones de poesía como *Cyclop's Eye* (1926), *Historia amoris mea* (1927), *Hell in Harness* (1929), *Letters to Women* (1929), *No Traveller Returns: A Book of Poems* (1935), *More than Bread: A Book of Poems* (1936) y *Riders at the Gate* (1938).

Conocido por su poética relacionada con la guerra, junto a su esposa, la poeta Audrey Wurdemann, ganadora del Premio Pulitzer, escribió *The Unconquerables: Salutes to the Undying Spirit of the Nazi-Occupied Countries* (1943). También con ella coeditó dos novelas: *The Islanders* (1951) y *My Uncle Jan* (1948). Asimismo, con Frank Ernest Hill escribió *The Winged Horse: The Story of the Poets and their Poetry* (1927). Luego de ser profesor de poesía en la Universidad de Columbia entre 1929 y 1937, Auslander fue nombrado primer Consultor de Poesía de la Biblioteca del Congreso el 7 de julio de 1937, puesto que desempeñó hasta 1941. Vivió en el vecindario de Cathedral Heights, en Washington D. C.

Durante el ejercicio de su cargo lanzó el programa de lecturas grabadas en la Biblioteca del Congreso bajo el título «El poeta en democracia», iniciado con el recital de Robinson Jeffers, quien declaró en su discurso que «debe ser el destino de Estados Unidos el llevar la cultura y la libertad a través del crepúsculo de otra era oscura» y «mantener vivos, a través de todo, nuestros valores, ideales de libertad y valentía, misericordia y tolerancia». Auslander recibió numerosos reconocimientos, como el Premio Robert Frost de la Sociedad Poética de Estados Unidos y la Medalla Real San Olav, otorgada por el rey de Noruega. Murió a raíz de un ataque cardíaco el 22 de junio de 1965, en Coral Gables, Florida.

La poesía de Joseph Auslander ha sido considerada de un hermetismo oscurantista y calificada de ornamentada e imitativa de periodos iniciales del romanticismo gótico en la poesía estadounidense, con toques e influencias de Edgar Allan Poe.

## Protesta

No voy a componer un soneto sobre
Cada pequeño martirio personal;
Ni tampoco sobre el amor abandonado con el tiempo
Construiré una estrofa o una rima.

Nosotros no sufrimos para permitirnos
La búsqueda y la palabra sutil;
Es muchísimo lo que puede no existir
En el capricho de la prosodia.

## Camino a casa

La luna bordea la marea ondulante donde resbala un pez,
    El agua produce una tranquilidad de sonido;
La noche es un anclaje de muchos barcos
    Hacia casa.

Hay extraños tuneleros en la oscuridad, y zumbidos
    De alas que mueren, y las arañas peludas hilan
El silencio en las redes, y los inquilinos
    Se mueven dentro suavemente.

Piso las sombras que se deslizan a través de la hierba,
    Y siento la noche inclinarse fría contra mi cara;
    Y desafiado por el centinela del espacio,
Paso.

## Upper Park Avenue

El pavimento que tintinea bajo mis talones es duro
Como campana de metal; y las casas en la calle
Miran fijamente al transeúnte desde su retiro
De acero: ésta es la santidad que custodian,
Esta sombría fortaleza doméstica, de dos barrotes,
Donde sólo el ungido y la elite
Pueden ronronear y agitar con pies papales
Y tu admisión revolotea en una tarjeta.

¿Cuáles son estas paredes que se incrustan en el sol,
Cortan el cielo en pequeños cubos y cuadrados,
Romboides y arcos más allá de los cuales no se atreve el azul
A penetrar y correr con casual resplandor?
Amanecer, ¡estréllate contra este juguete con tu casco
Y envía la luz blanca del día rugiendo a través del techo!

## Testamento

Ver un sueño
Reducido a la herrumbre
Es asunto amargo.
Sin embargo, deja un destello.
Debería...
Pero perder la confianza
En una cosa simple
Como el polvo dorado

En el ala de un molinero
O el olor de la primavera
En el aire...
Eso nunca lo podría soportar.

1943-1944:
ALLEN TATE
[1899-1979]

Allen Tate nació el 19 de noviembre de 1899 en Winchester, Kentucky. Motivado por el amor de su madre a la literatura, Allen Tate se convirtió en un ávido lector e ingresó en la Universidad de Vanderbilt en 1918, donde obtuvo reconocimientos, que incluyeron su membresía en la Sociedad Honorífica Phi Beta Kappa, siendo el único estudiante no graduado en ser admitido en la sociedad de intelectuales sureños llamada Fugitivos, a la que también pertenecieron, entre otros, destacadas figuras como John Crowe Ransom, Donald Davidson, Merrill Moore y Robert Penn Warren.

En 1928 publicó su primer poemario, *Mr. Pope and Other Poems*, que contiene su poema más conocido, «Ode to the Confederate Dead», aquí incluido en la traducción de William Shand y Alberto Girri.

Aunque Tate residió durante varios años en Francia, entre 1928 y 1932, continuó escribiendo casi exclusivamente sobre el sur de Estados Unidos. Si bien mantuvo contactos con Ernest Hemingway, Gertrude Stein y otros expatriados, se concentró en sus intereses filosóficos y morales sobre la región sureña. De allí surgieron sus biografías sobre héroes de la Guerra Civil como *Stonewall Jackson: The Good Soldier* (1928) y *Jefferson Davis: His Rise and Fall* (1929) y, más tarde, la de Robert E. Lee (1932). En 1938 publicó su única novela, *The Fathers*, basada en la residencia ancestral y familiar de su madre en Fairfax County, Virginia.

Como dice el ensayista James A. Hart, «Tate, con el antecedente limítrofe, tuvo que enfrentar la pregunta de si era un sureño o un estadounidense. Al reafirmar lo primero, debía confrontar los valores Yankees positivistas y materialistas que estaban reemplazando los valores más antiguos del Sur». Bajo el influjo de sus maestros Walter Clyde Curry, Davidson y Ransom, Tate comenzó a analizar su legado desde una perspectiva crítica, aunque respetuosa, como lo hizo en el periódico *Fugitive*, y luego en la importante antología titulada *I'll Take My Stand*, en la que sostuvo que el modo de vida del agricultor sureño refleja la belleza artística, la inteligencia y el ingenio de la edad clásica antigua. Hart explicó en su momento que Allen Tate y sus colegas Fugitivos «creían que el industrialismo había empeorado al ser humano y que existía una necesidad de volver al humanismo del Antiguo Sur». A lo que Hart añade que el Movimiento Agrario «crearía o restauraría la visión moral y religiosa del hombre de Occidente», aunque Tate no dejara de tener en algunas ocasiones controvertidas posturas racistas.

En la década de los cuarenta, Tate fue (hasta 1942) Poeta en Residencia de la Universidad de Princeton, cuya biblioteca guarda ahora sus obras y manuscritos. Fundó el programa de Escritura Creativa en el que participaron, entre otros, Richard Blackmur y John Berryman. Ese mismo año, Tate colaboró con el novelista y amigo Andrew Lytle (habían sido compañeros en Vanderbilt) en la transformación de la revista *Sewanee Review* (la más antigua de las revistas literarias estadounidenses), que dejó de ser un modesto boletín para convertirse en una de las publicaciones literarias más prestigiosas de la nación. Ambos colaboraron también con la Universidad del Sur. Además de en las antes mencionadas, Tate también enseñó en la Universidad de Minnesota, en Minneapolis. Nombrado segundo Consultor de Poesía (Poeta Laureado) para el periodo 1943-1944, Tate falleció el 9 de febrero de 1979 en Nashville, Tennessee.

## Oda a los muertos de la Confederación

Fila tras fila con estricta impunidad
Las lápidas abandonan sus nombres a los elementos,
El viento zumba sin recuerdos,
En las hendidas zanjas anchurosas hojas
Se amontonan, casual sacramento de la naturaleza
Para la estacional eternidad de la muerte.
Luego, arrastradas a su tarea en el vasto soplo
Por el feroz escrutinio del cielo,
Susurran el rumor de la mortalidad.

Otoño es la desolación en el campo
De mil acres donde crecen estas memorias
De los inagotables cuerpos que no están muertos,
Sino que nutren fila tras fila la rica hierba.
¡Piensa en los otoños que fueron!
El ambicioso noviembre con los humores del año,
Con un celo particular por cada losa,
Mancilla los ángeles que se pudren
Sobre las losas, aquí un ala quebrada, allá un brazo:
La brutal curiosidad de la mirada de un ángel
Te convierte, como ellos, en piedra,
Transforma el aire denso,
Hasta que sumergido en el más pesado mundo de abajo
Desvías ciegamente tu espacio marino
Virando, dando vueltas como un ciego cangrejo.

    Aturdidas por el viento, sólo por el viento,
    Volando, las hojas se sumergen.

Tú, que esperaste junto al muro, conoces
La sombría tristeza de un animal; conoces
Esas nocturnas restituciones de la sangre,
Los implacables pinos, el humeante friso
Del cielo, la llamada súbita; conoces la furia,
El frío charco que dejó la marea alta,
De enmudecidos Zenón y Parménides.
Tú que esperaste la enojosa resolución
De los deseos que mañana debieran ser tuyos,
Conoces la mezquina absolución de la muerte
Y alabas la visión
Y alabas la arrogante circunstancia
De los que caen
Fila tras fila, afanados más allá de la decisión;
Aquí, junto a un portal que cae, detenidos por el muro.

    Viendo, viendo solamente las hojas
    Volar, sumergirse y expirar.

Vuelve tus ojos al excesivo pasado,
Hacia la inescrutable infantería levantando
Demonios de la tierra; no perdurarán
Stonewall, Stonewall y los hundidos campos de cáñamo,
Shiloh, Antietam, Malvern Hill, Bull Run.
Perdidos en ese amanecer turbulento
Maldecirán el sol poniente.

    Maldiciendo sólo las hojas que gimen
    Como un anciano en la tormenta.

Oyes los gritos, los locos abetos señalando
Con dolidos dedos hacia el silencio
Que te asfixia, momia, en el tiempo.

                La perra de caza,
Sin dientes moribunda, en un enmohecido sótano
Sólo escucha el viento.

             Ahora que la sal de su sangre
Endurece el más salado olvido del mar,
Y clausura la maligna pureza de la marea,
Nosotros, que contamos nuestros días e inclinamos
Las cabezas con conmemorativa pena
Ante las condecoradas guerreras de torva dicha,
¿Qué diremos de los sucios huesos
Cuyo verdoso anonimato irá creciendo
Y de los desgarrados brazos, las desgarradas cabezas y ojos
Perdidos en estos acres de insano verde?
Las grises, flacas arañas vienen y se van;
En un laberinto de sauces sin luz
El chillido singular y cerrado de la lechuza
Siembra en la mente un verso invisible
Con el furioso murmullo de su caballería.

          Diremos solamente que las hojas
          Vuelan, se sumergen y expiran.

Diremos solamente: las hojas susurran
En la improbable niebla del anochecer
Que vuela en múltiples alas;
La noche es el principio y el fin,
Y en el medio, el final de la locura
Espera la muda especulación, la pasiva blasfemia
Apedreando los ojos, saltando como un jaguar
Sobre su imagen: su víctima reflejada en la charca de la selva.

¿Qué diremos nosotros que hemos llevado el conocimiento
Al corazón? ¿Llevaremos el acto
Hasta la tumba? ¿Con mayor esperanza
Pondremos la tumba en casa? ¿La tumba voraz?

                    Deja ahora
El cerrado portal y el ruinoso muro:
La benévola serpiente, verde en la morera,
Alborota con su lengua la quietud;
¡Centinela en la tumba que nos abarca a todos!

            [Traducción de William Shand y Alberto Girri]


## Los lobos

Hay lobos esperando en el cuarto contiguo
Con las cabezas agachadas, tensos, olfateando
La nada en la oscuridad; entre ellos y yo
Una puerta blanca emparchada con la luz del zaguán
Donde pareciera que nunca (tan sosegada es la casa)
Ha caminado un hombre desde la puerta del frente a la escalera.
Todo ha sido para siempre. Las bestias rasguñan el piso.
Yo he cavilado sobre ángeles y demonios
Pero nunca un hombre se ha sentado en un cuarto
Vecino a otro abarrotado de lobos, y por el honor del hombre
Afirmo que nunca antes lo había experimentado. Ahora, mientras
Buscaba la estrella vespertina en una fría ventana
Y silbaba cuando Arturo derramaba su luz,
Escuché la pelea de los lobos, y dije: «Así esto

Es el hombre; entonces –qué mejor conclusión–
El día no seguirá a la noche, y el corazón
Del hombre tiene poca dignidad, pero menos paciencia
Que la de un lobo, y un sentido más embotado que no le permite
Oler su propia mortalidad». (Esta y otras
Meditaciones serán apropiadas para otros tiempos
Después que el silencio del perro aúlle su epitafio).
Ahora recuerda la valentía, ve a la puerta,
Ábrela y mira si enroscada en la cama,
O temblando junto a la pared, una bestia salvaje,
Acaso con cabello dorado, con ojos profundos,
Como una araña barbuda en un piso soleado,
Gruñe, y el hombre nunca puede estar solo.


**El significado de la vida**
Un monólogo


Piénselo a voluntad: existe eso
Que es el comentario; está eso otro,
Que se puede llamar la inmaculada
Concepción de su esencia en sí misma.
Es necesario distinguir los pesos
De los dos métodos, no sea que el primero sofoque
Al segundo, el segundo quede sin palabras (sin el primero).
Contaba esto más brevemente el otro día
Pero uno debe ser explícito al mismo tiempo que breve.
Cuando era pequeño vivía en casa
Durante nueve años en esa parte del viejo Kentucky
Donde las montañas bordean el Blue Grass,

Los viejos disparaban uno contra el otro para probar suerte;
Me hizo pensar que yo no era como ninguno de ellos.
A los doce años estaba decidido a disparar sólo
Por honor; a los veinte años a no disparar en absoluto;
A los treinta y tres sé que uno debe disparar
Tan frecuentemente como uno tenga la rara oportunidad.
Al matar, hay más que comentarios.
El sentido que uno tiene de una decoración adecuada cambia
Pero existe una especie de lujuria que se alimenta por sí misma
Sin dirección, sin palabras; subterránea
Como un río negro lleno de peces sin ojos
Henchidos de huevas, con una pasión por el tiempo
Más larga que las arterias de una cueva.

1945-1946:
LOUISE BOGAN
[1897-1970]

Louise Bogan nació en Livermore Falls, Maine, el 11 de agosto de 1897. Creció en Boston escribiendo y estudiando poesía desde la escuela primaria. Estudió durante un año en la Universidad de Boston, pero en 1916 abandonó la universidad para casarse con Curt Alexander, que murió en 1919. Su primer libro de poesía, *Body of this Death*, apareció en 1923, un año después de que T. S. Eliot publicara *The Waste Land*. Los críticos consideraron la creación de Bogan como una alternativa minimalista al tipo de modernismo fragmentado y desparramado de Eliot. Tras la muerte de su primer marido se mudó con su hija a la ciudad de Nueva York, donde ejerció de escritora y, en 1925, se casó con el poeta Raymond Holden, del que se divorció en 1937.

Bogan publicó su poesía en *The New Republic, The Nation, Poetry, Scribner's* y *The Atlantic Monthly*. Fue reseñadora de poesía en *The New Yorker* desde 1931 hasta retirarse en 1969, con una postura crítica imparcial, pero desechando la tendencia de la poesía confesional (como la de Robert Lowell y John Berryman). Mantuvo una intensa y difícil relación con el poeta Theodore Roethke, a quien apoyó durante su expulsión del Lafayette College. Los detalles de este *affair* y los contextos de la época fueron fuente de su propia obra, como se documenta en *What the Woman Lived: Collected Letters of Louise Bogan*.

Durante los años treinta, muchos de sus amigos poetas escribían sobre sus inclinaciones políticas izquierdistas, mientras Bogan defendía la separación histórica del lirismo poético y se refería a los poetas políticos como «servidores de la época». Además de *Body of This Death* (1923), publicó *Dark Summer* (1929) y *The Sleeping Fury* (1937). Tradujo obras de Ernst Jünger, Goethe y Jules Renard. Hacia el final de su vida se publicó un volumen de su obra poética, *The Blue Estuaries: Poems 1923-1968*. Nombrada Consultora de Poesía de la Biblioteca del Congreso para el periodo 1945-1946, Bogan recogió una bibliografía de obras literarias publicadas en Inglaterra entre 1939 y 1946.

Louise Bogan murió en Nueva York en 1970. Una serie de documentos autobiográficos fue publicada póstumamente en el libro *Journey Around My Room* (1980). Escrita por Elizabeth Frank, la biografía de Bogan *Louise Bogan: A Portrait* ganó el Premio Pulitzer en 1986.

**Medusa**

Había venido a la casa, en una cueva de árboles,
De cara a un cielo transparente.
Todo se movió, una campana colgada lista para golpear,
El sol y la reflexión giraban alrededor.

Cuando los ojos desnudos aparecieron frente a mí
Y la sibilante cabellera,
Sostenida en una ventana, vistos a través de una puerta.
Los ojos severos, baldíos, las serpientes en la frente
Formándose en el aire.

Una escena, ahora muerta para siempre.
Nada se moverá jamás.
El final no le dará más brillo que éste,
Ni la lluvia la enturbiará.

El agua siempre caerá, y no caerá,
Y la campana inclinada no sonará.
La hierba crecerá siempre sobre el heno
Profundo de la tierra.

Y seguiré de pie aquí como una sombra
Bajo el gran día equilibrado,
Mis ojos en el polvo amarillo, que se elevaba en el viento,
Y ya no se aleja.

Conocimiento

Ahora que sé
Que la pasión calienta un poco
De carne en el molde,
Y que es frágil el tesoro,

Mentiré aquí y aprenderé
Cómo, sobre la tierra,
Los árboles lanzan una larga sombra
Y un leve sonido.

*Agosto de 1922*


El sueño

Oh Dios, en el sueño el terrible caballo comenzó
A patear en el aire, con sus coces quería alcanzarme.
El miedo duró treinta y cinco años derramado en su melena.
Y una retribución igualmente vieja, o casi, respiraba por su nariz.

Demasiado cobarde, me acosté y lloré en el suelo
Cuando una poderosa criatura apareció, saltó a la rienda.
Otra mujer, mientras yacía medio en un desmayo,
Saltó en el aire, y se aferró al cuero y la cadena.

Dale algo tuyo como un amuleto, dijo ella.
Tírale, dijo ella, algo pobre que sólo tú reclamas.

No, no, lloré, él me odia; él está fuera para hacer daño,
Y si cedo o no, es todo lo mismo.

Pero, como un león en una leyenda, cuando aventé el guante
Sacado de mi sudorosa y fría mano derecha;
La terrible bestia, que nadie podría entender,
Vino a mi lado y agachó la cabeza con amor.



Noche


Las remotas islas frías
Y los estuarios azules
Donde lo que respira, respira
El inquieto viento de las ensenadas,
Y lo que bebe, bebe
La marea entrante;

Donde concha y alga
Esperan el baño de sal del mar,
Y las claras noches de estrellas
Oscilan sus luces hacia el oeste
Para establecerse detrás de la tierra;

Donde el pulso que se aferra a las rocas
Se renueva para siempre;
Donde, otra vez en noches sin nubes,
El agua refleja
El arreglo parcial del firmamento;

Oh recuerda
En tus estrechas horas oscuras
Que más cosas se mueven
Además de la sangre en el corazón.

## 1946-1947:
## Karl Shapiro
[1913-2000]

Karl Shapiro nació en Baltimore el 10 de noviembre de 1913. Estudió en la Universidad de Virginia y en la Johns Hopkins, graduándose en Letras (BA) en 1939. Luego sirvió en el Ejército durante la Segunda Guerra Mundial.

La poesía de Shapiro que comenzó a publicarse a lo largo de la guerra forma parte de sus más reconocidos volúmenes: *Person, Place, and Thing* (1942), *Place of Love* (1943), *Essay on Rime* (1945) y *V-Letter and Other Poems* (1945), que ganó el Premio Pulitzer.

Recibió durante esos años los siguientes reconocimientos: el Premio Levinson en 1942, el Premio de Poesía Contemporánea en 1943, una beca de la Academia Estadounidense de las Artes y las Letras en 1944, otra beca Guggenheim y el Premio Shelley Memorial. Fue nombrado quinto Consultor de Poesía de la Biblioteca del Congreso (Poeta Laureado) para el periodo 1946-1947.

Shapiro fue editor de la revista *Poetry* entre 1948 y 1950 y miembro de la Facultad de la Universidad de Nebraska, en la que fungió como editor, durante una década (1956-1966), de la publicación *Prairie Schooner*. En dicha publicación incluyó textos de importantes poetas del siglo XX como Richard Eberhart, Josephine Jacobsen, Josephine Miles, John Frederick Nims, Octavio Paz y William Carlos Williams.

Este poeta, que confesó actuar fuera del molde y ser alborotador, se opuso en 1948 a la decisión de otorgarle el Premio Bollingen a Ezra Pound a raíz de su antisemitismo; aquel mismo año, publicó su libro *Poems of a Jew*. Además de las obras ya citadas, cabe mencionar, entre otras, *Trial of a Poet* (1947), *The Bourgeois Poet* (1964), *Adult Bookstore* (1976), *Collected Poems, 1940-1977* (1978), *Poet: Volume I: The Younger Son* (1988), así como sus ensayos *In Defense of Ignorance* (1960), *To Abolish Children and Other Essays* (1968), *The Poetry Wreck* (1975), su libro de ficción *Edsel* (1971) y la autobiografía *Reports of My Death* (1990).

Los críticos destacan que su creación literaria fue influenciada por la poesía tradicionalista de W. H. Auden; la cual, en palabras de Stephen Stepanchev, recogidas en el estudio *American Poetry since 1945: A Critical Survey*, «encontró el ímpetu y el sujeto de escritura en las crisis públicas de los cuarenta, y todos sus poemas tienen un sentido social». En su introducción a *The Poems of a Jew* (1958), Shapiro escribió: «Como estadounidense de tercera generación, crecí con la idea obsesiva de la libertad personal». En su colección *The Bourgeois Poet*, poemario de una integridad excepcional, Shapiro rompió sus formas poéticas tradicionales por el verso libre de Whitman (cuyos versos memorizaba) y la generación Beat. Los críticos también observaron que sus nuevos poemas contenían visiones y tonos apocalípticos que llamaban la atención en contraste con a la poesía que se publicaba en esa época. Shapiro falleció en la ciudad de Nueva York el 14 de mayo de 2000.

## La mosca

Oh pequeño murciélago fastidioso, del tamaño de un moco,
Con el ojo poliédrico y la ropa raída,
Para poblar el gato apestoso caminas
El promontorio de la nariz del hombre muerto,
Subes con la pierna fina de un Duncan-Phyfe
    Las montañas humeantes de mi comida
        Y, de forma desenfadada,
    Te apareas en medio del aire.

Montar y andar con tu inmundicia de pelo
En un pie pegajoso o ala, siempre evasiva,
Caliente de abono y deterioro dulce y verde,
Zumbas tu timbre como un juguete travieso,
Salpicas toda blancura con heces diminutas,
    En el apretado vientre de los muertos
        Excavas con cabeza hambrienta
    E incrustas gusanos como joyas.

Cuando te acercas el gran caballo pisotea y patea
Trayendo el huracán de su cola pesada;
Calzada con la enfermedad, te atreves a besar mi mano
Que te barre en contra como un mayal fastidiado;
Así y todo vuelves, vuelves, confiando en tu ala
    Para sacarte del alcance del cazador
        Que aprende a matar para enseñar
    Desorden a la cosa más pequeña.

Mi paz es tu desastre. Para tu muerte
Los niños, como las arañas, forman una taza con sus bonitas manos
Y las esposas recurren a la química de la guerra.

En pantanos de papel adhesivo y arenas movedizas
Te pegas a la muerte. Donde estás atrapada
    Luchas espantosamente y suplicas,
        Te cortas la pierna
    Embebida en la mugrienta resina amarilla.

Pero yo, un hombre, debo golpearte con mi odio,
Darte una palmada en el aire y aplastar tu vuelo,
Debo destrozarte con mi zapato y untar tu sangre,
Exponer tus pequeñas agallas pastosas y blancas,
Golpear tu cabeza de costado como sombrero de borracho,
    Sujetar tus alas abajo como las de un cuervo,
        Quitarte tu ropa endeble
    Y golpearte como uno golpea a una rata.

Entonces, como Gargantúa, camino entre
Los cadáveres esparcidos como pasas en el polvo,
Los cuerpos muertos de la estrecha muerte
Que atrapa la garganta con dedos de disgusto.
Yo barro. Una gira como una tapa y cae
    Y estupefacta, ciega, empedrada y sorda
        Zumba su aterradora f
    Y muere entre tres caníbales.

Tapas de alcantarilla

La belleza de las tapas de alcantarilla… ¿qué hay de eso?
Como medallas magulladas por el salvaje Gran Khan,
Como piedras del calendario maya, imposibles de jalar,
    indescifrables,
No como el viejo electrón, perseguido y apuntado,
Consignado y esculturado para un giro
Pero marcado y caracoleado y embolsado y aplastado
Con los nombres de las grandes compañías
(Belén amable, sonriente Estados Unidos).
Este artefacto inoxidable de mi calle
Permanecerá mucho después de que se derritan los caminos
Al lado de la tumba del viejo mundo de hierro,
Mordido en sus bordes,
Poderoso en su misterio americano,
Su belleza fechada.



Hombre sobre ruedas

Los autos son malvados, piensan los poetas.
Craso error. Los autos son parte del hombre.
Los autos son biológicos.
Un hombre sin auto es como una almeja sin cáscara.
De acuerdo, la maquinaria es el infierno,
Pero un hombre sin cuidado es descuidado e indefenso.
Ford es la piel del animal actual.
El automóvil es el caparazón.
Consigue un caparazón o si no ya verás.

### La mujer del afinador de pianos

Esa nota sale clara, como el agua fluyendo clara,
Luego, la siguiente nota más alta, y arriba y arriba
Y cada vez más arriba, con un acorde de vez en cuando,
Las notas más altas, como tocando un azulejo con un martillo,
De vez en cuando un arpegio, un tema
Cual si el teclado le hablara a una única tecla,
Diciendo «ningún intervalo es exactamente cierto»
Y la nota lloriquea suavemente y luego canta de verdad.

Ella se sienta en el sofá leyendo un libro que ha traído,
Un rayo de sol en su pelo blanco.
Está aquí porque él es ciego. Ella conduce.
Es casi un cliché decir
Que ella lo lleva de piano en piano.

Y esto continúa por alrededor de una hora,
Edificando puentes desde ambos lados del vacío,
Costeando los desfiladeros de las armonías.
Y en conclusión,
Cuando ya no hay disentimiento audible,
Él toca su canción completa de teclado,
El fuerte, orgulloso paradigma,
La única obra de arte sin contenido.

## 1947-1948:
## Robert Lowell
[1917-1977]

Robert Lowell nació el 1 de marzo de 1917 en Boston dentro de una de las familias más antiguas y prominentes de la zona. Fue a la Universidad de Harvard durante dos años y luego se mudó al Kenyon College, donde estudió poesía bajo la tutela de John Crowe Ransom, recibiéndose en 1940. Cursó estudios de grado en la Universidad Estatal de Luisiana con profesores como Robert Penn Warren y Cleanth Brooks.

Sus primeros libros, *Land of Unlikeness* (1944) y *Lord Weary's Castle* (1946, por el que recibió el Premio Pulitzer en 1947, a sus treinta años de edad), reflejan la influencia de su conversión del episcopalismo al catolicismo y exploran el lado oscuro del legado puritano estadounidense. Bajo la influencia de Allen Tate y los Nuevos Críticos cultivó una poesía rigurosamente formal, siendo elogiado por su manejo magistral de la métrica y la rima. Recibió numerosos reconocimientos, entre ellos premios de la Academia de Poetas Estadounidenses o de la Fundación Guggenheim.

Fue nombrado, a los veintinueve años, sexto Consultor de Poesía (Poeta Laureado) de la Biblioteca del Congreso para el periodo 1947-1948, siendo el más joven en desempeñar este cargo. En su involucramiento político, Lowell se opuso enérgicamente a la Segunda Guerra Mundial y fue encarcelado por ello. Hizo lo mismo con respecto a la Guerra de Vietnam. Sufrió numerosos episodios de depresión que motivaron su hospitalización, así como otros problemas de salud mental y matrimoniales. A partir de mediados de los cincuenta, a raíz de sus problemas e influenciado por poetas más jóvenes como W. D. Snodgrass y Allen Ginsberg, Lowell empezó a escribir más directamente basado en su experiencia personal, tal cual lo ejemplifica su colección *Life Studies* (1959), con la que ganó el National Book Award y cambió el panorama de la poesía moderna, al ser «el libro más influyente en el verso moderno desde *The Waste Land*» de T. S. Eliot, según Stanley Kunitz.

En las décadas de los sesenta y setenta publicó *Imitations* (1961), *For the Union Dead* (1964), *Selected Poems* (1965), *Near the Ocean* (1967), *The Voyage and Other Versions of Poems of Baudelaire* (1968), *Notebooks, 1967-1968* (1969), *History* (1973), *For Lizzie and Harriet* (1973), *The Dolphin* (1973), muestra de un confesionalismo extremo que causó su ruptura con Elizabeth Bishop, *Selected Poems* (1976), *Day by Day* (1977). Las antologías *Phaedra and Figaro* (1961) y *Prometheus Bound* (1969), así como la obra dramática *The Old Glory* (1965) y el libro de prosa *Collected Prose* (1987). Fue Canciller de la Academia de Poetas Estadounidenses desde 1962 hasta su muerte, ocurrida repentinamente a causa de un ataque cardiaco el 12 de septiembre de 1977.

En el dormitorio de mi padre


En el dormitorio de mi padre:
el azul enhebra tan fino
como la escritura de una pluma sobre la colcha;
puntos azules en las cortinas,
un kimono azul,
sandalias chinas con azules correas de felpa.
La ancha tabla del piso
tenía una pulcra lijada.
La clara lámpara de vidrio
con una pantalla de tela blanca
estaba aún levantada unas cuantas
pulgadas por reposar en el segundo volumen
de Lafcadio Hern
*Destellos de un Japón desconocido.*
La deformada cubierta oliva
estaba castigada como la piel de un rinoceronte,
En el marcador del libro:
«De Mamá, para Robbie».
Años más tarde con la misma letra:
«Este libro ha sido magullado,
en el río Yangtsé, China.
Fue abandonado bajo una portilla
abierta en una tormenta».

**Agua**

Era una población langostera de Maine,
cada mañana botes cargados de manos
partían hacia las canteras
de granito de las islas,

y dejaban atrás docenas de desoladas
casas blancas de madera adheridas
como conchas de ostra
a una colina rocosa,

y debajo de nosotros, el mar doblaba
el pequeño palo de fósforo crudo,
laberintos de un vertedero
donde se atrapaban los peces para carnada.

¿Recuerdas? Nos sentábamos en una losa de roca.
Ha pasado tento tiempo tiempo,
que parece del color
del iris, pudriéndose y volviéndose más púrpura,

pero era solamente
la roca gris habitual
que se tornaba en el verde típico
cuando el mar la empapaba.

El mar empapaba la roca
a nuestros pies todo el día
y continuaba arrancándole
una lasca tras otra.

Una noche soñaste
que eras una sirena aferrada a un pilón del muelle,
e intentabas arrancar
los percebes con tus manos.

Deseábamos que nuestras dos almas
pudieran regresar como gaviotas
a la roca. Al final,
el agua estaba demasiado fría para nosotros.

## Por los muertos de la Unión

*Relinquunt Omnia Servare Rem Publicam*

El viejo Acuario de Boston permanece
en un Sahara de nieve. Sus ventanas rotas están tapiadas.
El bacalao de la veleta de bronce perdió la mitad de sus escamas.
El tanque aéreo está seco.

Hace tiempo mi nariz se arrastró como un caracol sobre el vidrio;
mi mano hormigueaba
para reventar las burbujas
a la deriva desde las branquias de los peces acobardados y sumisos.

Mi mano retrocede. A menudo suspiro todavía
por el reino declinante, oscuro y vegetativo
de los peces y réptiles. Una mañana del pasado marzo,
me pegué contra la nueva punzante y galvanizada

valla en el Boston Common. Detrás de su jaula,
las palas vaporosas de dinosaurios amarillos gruñían
mientras recogían toneladas de hierba y musgo
al excavar su garaje del inframundo.

Los estacionamientos florecen como cívicos
montones de arena en el corazón de Boston.
Una faja naranja, calabaza puritana coloreando las trabas,
refuerza la agitada Casa de Gobierno,

temblando sobre las excavaciones, enfrenta al coronel Shaw
y su infantería de negros con cachetes como campana
en el trémulo alivio de la Guerra Civil de Saint Gaudens,
sostenido por una plataforma entablillada contra el terremoto del
    garaje.

Dos meses después de marchar a través de Boston,
la mitad del regimiento estaba muerto;
en la conmemoración
William James casi pudo escuchar la respiración de bronce de los
    negros.

Su monumento se atasca como espina de pescado
en la garganta de la ciudad.
Su coronel es una delgada
aguja de brújula.

Tiene la colérica vigilancia de un reyezuelo,
la firmeza suave de un galgo;
parece retroceder a su gusto
y sofocarse por un poco de privacidad.

Está libre de ataduras ahora. Se regocija en ese bello y peculiar
poder del hombre de escoger la vida y morir;

cuando lidera sus soldados negros hacia la muerte,
no puede doblegar su espalda.

En los prados de miles de pequeños pueblos de Nueva Inglaterra
las viejas iglesias blancas conservan su aire
de desparramada, sincera rebelión; banderas deshilachadas
acolchan el cementerio del Gran Ejército de la República.

Las estatuas de piedra del abstracto Soldado de la Unión
son más esbeltas y jóvenes con los años:
cinturas de avispa, dormitan sobre mosquetes
y cavilan a través de sus patillas...

El padre de Shaw no quería un monumento
excepto la zanja
donde el cuerpo de su hijo fue arrojado
y extraviado junto a sus «negros».

La zanja está más cerca.
No hay estatuas de la última guerra aquí;
en la calle Boylston, una fotografía comercial
muestra una Hiroshima en ebullición

sobre la caja fuerte Mosler, la «Roca de las Edades»
que sobrevivió a la explosión. El lugar está más cerca.
Cuando me acuclillo frente a mi aparato de televisión
las caras drenadas de los escolares negros se alzan como globos.

El coronel Shaw
cabalga en su ilusión,
espera
el bendito descanso.

El Acuario ya no existe. Por todos lados
coches enormes con aletas husmean como peces;
un bárbaro servilismo
se desliza en la grasa.



### El nihilista como héroe


«Todos nuestros poetas franceses pueden entregar un verso
    inspirado;
¿mas quién de ellos ha escrito seis seguidos y pasables?»
dijo Valéry. Ése fue un día feliz para Satanás...
Quiero palabras que cuelguen del gancho como un novillo vivo
pero una llama fría de estaño lame el trozo de metal,
hermoso fuego inmutable de la niñez
que traiciona la monotonía de la visión...
La vida por definición se alimenta del cambio,
en cada temporada nos deshacemos de automóviles, guerras,
    mujeres.
Pero a veces, cuando estoy enfermo o delicado,
la llama apretada de mi fósforo se torna verde inalterable,
un tallo de maíz en tallos verdes y flecos de semillas...
Un nihilista desea vivir el mundo como es,
y aun así contemplar las colinas eternas derrumbarse.

1948-1949:
Léonie Adams
[1899-1988]

Léonie Adams nació el 9 de diciembre de 1899 en Brooklyn, Nueva York. Creadora de versos líricos calificados de lapidarios, románticos y metafísicos, publicó sus primeros poemas antes de graduarse en Letras (BA) en el Barnard College en 1922. Fue compañera de la famosa antropóloga Margaret Mead.

En la década de los veinte se desempeñó en tareas editoriales para Wilson Publishing, The Metropolitan Museum of Art o la revista *The Elect*. En 1928 recibió la beca Guggenheim de escritura creativa y, a finales de esta década, vivió en París. Se encontró en Londres con Hilda Doolittle, mejor conocida como H.D., y en París con Gertrude Stein, entre otros conocidos escritores.

Esta educadora incansable enseñó a lo largo de los años en varias universidades, incluyendo la Universidad de Washington, la Conferencia de Escritores Bread Loaf, las universidades de Columbia y Nueva York, el Sarah Lawrence College, el Bennington College y el Colegio de Nueva Jersey para Mujeres (ahora Douglass College), donde recibió un doctorado honorario en 1950.

Fue nombrada Consultora de Poesía de la Biblioteca del Congreso (Poeta Laureada) para el periodo 1948-1949, cargo que ejerció con una dedicación muy apreciada. Sus colecciones de poesía son *Poems: Those Not Elect* (1925), *High Falcon and Other Poems* (1929), *This Measure* (1933) y *Poems: A Selection* (1954), esta última galardonada con el Premio Bollingen (reconocimiento que compartió con Louise Bogan). En 1974 le otorgaron una beca de la Academia de Poetas Estadounidenses. Otros premios y reconocimientos que recibió Adams fueron las becas del National Endowment for the Arts y del Instituto Nacional de Artes y Letras, así como el Premio Shelley Memorial. Fue mentora, entre otros poetas, de Louise Glück.

Murió en junio de 1988 en New Milford, Connecticut. Ella misma comentó sobre su poesía lo siguiente: «Es poesía lírica, en gran medida con formas tradicionales. En mi periodo formativo fui influenciada por la poesía isabelina, por el romanticismo temprano y, a través de Yeats, por la poesía simbolista... Mi obra ha sido descrita como metafísica, a veces como romántica. Quizá sea una suerte de fusión. Tomo mis imágenes en gran parte de la naturaleza (y de la tradición de la naturaleza) y he tenido una tendencia en mi mejor obra hacia una lírica contemplativa, articulada mediante cierto tipo de discurso musical».

### Magnificat en breve

Rebosante, no perseguía maravillas,
Pero como aquel que camina por un sitio conocido,
Sin desierto pero con ojos y oídos comunes,
No hay más remedio que escuchar, poder pero para ver,
Tengo que amarte por gracia.

Músicos sutiles, que podrían ser cuerpos de viento,
O inventar cuerdas para la angustia, en su presunción
Aleatoria y sin arte encordaban una rama con campanas,
Fijadas en un capricho plateado, que al tocarlo
Se agitaba dulcemente.

Y tú, tú, nota encantadora e inasequible,
Una carrera desconsolada cuyo frío y calor confunde
Para dar a la lengua del corazón un pobre desconcierto,
Por azar te atrapó, y de hoy en adelante todo lo no aprendido
Te vuelve oro.


### Puesta del sol

Éste es el tiempo en que las maderas magras deberán gastar
Un crepúsculo empapado, y la bebida pálida de la tarde,
Y las huevas peligrosas, el saltador al borde del oeste
Tembloroso y brillante a la nube cavernada desciende.

Ahora verás que el roble se ha vuelto ventoso y frenético,
Encorvado con llanto seco, ruinosamente desatando
La escasa hoja despeinada, o criada y lanzando
Una lóbrega rama de espantapájaros en bufonesco funeral.

Entonces, haz girones y desgarra,
Corazón de roble, a tu profesión de luto; no oscuro
El resultado, no crepuscular; en el piso profundo
Sable y oro combinan lustres y disputa.

Y los harapos de mortaja no amortiguarán a los asesinados.
Ésta es la extinción inmortal, la herida inestimable
No para ser contenida. El oro vivo se filtra más allá,
Y la materia es santificada, sumergida en una mancha dorada.

**La montura**

Ahora que tengo una prisa moderada,
Dijo el alegre viajero,
Me adelanta el corcel
De cuyos veloces cascos huía.
Tras él cabalga mi espectro,
Aprendí qué montura tiene,
En qué veranos se alimentó;
Y lloré por saber de nuevo
Que debajo de la silla se balanceó,
Tesoro por cuyo gran robo
Este seno fue exprimido.
Sus campanillas de freno cantaron,

No pude distinguir su sonido,
Tan brillantemente suena,
Pero lo llamé tiempo.
Su arcón era luz mañanera,
Esas pajas que doran su cama
Proceden del oeste caído.
Aunque consumen tierras verdes
Debajo de su paso ardiente,
En eterno brillo
Sus cascos tienen descanso.


Fin del pensamiento


Había visto las colinas beber el último color de luz,
Todas las formas se volvían brillantes y decaían en el aire pálido,
Hasta que por el traicionero este llegó la noche
Y barrió el círculo de mi vista desnuda.
Su belleza íntima como un velo lascivo
Surgía de la nada como de una cara vacía.
Sentí en el borde del ser la caída de todo ser,
Y mi único cuerpo se enfrentó al espacio.
Oh corazón más asustado que las alas de un pájaro salvaje
Golpeando el verde, ahora sin ser una marca ardiente
Abandonada en la quieta nada de las cosas.
No ser más uno mismo contra la oscuridad que inunda;
Esparcidas en esa mancha nublada, miles de estrellas:
Mundos que observan sin vernos.

1949-1950:
ELIZABETH BISHOP
[1911-1979]

Elizabeth Bishop nació el 8 de febrero de 1911 en Worcester, Massachusetts. Su padre falleció cuando tenía sólo un año de edad y su madre fue internada permanentemente en un manicomio (no la volvió a ver después de sus cinco años). Vivió con sus abuelos maternos en Nueva Escocia, Canadá, y luego con parientes en Worcester y Boston. Obtuvo su grado universitario en Letras (BA) en 1934 en el Vassar College de Poughkeepsie, Nueva York.

Desde 1935 hasta 1937, viajó por Francia, España, África del Norte, Irlanda e Italia, asentándose luego en Key West, Florida, donde permaneció cuatro años; estos recorridos marcarían su poesía, llena de descripciones de viajes y lugares escénicos, como en su primer poemario *North & South*, publicado en 1946, así como en *Questions of Travel* (1965). Son creaciones en letras y pinturas con impresiones serenas y precisas del mundo físico y diverso que la rodeaba, más allá del eje discursivo latente de su lucha por encontrar un sentido de pertenencia en su experiencia vivencial desde su infancia de dolorosas pérdidas.

Influenciada por su amiga Marianne Moore, y en contraste con la poesía confesional del también amigo y contemporáneo Robert Lowell, Bishop expresó con imágenes precisas y agudeza genial sus observaciones y sentido de la vida. Se mudó en 1944 a Brasil, viviendo en Petrópolis con su amor y la salvadora de su vida, la arquitecta Lota de Macedo Soares, hasta que ésta se suicida en 1967. De allí sus obras *Brazil* (1962) y la que editó con Emanuel Brasil *Anthology of Twentieth Century Brazilian Poetry* en 1972, publicada en español como *Una antología de poesía brasileña* (Vaso Roto, 2009).

Fue nombrada octava Consultora de Poesía (Poeta Laureada) para el periodo 1949-1950. Escribió escasa pero genialmente unos cien poemas (recogidos en su publicación de 1969, *The Complete Poems*). Recibió en 1956 el Premio Pulitzer por su colección *Poems: North & South / A Cold Spring* (1955). En 1968 apareció su poemario *The Ballad of the Burglar of Babylon* y en 1969 su compilación *Complete Poems*, la cual ganó el National Book Award en 1970, año en que también empezó a ejercer su profesorado en la Universidad de Harvard por espacio de siete años. Además, obtuvo una beca de la Academia de Poetas Estadounidenses en 1964 por su destacado logro poético y sirvió como Canciller de dicha institución desde 1966 hasta su muerte, acaecida el 6 de octubre de 1979.

Además de sus textos epistolares, publicó en prosa en 1957 *The Diary of Helena Morley*. A pesar de no haber sido tan reconocidas a lo largo de su vida, su brillante técnica literaria y la variedad formal de su creación eran asombrosas y sobresalieron en su último libro, *Geography III*, publicado en 1977 y con el que ganó el Premio Internacional Neustadt de Literatura, además de destacarla como una de las grandes figuras de la literatura del siglo xx. De hecho, numerosos textos suyos y trabajos sobre su obra aparecieron después de su muerte, entre ellos *The Complete Poems 1927-1979* (1983), *Edgar Allan Poe & The Juke-Box: Uncollected Poems, Drafts, and Fragments* (2006), *Elizabeth Bishop: Poems, Prose, and Letters* (2008); en prosa, *The Collected Prose* (1984) y *One Art: Letters* (1994).

Ernie Hilbert resume el estilo de Elizabeth Bishop con la siguente afirmación: «La poética de Bishop es de las que se distingue por su observación tranquila, la exactitud artesanal y el cuidado de las pequeñas cosas del mundo, con atención y discriminación de miniatura».

## El iceberg imaginario

Preferimos el iceberg al barco,
aunque ello significara el fin del viaje.
Aunque permaneciera inmóvil como una roca nubosa
y todo el mar fuera mármol en movimiento.
Preferimos el iceberg al barco;
preferimos esta palpitante llanura de nieve,
a pesar de que las velas estuviesen desplegadas sobre el mar
y la nieve resistiera íntegra sobre el agua.
Oh, solemne campo flotante,
¿eres consciente de que un iceberg reposa
junto a ti, y que al despertar tal vez pace en tus nieves?

Ésta es una escena por la que un marinero daría sus ojos.
El barco es ignorado. El iceberg asciende
y de nuevo se hunde; sus vítreas cumbres
corrigen elipses en el cielo.
Ésta es una escena donde quien pisa las tablas
se vuelve torpemente retórico. Es tan ligero
el telón que podrías subirlo con las más finas cuerdas,
espirales de viento que la nieve ofrece.
La lucidez de estas blancas cumbres
compite con el sol. Su peso el iceberg desafía
sobre un escenario cambiante y resiste y observa.

Este iceberg labra sus facetas desde dentro.
Como joyas de una tumba
se salva a sí mismo, siempre, y sólo a sí mismo
se embellece, y tal vez a las nieves
que tanto nos sorprenden flotando sobre el mar.
Adiós, decimos, adiós, el barco navega

hacia donde las olas sucumben ante otras olas
y las nubes avanzan hacia un cielo más cálido.
Los icebergs incitan al alma
(ambos autocreados de elementos menos visibles)
a contemplarlos así: corpóreos, bellos, erigidos en unidad.

[Traducción de Jeannette L. Clariond]

## El descreído

*Duerme en lo alto de un mástil.*
BUNYAN

Duerme en lo alto de un mástil
con los ojos bien cerrados.
Las velas se despliegan por debajo
como sábanas en el lecho,
dejando a la brisa nocturna la cabeza del soñador.

Hasta allí lo llevaron dormido,
dormido se enroscó
en el ovillo dorado del mástil,
o escaló dentro
de un pájaro dorado, o quizá a ciegas cabalgó.

«Me sostengo sobre pilares de mármol
—dice una nube—. Nunca me muevo.
¿Ves los pilares allá en el mar?».
Seguro en su introspección
mira las líquidas columnas del reflejo.

Bajo las suyas una gaviota abrió sus alas
y enfatizó que el aire
era «como el mármol». Dijo: «Aquí arriba
destaco por encima de los cielos,
pues vuelan las alas marmóreas de mi torre».

Pero duerme en lo alto del mástil
con sus ojos bien cerrados.
La gaviota indagó en su sueño,
que era: «No debo caer.
Abajo, el mar iridiscente quiere que yo caiga.
Duro como el diamante, nos quiere destruir».

[Traducción de Jeannette L. Clariond]

## La aldea de los pescadores

A pesar del frío atardecer,
allá abajo, en una de las casas
un viejo remienda su red
en la casi invisible caída de la noche;
brilla el oscuro marrón-púrpura
de su gastada y pulida lanzadera.
Es tan fuerte el olor a bacalao
que lagrimean los ojos y humedece la nariz.
Las cinco casas visten pronunciados tejados
y las angostas pasarelas remachadas
conducen hacia los desvanes en los gabletes
para el ir y venir de las carretillas.

Todo es plata: la pesada superficie del mar,
que lenta asciende como si temiera derramarse,
es opaca, pero lo plateado de los bancos,
las nasas langosteras y los mástiles, esparcidos
entre las dentadas rocas agrestes,
revelan la misma aparente translucidez
que los vetustos, diminutos edificios de musgo esmeralda
creciendo en las paredes que dan a la costa.
Las cubas de pescado están totalmente cubiertas
con capas de hermosas escamas de arenque
y las carretillas están igualmente enlucidas
con una lechosa, iridiscente cota de malla
plagada de pequeñitas e iridiscentes moscas cintilando.
Ladera arriba, tras las casas,
plantado en el rocío disperso de la hierba,
hay un antiguo cabestrante de madera,
rajado, con dos descoloridas manivelas
y algunas manchas de melancolía como la sangre seca,
allí, donde el herraje ya se oxidó.
El viejo, amigo de mi abuelo,
acepta un Lucky Strike.
Hablamos del descenso en la población,
del bacalao y el arenque
mientras espera que llegue la barca arenquera.
Hay residuos de cebo en su chaleco y su pulgar.
Ha escamado, lo más hermoso,
incontables peces con ese viejo cuchillo negro
cuya hoja ya está roma.

Abajo, en el borde del agua, en el sitio
donde jalan las barcas hacia la rampa
que entra al mar, esbeltos, plateados
troncos de árboles yacen horizontales

sobre grises piedras, y descienden
a intervalos de más de un metro.

Fría oscuridad profunda y absolutamente diáfana,
elemento intolerable a los humanos,
a los peces y a las focas... Tarde tras tarde
veía aquí a una misma foca.
Yo despertaba su curiosidad. Le interesaba la música;
y creía, como yo, en la total inmersión;
así que solía cantarle himnos baptistas.
También cantaba «Una fortaleza todopoderosa es nuestro Dios».
Erguida desde el agua me miraba
atenta, moviendo apenas su cabeza.
Desaparecía y de pronto volvía a emerger
en el mismo sitio, con cierto desgaire,
como si actuara contra su voluntad.
Fría oscura profunda y absolutamente diáfana,
la claridad grisácea del agua helada... Al fondo, tras nosotros,
los solemnes, altos abetos.
Azulados, reunidos en sus sombras,
miles de árboles navideños esperan
la Navidad. El agua pareciera suspendida
sobre el gris y el azul-gris de las redondas piedras.
He visto una y otra vez el mismo mar, el mismo
leve e indiferente mecerse sobre las piedras,
gélido y libre por encima de las piedras,
sobre las piedras y luego sobre el mundo.
Si hundieras la mano en él,
de inmediato te dolería la muñeca,
lastimaría tus huesos y ardería tu mano
como si el agua fuese una transmutación de un fuego
alimentado de piedras que arde con una oscura llama gris.
Si lo probaras, al principio te sabría amargo,

luego salobre, luego seguro quemaría tu lengua.
Es como imaginamos el conocimiento:
oscuro, salado, claro, móvil, plenamente libre,
extraído de la fría y áspera boca
del mundo, nacido de rocoso seno,
siempre fluye y se retrae; y dado que
nuestro conocimiento es histórico: transcurre y pasa.

[Traducción de Jeannette L. Clariond]


### Vista del Capitolio desde la Biblioteca del Congreso

Moviéndose de izquierda a izquierda, la luz
cae pesada sobre la cúpula, y áspera.
Un pequeño luneto la desvía hacia otro lado
y abstraído mira fijamente el vacío
como un viejo caballo blanco con estrabismo.

En la escalera del este la banda de la fuerza aérea
con uniformes azules de la fuerza aérea
está tocando fuerte y alto, pero –extrañamente–
la música no se oye del todo.

Llega fragmentada, tenue primero, luego intensa,
después muda, y aun así, no sopla la brisa.
Los árboles gigantescos se interponen.
Creo que los árboles deben interponerse,

reteniendo la música en sus hojas
como polvo de oro, hasta combar el más amplio envés.
Incesantemente las pequeñas banderas
alimentan el aire con sus frágiles rayas,
y el esfuerzo de la banda se diluye justo ahí.

Enormes sombras, rebasadas,
dejan espacio a la música.
Los instrumentos de viento quieren hacer
*bum-bum.*

[Traducción de Jeannette L. Clariond]

1950-1952:
CONRAD AIKEN
[1889-1973]

Conrad Potter Aiken nació el 5 de agosto de 1889 en Savannah, Georgia. El asesinato de su madre por parte de su padre y el suicidio de éste, cuando Aiken tenía once años, tuvieron un profundo impacto en su desarrollo y su percepción de la vida. Lo refleja su autobiografía *Ushant* (1952), así como la frecuencia con la que trata temas psicológicos, con toques freudianos, en textos introspectivos en los que la metáfora del viaje significa el recorrido hacia la autoestima y el conocimiento identitario.

Fue criado por familiares en Massachusetts y se graduó en Letras (BA) en la Universidad de Harvard en 1912, al mismo tiempo que T. S. Eliot y E. E. Cummings. El famoso filósofo Jorge Santayana fue su mentor. Durante este periodo se desempeñó como editor asociado de la revista *Dial*, al tiempo que mantuvo una relación de amistad con Ezra Pound, cuya estética habría de nutrirlo tanto como su estilo, muchas veces a manera de homenaje, bajo la influencia de poetas como Henry y William James, Walt Whitman, los simbolistas, los románticos ingleses, Edgar Allan Poe, así como su relación con William Carlos Williams y Robert Penn Warren.

En 1914 se publicó su primer poemario, *Earth Triumphant*, que le permitió destacar en el ámbito poético. Se abstuvo de servir en el ejército durante la Primera Guerra Mundial, sosteniendo que, como poeta, pertenecía a la «industria esencial». Durante las décadas de 1920 y 1930, realizó viajes frecuentes a Inglaterra y Estados Unidos, época en la que contrajo matrimonio en tres ocasiones: la primera fue con Jessie McDonald (con quien tuvo a su hija Joan Aiken, autora de literatura infantil); luego con Clarissa M. Lorenz y más tarde con la artista Mary Hoover.

Autor de más de treinta poemarios, algunas de sus obras son: *The Jig of Forslin* (1916), *Charnel Rose* (1918), *Selected Poems* (1929, Premio Pulitzer en 1930), *Brownstone Eclogues* (1942), *The Kid* (1947), *Collected Poems* (Premio Nacional del Libro en 1953), y *Collected Poems 1916-1970* (1970). Su prosa incluye novelas como las compiladas en *Collected Novels* (1964); ensayos de crítica literaria, recogidos en *Scepticisms: Notes on Contemporary Poetry* (1919); su altamente significativa e influyente edición de *Emily Dickinson's Selected Poems* (1924), *A Reviewer's ABC* (1958) y *Collected Criticism* (1968); cuentos, como los recopilados en *Collected Short Stories* (1960); género epistolar, con su recopilación *The Selected Letters of Conrad Aiken* (1978), que reúne correspondencia con figuras literarias como Wallace Stevens, Harriet Monroe y Edmund Wilson; obras de teatro, de las que cabe destacar *Mr. Arcularis* (1953); así como libros de literatura infantil, entre ellos, *A Little Who's Zoo of Mild Animals* (1977) y *Cats and Bats and Things with Wings* (1965).

Aiken fue el noveno Consultor de Poesía de la Biblioteca del Congreso (Poeta Laureado) durante el periodo 1950-52. Entre otros reconocimientos que se le otorgaron figuran el Premio Bollingen, la Medalla de Oro en Poesía de la Academia Estadounidense de las Artes y las Letras, y la Medalla Nacional de Literatura. A pesar de que Louis Untermeyer afirmara que Aiken es «el más conocido poeta no leído del siglo veinte», vale la pena destacar la influencia que ejerció sobre el joven escritor inglés Malcolm Lowry, autor de *Bajo el volcán*, novela casi autobiográfica acerca de la estadía en México de los dos hombres. Esta influencia también se ve reflejada en uno de los mejores poemas de Aiken («The Poet in Granada: Homage to Lorca») que surge de la visita de ambos poetas a España durante los años treinta. Conrad Aiken murió en Savannah el 17 de agosto de 1973.

Exilio

Estas colinas son arenosas. Los árboles aquí son enanos. Cuervos
Graznan tristemente en cielos de un brillo árido,
Se quejan en pinos polvorientos. Un amanecer amarillo
Ilumina en las vastas laderas marrones un rocío helado,
Rocío tan pesado como la lluvia; las huellas de conejo
Se muestran bruscamente en él, como lo harían en la nieve.
Pero pronto desaparece en el sol, ¿de qué sirve?
Las casas, en la ladera, o entre árboles marrones,
Son grises y arrugadas. Y los hombres que viven aquí
Son pequeños y marchitos, como arañas de ojos grandes.


Trae agua contigo si vienes a vivir aquí.
Cisternas frías tintineantes, o pozos tan profundos
Que uno parece atisbar el Ganges o los Himalayas.
Sí, y trae montañas contigo, blancas, orientadas hacia la luna,
Montañas de hielo. Tendrás necesidad de estas
Profundidades y picos de humedad y frío.

Trae también, en una jaula de alambre o mimbre,
Aves de un color dorado, que cantarán
Sobre hojas que no se marchitan, acuosas frutas
Que pesadas cuelgan de largas ramas melodiosas
En los bosques azul-plata de los valles profundos.

Yo he estado aquí ahora, ¿cuántos años? Incontables años.
Mis manos crecen como garras. Mis ojos son grandes y famélicos.
No traje ningún pájaro, no tengo ninguna cisterna
Donde encontrar la luna, o un río, o nieve.

Algún día, por su ausencia, desplegaré una tela de araña
Entre dos polvorientas copas de pino y me colgaré allí
Boca abajo, como una araña, mecida tan suavemente
Como el fantasma de una hoja. Los cuervos graznarán sobre mí.
Y todas las noches y todas las mañanas beberé el rocío.

**Verano**

Cero absoluto: la langosta canta:
el verano atrapado en los anillos de la eternidad:
la roca explota, el planeta muere,
levantaremos con palas nuestras verdades.

La navaja lima el rostro
y en el espejo muestra nuestra carrera fugaz
iluminada por el relampagueante guiño del infinito,
que bajo el trueno trata de pensar.

En esta frágil calabaza, el granito derrama
los aullidos atemporales como todos al aire libre
el sensual instante levanta muro
abierto como el viento, muro sin ser un muro:

mientras sigue obedeciendo a las válvulas y perillas
la vascular gramola palpita y solloza
exponiendo esperanza planteando anhelo
proponiendo amor, pero nunca aprendiendo

o sólo aprendiendo en la compuerta cero
como la langosta del verano el odio final
hielo sin forma en una llanura sin forma
que era y es y sigue siendo.




Cuando no te sorprendes


Cuando no te sorprendes, no te sorprendes,
ni saltas con la imaginación de la luz del sol a la sombra
o de la sombra a la luz del sol
adaptando el color del susto o la delicia
a la circunstancia desconcertante
cuando ya no te sorprende
la quietud o la furia del amanecer
la tormentosa subida de la ira del sol
sobre los bordes desgarrados de árboles
torrentes de vida y muerte arrojados
hacia arriba y hacia afuera, hacia dentro y hacia abajo, hacia el
    espacio
o de lo contrario
paz paz paz paz
el mirlo de madera cantando su santo santo
muy escondido en el bosque de la mente
mientras las ramas de luz
se desenrollan lentas
y la superficie del mundo de nuevo sueña con la noche
como el centro sueña con la luz
cuando tú no estás sorprendido
por aliento y aliento y aliento

la primera respiración inconsciente de la mañana
el toque del pico del pájaro en el cristal
y no grites, ven de nuevo
Bendito bendito tú ven de nuevo
o luz o sonido o voz de pájaro o luz
y memoria también o memoria bendita
y maldita con las viejas deudas
que no se quedarían, o se quedan
cuando no estás sorprendido
por muerte y muerte y muerte
muerte de la abeja en el narciso
muerte del color en la mejilla del niño
en el pecho de la joven madre
muerte del sentido del tacto de la vista
muerte del deleite
y la muerte interna la noche que gira hacia dentro
cuando el corazón se endurece con odio e indiferencia
por odiarse y no amarse
cuando no estás sorprendido
por el giro de la rueda o el cambio de estación
el carro alado y orbitado de la inclinación del tiempo
la pausa feliz, la cesura azul de la primavera
y la rima solar
tejida en el nido divinamente recordado
por el amor de ojos oscuros en el pecho de la oropéndola
y las mareas del espacio tocan el timbre del corazón
mientras todavía, mientras quieta, la ola del mundo invisible
rompe dentro de la conciencia en la mente de dios
luego da la bienvenida a la muerte y es benignamente
     bienvenido por la muerte
y se une de nuevo en el incesante no saber
de donde te despiertas a la primera sorpresa.

## El saltamontes

Saltamontes
saltamontes
todo el día
te oímos rasgar en la guitarra
el canto estival
      como
            oxidados
                  violines
                        en
            el
            césped
cuando a través
            del sendero
                de la pradera
                      pasamos
tales piernas cómicas
tales graciosos pies
y nos preguntamos
lo que comes
tal vez una sola gota de rocío
bebida a sorbos de una hoja de trébol haría
que entonces alto en el aire
      otra vez saltaras
            para caer de nuevo en el pasto
                          y cantar.

# 1952:
# WILLIAM CARLOS WILLIAMS
[1883-1963]

William Carlos Williams nació el 17 de septiembre de 1883 en Rutherford, New Jersey. Hijo de padre inglés y madre puertorriqueña, su familia cultivaba el arte y la literatura; aunque, como informa Reed Whittemore, en su temprana edad su vida fue «dulce y amarga». El mismo Williams testifica: el «terror dominaba mi juventud, no el miedo».

James Brelin especula que esta situación podría haberse originado «por el idealismo rígido y perfeccionismo moral que sus padres trataron de inculcarle». Empezó a escribir poesía en la escuela secundaria, decidiendo entonces que sería escritor y médico al mismo tiempo. Licenciado en Medicina por la Universidad de Pennsylvania, donde mantuvo una relación de amistad con Ezra Pound, quien influyó en su escritura imaginista e, incluso, coordinó en 1913 la publicación en Londres de la segunda colección poética de Williams, *The Tempers*. En esos inicios, Williams también se nutrió de las poéticas de John Keats y Walt Whitman. De hecho, el poeta reveló más tarde que «Keats era su Dios».

Antes de romper con la poética formal y liderar el movimiento de los imaginistas, publicó su primer poemario en 1909, *Poems*, clasificado de «convencional». Pero, en 1917, con la publicación de su tercer libro *Al Que Quiere!*, según las palabras de James Guimond, «Williams empezó a aplicar rigurosamente el principio imaginista del trato directo de la "cosa"».

Ya de regreso en Rutherford, donde practicó siempre su profesión de pediatra, William Carlos Williams publicó en diversas revistas, desarrollando una prolífica carrera como poeta, novelista, ensayista y dramaturgo. Pound había puesto en contacto a Williams con un grupo de amigos, que incluía a la poeta Hilda Doolittle (H.D.) y al pintor Charles Demuth.

En la década de los veinte surgen sus destacadas obras *Kora in Hell: Improvisations* (1920) y *Spring and All* (1923). A pesar de haber recibido críticas, *Kora* era, según sostiene Webster Schott, uno de los «libros favoritos de William...; la prosa poética de *Kora* es una combinación extraordinaria de estilo aforístico, reflexión filosófica, romanticismo, oscuridad, obsesión, exhortación y ensueño, con versos hermosos y párrafos de miedo».

Su influencia poética se expandió en las décadas de 1920 y 1930, aunque un tanto camuflada en parte por la inmensa popularidad del poemario de Eliot *The Waste Land*. No obstante, luego, en los años cincuenta y sesenta, poetas jóvenes como Allen Ginsberg y los de la generación Beat apreciaron la apertura de sus textos, su aproximación a lo cotidiano y lo local, su sentido de la humanidad y su expresiva frescura estadounidense, formal y temática.

Se le ofreció el puesto de Consultor de Poesía de la Biblioteca del Congreso (Poeta Laureado) en 1948, y luego en 1952, pero nunca lo ejerció en su totalidad, entre otras razones por motivos de salud (un ataque al corazón, una serie de derrames cerebrales), así como falsas acusaciones de comunismo. Su salud siguió deteriorándose, aunque continuó escribiendo y publicando hasta su muerte en Nueva Jersey, el 4 de marzo de 1963. Sus últimas publicaciones y grandes obras son *Pictures from Brueghel and Other Poems* (1962), los cinco volúmenes de su composición épica *Paterson* (1963, 1992), así como su libro *Imaginations* (1970).

## La carretilla roja

tantas cosas dependen
de

una carretilla
roja

esmaltada
con el agua de la lluvia

junto a las blancas
gallinas.


## Esto es sólo para decir

Me comí
las ciruelas
que estaban
en la heladera

y que
probablemente
guardabas
para el desayuno

Perdóname
estaban deliciosas
tan dulces
y tan frías


## Las últimas palabras de mi abuela inglesa

Había algunos platos sucios
y un vaso de leche
a su lado, sobre una mesa pequeña
cerca de la cama revuelta y maloliente.

Arrugada y casi ciega
yacía y roncaba
levantando con rabia el tono de voz
para pedir a gritos la comida.

Dame algo para comer.
Me están matando de hambre.
Me siento bien. No iré
al hospital. No, no, no.

¡Dame algo para comer!
Déjame llevarte
al hospital, le dije,
y cuando estés bien

podrás hacer lo que quieras.
Sonrió: Sí

primero haz tú lo que te plazca
y después podré hacer yo lo que quiera.

¡Oh, oh, oh! –gritaba
cuando los hombres de la ambulancia
la pusieron en la camilla–.
¿A esto le llamas

tratarme bien?
Por entonces estaba lúcida.
Oh, se creen listos
ustedes, jovencitos,

–dijo ella–, pero les diré
que no saben nada.
Entonces partimos.
Por el camino

pasamos una larga fila
de olmos. Los miró
por un rato a través
de la ventanilla de la ambulancia y dijo:

¿Qué son todas esas
cosas de aspecto borroso allá afuera?
¿Árboles? Bueno, estoy harta
de ellos, y giró la cabeza.

## Una especie de canto

Deja que la serpiente espere bajo
su maleza
y que el texto
esté hecho de palabras, lentas y rápidas, afiladas
para atacar, silenciosas en la espera,
insomnes.

—a través de la metáfora reconciliar
personas y piedras.
Escribe. (No hay ideas
sino en las cosas). ¡Inventa!
Saxífraga es mi flor que divide
las rocas.


## El gorrión
(Fragmento)

*A mi padre*

[...]
Práctico hasta el final,
     es el poema
          de su existencia
que triunfó
     finalmente;
          un manojo de plumas
aplastado contra el pavimento
     alas repartidas simétricamente

                        como en vuelo,
la cabeza ida,
            el escudo de su pecho
                        indescifrable,
la efigie de un gorrión,
            una hostia seca solamente,
                        queda por decir
y lo dice
            sin ofensa,
                        bellamente;
esto era yo,
            un gorrión,
                        lo hice lo mejor que pude;
adiós.

## 1956-1958:
## Randall Jarrell
[1914-1965]

Randall Jarrell nació el 6 de mayo de 1914 en Nashville, Tennessee. En 1915 su familia se mudó a Long Beach, en el oeste, donde Randall pasó la mayor parte de su infancia. Obtuvo el título de bachiller y una maestría en la Universidad de Vanderbilt. De 1937 a 1939 enseñó en el Kenyon College, donde conoció a John Crowe Ransom y Robert Lowell, y luego en la Universidad de Texas.

Publicó sus primeros poemas en numerosos diarios y revistas, como *The American Review, The Southern View* y *Kenyon Review*, hasta que en 1942, mientras ingresaba en la Fuerza Aérea, apareció su primer poemario, *Blood for a Stranger*. No pasó la prueba de piloto, pero trabajó como operador de torre de control, desde donde recogió gran material para su poesía, al ser testigo de los daños de la Segunda Guerra Mundial —muertes, matanzas, terror, pero también esfuerzos de servicio—, fuentes de inspiración para sus *World War II Poems*. Ya reconocido como poeta, en 1945 publicó su segundo libro, *Little Friend, Little Friend*, que documenta dramática y agriamente, con sensibilidad y gran habilidad técnica, los miedos y cuestionamientos éticos de los jóvenes soldados. Después de la guerra, Jarrell ejerció la docencia en el Colegio de Mujeres de la Universidad de Carolina del Norte, en Greensboro; y permaneció allí, excepto en contadas ausencias para enseñar en otras instituciones.

Entre 1945 y 1965 publicó en el género ensayístico: *Poetry and the Age* (1955) y *A Sad Heart at the Supermarket* (1962); en ficción, *Pictures from an Institution: A Comedy* (1954); y, en poesía, *Losses*

(1948), *The Seven League Crutches* (1951), *Selected Poems* (1955), *The Woman at the Washington Zoo: Poems & Translations* (1960) y *The Lost World* (1965).

En su ensayo testimonial, Robert Lowell escribió: «Lo que fue la vida de Jarrell en todo su asombro, variedad y sutileza se expresa mejor en su poesía [...]. Sus talentos, tanto por naturaleza como por dedicación, crecimiento de por vida, fueron ingenio, patetismo y brillantez de inteligencia. Estas cualidades, de por sí deslumbrantes, las utilizó tan bien que llegó a ser, pienso, el poeta en inglés más desgarrador de su generación[...]. Siempre detrás del filo agudo de sus versos existe una visión misericordiosa, su visión, parcial como todas las otras, pero de una iluminación de vida tan triste y radiante como para quedarse entre nosotros por mucho tiempo o ser difícil de olvidar».

Padeció enfermedades serias durante los últimos años de su vida, diagnosticándosele incluso desórdenes maníacos. Embestido por un automóvil mientras caminaba en la oscuridad por una calle de Greensboro, murió el 14 de octubre de 1965. Su reconocida habilidad como crítico literario, además de poeta, se resume en la publicación del volumen *Randall Jarrell, 1914-1965*, en el que autores de ensayos ensalzan sus capacidades de crítico ingenioso, erudito, pasionalmente estricto y, en ocasiones, muy duro. Otros libros póstumos son *Complete Poems* (1969), *The Third Book of Criticism* (1975), *Kipling, Auden and Co.: Essays and Reviews 1935-1964* (1980), *Randall Jarrell's Letters: An Autobiographical and Literary Selection* (1985), *No Other Book: Selected Essays* (1999) y *Selected Poems* (2007).

**Niños escogiendo libros en una biblioteca**

Con bestias y dioses, arriba, brilla en lo alto.
La cabeza del niño, inclinada hacia los estantes pintados de libros,
Lento y de lado y recogiendo alimentos,
Se mueve con gracia ciega... Ya desde el mural, Cuidado,
El de ojos grises, pescando la niebla de la mañana,
Agarra al bebé protagonista por el pelo

Y susurra, en la lengua de dioses y niños,
Palabras de un destino tan ecuménico como el amanecer
Pero se puso pálido como el alba, con rocío. Los gritos de los niños
Son para los hombres los gritos de los grillos, densos de calidez;
Pero hiende un dedo en Fafnir, lo prueba,
Y todas sus palabras son claras como el azar y el dolor.

Sus cuentos están llenos de hechiceros y ogros
Porque sus vidas son: el infinito caprichoso
Del que, como los padres, nadie ha escapado todavía
Excepto por suerte o magia; y dado que la fuerza
Y el ingenio son inútiles, sé amable o estúpido, espera
La gratitud de algunos poderes, la marea de las cosas.

Mientras tanto, lee... husmea entre los estantes, como los perros,
    hierbas,
Y encuentra una cura para las enfermedades de cada chiquillo
Comienza: *Érase una vez*
Un lobo que se alimentaba, un ratón que daba consejos, un oso
    que cabalgaba
Un niño. Nosotros los hombres, ¡ay!, acarreamos lobos, ratones,
    osos.
Y, sin embargo, lobos, ratones, osos, niños, dioses y hombres

En un lento vagar, arriba y abajo, buscan entre los estantes
Del universo... ¿Quién sabe sino ellos mismos?
De lo que algunos huyen, varios huyen: si encontramos el camino
    de Swann
Preferible al nuestro, agotador y largo caminar de espaldas
al viento del norte en dirección... en dirección... a algún lugar al
    este
del sol y oeste de la luna, es porque vivimos

trocando el dolor ajeno por el nuestro; las ajenas
quimeras, inverosímiles aún, por las nuestras
«¿Soy yo mismo aún?» Por un momento, olvida:
Los seres del mundo curan esa corta enfermedad, yo mismo,
Y vemos que se inclina hacia nosotros, con ojos húmedos, el gran
CAMBIO, querido por todas las cosas, sin que lo aprecien por sí
    mismas.



Agua de pozo


Lo que una chica llamó «lo cotidiano de la vida»
(Agregando un recado a su recado. Diciendo,
«Ya que estás despierto...». Haciéndote un recurso para
Un recurso para un recurso) es el agua de pozo
Extraída de un viejo pozo en el fondo del mundo.
La bomba desde la que bombeas el agua está oxidada
Es difícil de mover, absurda, una rueda de ardilla
Una ardilla enferma gira lentamente, a través de las radiantes
Inexorables horas. Y, sin embargo, a veces
La rueda gira por su propio peso, la oxidada

Bomba bombea sobre tu cara sudorosa, la clara
Agua, fría, ¡tan fría! Tú ahuecas tus manos
Y tragas en ellas la cotidianidad de la vida.



Refugiados


En el desgastado tren no hay asiento vacío.
     El niño de la máscara rasgada
     Se tiende imperturbable en el desperdicio
Del destrozado compartimiento ¿Es su calma exagerada?
    Tienen caras y vidas como tú. ¿Qué era lo que poseían
Para que tuvieran la voluntad de trocarse por esto?

La seca sangre centellea a lo largo de la máscara
    Del niño que ayer poseía
    Un país más acogedor que éste.
¿Lo tuvo? Toda la noche entre los yermos
    El tren avanza silencioso. Los rostros, vacíos.
    ¿Ninguno de ellos ha encontrado el costo exagerado?

¿Cómo pudieron? Dieron lo que poseían
    Aquí todas las carteras están vacías.
     ¿Y, además, qué podría satisfacer estas lágrimas
Exageradas y el deseo del niño, sino esto?
    ¿Imponer esta máscara anuladora y terrible
    En las caras y días y vidas derrochadas?

Qué otra cosa son sus vidas sino un viaje a la vacía
    Satisfacción de la muerte? Y la máscara

Que visten esta noche a través de la devastación
Es un ensayo de la muerte. Es realmente extraño
Leer en sus caras ¿Qué es lo que poseemos
que no estamos dispuestos a cambiar por esto?



**La mujer en el zoológico de Washington**


Los saris pasan por mi lado desde las embajadas.

Paño de la luna. Paño de otro planeta.
Se dan vuelta para mirar al leopardo como el leopardo.


Y yo...
        con esta réplica, que ha conservado su color
Vivo después de tantos lavados; este aburrido e inválido
Mono azul que llevo para trabajar y después del trabajo,
Hasta para dormir, es decir en la tumba, sin
Quejarme, sin comentarios: ni de mi jefe,
El Subjefe Asistente, ni de su jefe;
Mi sola queja es... este cuerpo
en uso que no tiñe la luz del sol, no baña la mano
Pero, con la sombra de la bóveda, se marchita entre columnas,
Ondulado debajo de las fuentes: pequeño, lejano, brillante
En los ojos de los animales, estos seres atrapados
Como yo estoy atrapado, pero no, ellos mismos, la trampa,
Envejeciendo, mas sin conocimiento de su edad,
Me mantengo seguro aquí, sin saber de la muerte, por la muerte.
¡Oh, barras de mi propio cuerpo, abierto, abierto!

El mundo pasa por mi jaula y nunca me ve.
Y no vienen a mí, como vienen a ellas,
Las bestias salvajes, gorriones que picotean el grano de las llamas,
Palomas que se posan en el pan de los osos, buitres
Rasgando la carne que las moscas han nublado...
                                                Buitre,
Cuando vengas a por la rata blanca que dejaron los zorros,
Quítate el casco rojo de la cabeza, las alas
Negras que me han ensombrecido, y da un paso hacia mí como
    hombre:
El hermano salvaje a cuyos pies hacen fiesta los lobos blancos,
A cuya mano de poder la gran leona
Acecha, ronroneando...
                        Tú sabes lo que yo era,
Ya ves lo que soy: ¡cámbiame, cámbiame!

## 1958-1959:
## ROBERT FROST
[1874-1963]

Robert Frost nació en San Francisco el 26 de marzo de 1874. Allí comenzó su formación poética, aunque en 1884 se mudó con su familia a Lawrence, Massachusetts, tras la muerte de su padre. Se trata de un regreso a sus antepasados de Nueva Inglaterra, región que lo inspiró en su poética y en su decisión de dedicarse a la escritura.

    Se graduó en Letras (BA) en 1892 de la Lawrence High School como el «Poeta de su clase» (honor que compartió con su compañera y futura esposa, Elinor White). Dos años más tarde, el 8 de noviembre de 1894, el diario de Nueva York *The Independent* publicó su poema «My Butterfly», iniciándolo en su carrera de poeta. Lo celebró imprimiendo en edición personal dos ejemplares de seis poemas bajo el título *Twilight* (uno para él y otro para su novia). También asistió, sin graduarse, al Dartmouth College en Hanover, New Hampshire, en 1892; y más tarde a la Universidad de Harvard, ganándose la vida como docente y trabajador agrícola en Derry, New Hampshire.

    Desanimado por el rechazo continuo de sus textos, en 1912 llevó a su familia a Inglaterra, donde, según sus palabras, podía «escribir y ser pobre, sin más escándalo en la familia». Allí sintió que su obra era valorada y fueron publicados dos libros. *A Boy's Will* (1913), en el que Ezra Pound advirtió: «Este hombre tiene el buen sentido de hablar naturalmente de algo y pintarlo tal como él lo ve»; y *North of Boston* (1914), en métrica clásica y del que Amy Lowell afirma: «Él va por su propio camino, con independencia de las reglas de los otros, y el resultado es un libro de un poder y una sinceridad inusual», a pesar de las influencias de Edward Thomas, Rupert Brooke y Robert Graves.

Regresó a Estados Unidos en 1915 como una figura literaria consagrada. Publicó en 1916 *Mountain Interval*. Desde entonces su posición en las letras estadounidenses ha sido resaltada, estableciéndose desde los años veinte como uno de los poetas más celebrados del país. Su fama y el reconocimiento recibido crecieron con cada una de las publicaciones de sus poemarios, entre los cuales cabe destacar *New Hampshire* (1923), *West-Running Brook* (1928), *The Lovely Shall Be Choosers* (1929), *Collected Poems* (1930), *The Lone Striker* (1933), *From Snow to Snow* (1936), *A Further Range* (1936), *A Witness Tree* (1942), *Come In, and Other Poems* (1943), *Steeple Bush* (1947), *Hard Not to Be King* (1951) e *In the Clearing* (1962), con los que mereció en cuatro ocaciones el Premio Pulitzer; si bien también es digna de mención su obra teatral *Masque of Reason* (1945).

En 1955, el estado de Vermont dio el nombre del poeta a una montaña en Ripton, el pueblo en el que estableció su domicilio. Con motivo de su cumpleaños número setenta y cinco, el Senado estadounidense adoptó en su honor una resolución que reza así: «Sus poemas han ayudado a guiar el pensamiento, el humor y la sabiduría estadounidenses, estableciendo en nuestra mente una representación confiable de nosotros mismos y de todos los hombres».

A la edad de ochenta y cuatro años, Frost fue nombrado Consultor de Poesía para la Biblioteca del Congreso, un título que por cierto no le agradaba, y Poeta Laureado, para el periodo 1958-1959. Sobre Robert Frost, que enseñó durante numerosos años en Massachusetts y Vermont, hasta su defunción en Boston el 29 de enero de 1963, el presidente John F. Kennedy, en cuya investidura Frost fue elegido para leer el poema presidencial, afirmó: «Él le ha legado a su nación un cuerpo de versos imperecederos de los que los estadounidenses siempre obtendrán gozo y comprensión».

El muro que sana

Algo hay que no es amigo de los muros,
Que dilata la tierra helada en sus cimientos,
Y arroja al sol las erosionadas piedras de sus bordes
Y abre brechas por donde incluso dos pueden pasar.
El trabajo de los cazadores es otra historia:
Los he seguido y he hecho la reparación
Donde no han dejado ni siquiera piedra sobre piedra,
Persiguiendo al conejo fuera de su escondite
Para complacer los aullidos de los perros. Brechas
Que nadie ha visto formarse ni escuchado que se hicieran,
Pero que durante la primavera hay que enmendar, las encontramos.
Se lo anuncio al vecino tras la cuesta;
Y, en un día, nos encontramos para caminar en la línea divisoria,
y rehacemos el muro entre nosotros.
Mantenemos el muro entre nosotros mientras vamos.
A cada cual las rocas que le caen.
Unas, hogazas; otras, casi pelotas,
Las hechizamos para balancearlas:
«¡Quédate donde estás hasta que nos demos vuelta!».
Nuestros dedos se agrietan al agarrarlas.
Ay, otro juego al aire libre, como tantos,
Uno de cada lado. No da para más:
Allí donde estamos no necesitamos muro:
Él es de pinares, yo de manzanos.
Mis manzanos no van a ir a cruzarse
Y comer las piñas bajo tus pinos, le señalo.
Él sólo responde: «Buenas verjas hacen buenos vecinos».
La primavera es en mi travesura, y me pregunto
Si pudiera meterle un concepto en su cabeza:
«¿*Por qué* hacen ellas buenos vecinos? ¿No es

Eso una pauta para donde hay vacas? Pero aquí no hay vacas.
Antes de construir una pared debería preguntar para saber
A quién voy a incluir o excluir,
Y a quién posiblemente ofendería.
Hay algo que no es amigo de los muros,
Que los derriba». Podría decir «duendes»,
Aunque no son exactamente duendes, y más bien
Preferiría que sea él quien lo diga. Lo veo allí
Cargando una piedra que aferra con fuerza de arriba,
En cada mano, como un salvaje troglodita armado.
La sombra en que se mueve me parece
Más que sombra de maderas o de selva.
Él no va a seguir el dicho de su padre,
Y con agrado, habiéndolo pensado muy bien,
Dice nuevamente, «Buenas verjas hacen buenos vecinos».


El camino no elegido


Dos caminos se bifurcaban en un bosque amarillo,
Y apenado por no poder tomar los dos,
Siendo un viajero solo, permanecí largo tiempo de pie
Y miré a uno de ellos tan lejos como pude,
Hasta donde se perdía en la espesura;

Entonces tomé el otro, imparcialmente,
Y habiendo tenido quizás la mejor elección,
Pues era tupido y requería uso;
Aunque en cuanto a ello, al pasar por allí
Los hubiera recorrido ambos.

Y ambos esa mañana yacían igualmente,
Sobre hojas que nadie aún había andado.
¡Ay, guardé el primero para otro día!
Aun sabiendo el modo en que las cosas siguen adelante,
Dudé si debería alguna vez regresar.

Debo estar diciendo esto con un suspiro
En algún lugar después de transcurrido mucho tiempo:
Dos caminos se bifurcaron en un bosque y yo...
Yo tomé el menos transitado,
Y eso marcó toda la diferencia.

**Fuego y hielo**

Algunos dicen que el mundo acabará en fuego;
Otros afirman que en hielo.
Por cuanto he saboreado del deseo,
Yo me adhiero a quienes optan por el fuego.
Mas si el mundo tuviera que perecer dos veces,
Creo saber suficiente acerca del odio
Para afirmar que, para destruir, el hielo
También es perfecto
Y bastaría.

**Nada dorado permanece**

El primer verde de la naturaleza es dorado,
Para mantener su verde más intenso.
Su hoja temprana es una flor;
Pero sólo por una hora.
Luego la hoja cae para echar hojas.
Así se hundió el Edén en pena,
Así el alba desciende al día.
Nada dorado permanece.


**Alto en el bosque en una noche nevada**

Pienso que sé de quién son estos bosques.
Pero su casa se encuentra en el pueblo.
Él no me verá detenido aquí,
Para observar sus bosques cubrirse de nieve.

Mi pequeño caballo debe pensar, extraño,
Parar aquí, sin ninguna casa de campo cerca
Entre estos bosques y el lago helado,
La noche más oscura del año.

Sacude las campanillas del arnés
Para preguntar si se trata de algún error.
Sólo se oye otro sonido: el barrido
Del viento fácil y el copo aterciopelado.

Los bosques son amorosos, oscuros y profundos,
Pero yo tengo promesas que cumplir,
Y millas por andar antes de dormir,
Y millas por andar antes de dormir.

## 1959-1961:
## Richard Eberhart
[1904-2005]

Richard Eberhart nació el 5 de abril de 1904 en Austin, Minnesota. Creció en una finca de dieciséis hectáreas llamada Burr Oaks. Este ambiente idílico, pero también otros sucesos trágicos de su infancia, alimentan su creación poética, calificada de romántica y preocupada por la muerte.

Su sexto volumen de poesía, publicado en 1947, se titula precisamente *Burr Oaks*. Estudiante excelente y atleta, se graduó de la secundaria en 1921, tras lo cual ingresó en la Universidad de Minnesota. En esta época de su vida, su madre enferma de cáncer y fallece un año más tarde. El propio Eberhart reconoció que esta dolorosa experiencia de ver morir a su madre, expresada en su aclamado poema «Orchard», lo transformó en poeta.

A raíz del fracaso del negocio de su padre tras el fallecimiento de su madre, Eberhart se mudó al Dartmouth College, en New Hampshire. Partió después para Inglaterra, donde ingresó en el St. John's College de Cambridge, graduándose en Letras (BA) y Arte (MA). En 1931 publicó su primer libro de poesía, *A Bravery of Earth*, que, según Joel Roache, marca el comienzo de su «exploración a lo largo de su vida sobre la dicotomía paralela entre la búsqueda de vida del ser humano, el espíritu creador de orden, y el caos exterior de tratar con la muerte, el mundo objetivo; una dicotomía que encuentra su única, aunque temporal, resolución en el arte».

Ese mismo año trabajó como tutor privado del hijo del rey Prajadhipok de Siam. Regresó a Estados Unidos en 1932 e ingresó en la Universidad de Harvard. Según sus biógrafos, Eberhart recorrió el mundo y se desempeñó más en diferentes profesiones no literarias que cualquier otro poeta reconocido de su época. Publicó *Reading the Spirit* en 1937. En 1941, enseñó inglés en la Escuela San Marcos, donde fue mentor de Robert Lowell. Apareció en 1942 *Song and Idea*.

Se integró en la Reserva de la Marina estadounidense durante la Segunda Guerra Mundial; de allí su antología *War and the Poet: An Anthology of Poetry Expressing Man's Attitudes to War from Ancient Times to the Present* (1945) y el poemario *Brotherhood of Men* (1949).

Posteriormente trabajó durante seis años en el negocio familiar de su esposa Helen Butcher. Sin embargo, a partir de la década de los cincuenta, se dedicó a escribir poesía (publicando en 1953 *Undercliff: Poems 1946-1953* y *Great Praises* en 1957) y a la docencia en las universidades de Washington, Brown, Tufts, Connecticut, Columbia, Cincinnati y Princeton, así como en el Dartmouth College, del que fue declarado profesor emérito en 1971. En 1950, Eberhart ayudó a la creación del Teatro de Poetas, actuando como su presidente y escribiendo *Collected Verse Plays*, publicado en 1962.

El presidente Dwight D. Eisenhower lo nombró miembro de la Comisión Consultora para las Artes del Centro Cultural Nacional en 1959 y ejerció la posición de Consultor de Poesía para la Biblioteca del Congreso (Poeta Laureado) en el periodo 1959-1961. En 1964 publicó *The Quarry: New Poems*. Su volumen *Selected Poems, 1930-1965* (1965) ganó el Premio Pulitzer en 1966. Publicó *Shifts of Being* en 1968. Al año siguiente recibió una beca de la Academia de Poetas Estadounidenses. También fue Poeta Laureado de New Hampshire entre 1979 y 1984. En 1982, fue elegido miembro de la Academia Estadounidense de las Artes y las Letras. Recibió otros premios, como el Shelley Memorial Award, el Bollingen, el Harriet Monroe Memorial Award, la Medalla Frost y el Premio Nacional del Libro por su volumen *Collected Poems, 1930-1976*. En 1984, apareció su colección *The Long Reach: New and Uncollected Works 1948-1984* y, en 1990, *New and Selected Poems: 1930-1990*. Richard Eberhart murió a los ciento un años, en Hanover, New Hampshire, el 9 de junio de 2005.

## La marmota

En junio, en medio de los campos dorados,
Vi una marmota muerta.
Muerta yacía ella; mis sentidos temblaron,
Y la mente superó nuestra fragilidad desnuda.
Allí humildemente, en el vigoroso verano,
Su forma comenzó un cambio sin sentido,
E hizo que mis sentidos flaquearan
Al ver la naturaleza feroz en ella.
Inspeccionando de cerca el poder de sus larvas
Y el furioso hervidero de su ser,
La mitad con odio, la mitad con un amor extraño,
La empujé, molesto, con un palo enojado.
La fiebre surgió, se convirtió en una llama
Y el Vigor circunscribió los cielos,
Inmensa energía en el sol,
Y a través de mi marco, un temblor sin sol.
Mi palo ni bien ni mal lo había hecho.
Luego me quedé silencioso por el día
Mirando el objeto, como antes;
Y mantuve mi reverencia por el conocimiento
Buscando el control para estar quieto,
Para sofocar la pasión de la sangre.
Hasta que me vi obligado a arrodillarme
Implorando alegría ante la decadencia.
Y así me fui; y volví
En el otoño preciso del ojo, para ver
La savia desaparecida de la marmota,
Pero el bulto, escuálido y empapado, permanecía
Y el año había perdido su significado,
Y en cadenas intelectuales

Perdí a ambos, amor y odio,
Encerrado en los muros de la sabiduría.
Otro verano tomó los campos nuevamente,
Masivo y ardiente, lleno de vida,
Pero cuando llegué al lugar
Había sólo un poco de pelo,
Y huesos despintándose bajo la luz del sol
Hermosos como arquitecturas;
Los observé como un geómetra,
Y corté un bastón de un abedul.
Han pasado tres años, ya.
No hay señales de la marmota.
Me quedé allí en el turbulento verano,
Mi mano cubrió un corazón marchito,
Y pensé en China y en Grecia,
En Alejandro en su tienda;
En Montaigne en su torre,
En el salvaje lamento de Santa Teresa.

## La furia del bombardeo aéreo

Podrías pensar que la furia del bombardeo aéreo
Despertaría a Dios para transigir. Los espacios infinitos
Todavía permanecen silenciosos. Él mira las caras atónitas.
La historia, incluso, no sabe lo que significa.

Sentirías que después de tantas centurias
Dios le permitiría al hombre arrepentirse; aunque puede matar

Como Caín, pero con multitudinaria voluntad,
No más avanzado que en sus antiguas furias

¿Se hizo al hombre estúpido para que vea su propia estupidez?
¿Es Dios por definición indiferente, más allá de todos nosotros?
¿Es el alma luchadora del hombre la verdad eterna
Donde la bestia depreda en su propia avidez?

Hablo de Van Wettering y de Averill,
Nombres de una lista cuyas caras no recuerdo
Pero que han desaparecido por muerte temprana, tarde en la escuela
Diferenciaron la palanca de alimentar la correa del trinquete para sujetar la correa.


## La dura estructura del mundo


Está compuesta de depósitos,
Pájaros volando hacia el sur, carteros

Nieve o lluvia cayendo,
Ferrocarrileros, Howard Johnsons y aviadores

Aves del Paraíso
Ataúdes forrados de seda

Poemas valiosos y guitarras,
Bienaventuranzas y bestiarios,

Los niños educados en los modales contemporáneos,
Tiempo arrebatando tiempo

Con un labrador o un trineo,
La esperanza siempre es un obstáculo para la desesperación.

La forma es un empujón, un regulador,
La vida es un corte de destreza.

Los indios están mirando desde los
Pómulos de los Yankees de Connecticut,

Los fantasmas se despliegan hacia el norte
A polvorines de los armarios de Maine,

La última cuña golpeó, el navío
No bajaría por el Damariscotta

Hasta que la cama con dosel del capitán enfermo
Que cuatro ancianos colocaron bajo la ventana

Le permitió una vista de ella, y
Él le dio una hermosa señal,

Y allí estaba la bruja de Nobleboro
Quien confundió a los agricultores nativos

Que, habiendo perdido el arado
Justo a sus pies, lo encontraron

Oculto en su delantal: ella se rió,
E hizo a la tierra fértil de nuevo.

La dura estructura del mundo,
La estructura mundial de la ilusión.

Por ver demasiado del mundo
Nosotros no lo entendemos.

Hay algo desconocido en el saber.
La infidelidad es lo que mantiene viva la fe.

1961-1963:
LOUIS UNTERMEYER
[1885-1977]

Louis Untermeyer nació en la ciudad de Nueva York el 1 de octubre de 1885. Su padre tenía una joyería, empresa en la que trabajó y en la que ascendió hasta alcanzar la vicepresidencia antes de renunciar en 1923 para dedicarse exclusivamente a las letras.

Autodidacta, Untermeyer fue autor, poeta, escritor, editor, antologador creativo y traductor de más de cien libros para lectores de todas las edades. Como relata en su autobiografía *(From Another World,* 1935), mantuvo amistades e intereses con numerosas figuras literarias, entre ellas Robert Frost, Ezra Pound, Arthur Miller, dentro de una vida personal complicada. De hecho, en *Bygones: The Recollections of Louis Untermeyer* (1965), otra de sus autobiografías, comparte sus reflexiones sobre las cuatro mujeres con quienes estuvo casado: Jean Starr, en 1907, madre de su hijo Richard, que se suicidó a los diecinueve años; Virginia Moore; la abogada Esther Antin; y, finalmente, Bryna Ivens, editora de la revista *Seventeen*, con quien promovió The Golden Treasury of Children's Literature, fuente de inspiración para publicar y escribir una docena de libros de literatura juvenil como *For You with Love* (1961), *Beloved Tales* (1962), *One and One and One* (1962), *This Is Your Day* (1964), *The Second Christmas* (1964), *Thanks: A Poem* (1965), *Thinking of You* (1968), *Cat O' Nine Tales* (1971), reviviendo a veces cuentos de hadas franceses con ilustraciones del famoso artista Gustave Doré.

Ecléctico en sus preferencias literarias y creencias, en *Bygones* también menciona la impresión que le ocasionó la lectura de libros como *Idylls of the King* de Alfred Lord Tennyson y el *Inferno* de Dante. Sostuvo posturas marxistas y se opuso a la participación de Estados Unidos en la Primera Guerra Mundial (colaboraba en revistas como *The Masses*, luego en *The Liberator*, publicada por el Partido de los Trabajadores de Estados Unidos, así como en la revista socialista *The New Masses*).

En 1916 cofundó la revista literaria *The Seven Arts*, que dio a conocer a nuevos poetas, entre ellos a su amigo Frost. Satírico, rebelde y cautivador, en 1911, ayudado por su padre, Untermeyer autopublicó su primer poemario *First Love* y, ese mismo año, *The Younger Quire (Parodies)*, siendo la parodia una de sus características predilectas, con marcadas influencias de Heinrich Heine y del poeta inglés Laurence Housman.

En 1914, la publicación de *Challenge* consagró su madurez poética. Le siguieron, entre muchas otras obras, *These Times* (1917), *Including Horace* (1919), *The New Adam* (1920), *Roast Leviathan* (1923), *Burning Bush* (1928), *Adirondack Cycle* (1929), *Food and Drink* (1932), *First Words before Spring* (1933), *Selected Poems and Parodies* (1935), *Long Feud: Selected Poems* (1962), *Labyrinth of Love* (1965) y *A Friend Indeed* (1968).

Como ejemplos de sus libros de ensayos, podemos citar *American Poetry Since 1900* (1923) y *The Pursuit of Poetry* (1969); de sus ediciones críticas, *The Love Poems of Elizabeth and Robert Browning* (1994); de sus antologías, *A Treasury of Great Poems* (1942, 1955), con un largo etcétera.

Panelista en el programa de televisión *What's My Line?*, en 1950, tuvo que renunciar a ello debido a la oposición de ciertos grupos de veteranos y anticomunistas. La Sociedad Poética Estadounidense le otorgó a Untermeyer la Medalla de Oro en 1956. Fue nombrado Consultor de Poesía para la Biblioteca del Congreso (Poeta Laureado) para el periodo 1961-1963; un cargo que definió así: «Yo fui designado como un irradiador poético, irradiando el amor por la poesía sobre tantas millas como fuera posible». Y lo hizo a lo largo del universo. Falleció en Newtown, Connecticut, el 18 de diciembre de 1977.

**Infidelidad**

Tú no me has conquistado, es la explosión
        Del amor mismo que late contra mi voluntad;
Es el aguijón del conflicto, el viejo impulso
            Que me visita todavía.

No es a ti a quien amo, es la forma
        Y la sombra de todos los amantes que murieron
Lo que te da toda la frescura de una cálida
           Y desconocida novia.

Es tu nombre lo que respiro, tus manos lo que busco;
        Serás tú cuando te hayas ido.
Y, sin embargo, el sueño, el nombre que nunca pronunció,
          Eso es lo que me atrae.

Es la convocatoria de oro, la ola brillante
        De pancartas llamándome de nuevo;
Es toda la belleza, peligrosa y grave...
        No eres tú.


**Apenas primavera**

Nada es real. El mundo ha perdido sus bordes;
El cielo, descubierto, es lo único claro.
La tierra es poco más que atmósfera
Donde ayer había rocas y crestas desnudas.

Nada es invariable. Lluvias inciertas remueven
Verde sobre verde o levantan un arpón de coral
Que se rompe en flor, y las colinas aparecen
Demasiado frágiles para ser la fruta empedrada de las edades.

Nada se mantendrá. Incluso los cielos vacilan.
Alondras jóvenes, cuyo primer pensamiento es llorar en voz alta,
Han gastado sus notas de burbuja. Y aquí o allá
Unos pocos chicos y chicas de corazón lento descubren
Una luna insustancial como una nube
Pintada por el aire en un aire lavado y acuoso.

**Tormenta de verano**

Nos acostamos juntos en la noche sensual.
Una luz débil
Desde alguna invisible lámpara callejera se deslizó
Hasta la esquina donde dormías;
Tocó tus mejillas, voló suavemente alrededor de tu cabello,
Luego se sumergió en el dulce valle de tus pechos
Y revoloteó, como un pájaro entre dos nidos,
Hasta permanecer allí quieta.
Mis ojos se estaban cerrando y pude haber soñado...
Al menos parecía
Que tú y yo
Habíamos dejado de ser aunque éramos de alguna manera
Como la tierra y el cielo...

La noche creció aún más cerca, y ahora
Relámpagos de calor jugaban entre nosotros y emociones cálidas
Corrían a través de los lados fríos de las colinas temblorosas.
Entonces la oscuridad y una tensión en lo oscuro
Se calló como un aliento contenido;
Una ondulación a través del suelo, una brisa sin viento
Que alcanzó hasta las raíces sensibles de los árboles;
Un temblor como el pulso de golpes apagados,
O como la apertura silenciosa de cerraduras.
Hubo un aumento de mares sin restricciones
Con grandes mareas arrastrando las estrellas y las rocas
Como si quisiera unirlas a todas.
Luego, en un estallido de clima deslumbrante,
Los relámpagos arrojaron
Largos y apasionados brazos sobre la tierra que se aferraba
A su amante salvaje.
De repente encima de ella
Todo el cielo se derrumbó en un efusivo resplandor,
Recogiendo la tierra en un estrecho abrazo,
Empapándola en una inundación de llama de plata.
Truenos calientes llegaron;
Y aun así la tormenta siguió cayendo, buscando siempre
La grieta más lejana, hasta que las distantes
Corrientes sintieron cada temblor penetrante
Y el río más escondido
Surgió y fue liberado...

Por fin las punzadas cesaron,
Los truenos murieron.
Pero aun así yacían
Lado a lado,
Mientras los rayos de la luna se deslizaban
En el rincón celestial donde la tierra dormía;

Zambulléndose entre sus colinas rosadas, encendiendo arriba
Sus huecos curvos e inclinados, hasta
Que ella también se quedó quieta.
Amada y bendita,
La cabeza nublada de él yacía, buscando descanso
En el dulcemente perfumado valle de su pecho,
Y cada uno permanecía acurrucado en el amor del otro;
O así parecía...
Mis ojos estaban cerrándose y pude haberlo soñado.

1963-1964:
HOWARD NEMEROV
[1920-1991]

Howard Nemerov nació en la ciudad de Nueva York el 29 de febrero de 1920. Se graduó en la Society for Ethical Culture's Fieldston School en 1937 y obtuvo su grado universitario en Letras (BA) en 1941 en la Universidad de Harvard. Se desempeñó luego como profesor en varias instituciones universitarias estadounidenses, entre ellas el Hamilton College de Nueva York, el Bennington College, la Brandeis University y la Washington University of St. Louis, donde fue reconocido como Profesor Distinguido «Edward Mallinckrodt» de esa universidad y Poeta Distinguido en Residencia desde 1969 hasta su muerte, que acaeció el 5 de julio de 1991, en su casa de University City, un suburbio de St. Louis, Missouri.

En el nombramiento de Nemerov como Consultor de Poesía para la Biblioteca del Congreso durante el periodo 1963-1964 (también fue Poeta Laureado desde 1988 hasta 1990), James Billington destacó el amplio rango temático y de capacidades, «desde lo profundo a lo agudo o a lo cómico». Nemerov es autor de ensayos, novelas y una vasta obra poética, cuyos títulos más relevantes son *The Image and the Law* (1947), con el que comienzan sus dicotomías y poesía derivativa de autores como T. S. Eliot, W. H. Auden, W. B. Yeats y Wallace Stevens; *Guide to the Ruins* (1950), *The Salt Garden* (1955), *Mirrors and Windows* (1958), *The Blue Swallows* (1967), *The Winter Lightning: Selected Poems* (1968), *Gnomes and Occasions* (1973), *The Collected Poems of Howard Nemerov* (1977), ganador tanto del Premio Pulitzer como del Premio Nacional del Libro y el Premio Bollingen; *Sentences* (1980*), Inside the Onion* (1984), *War Stories: Poems About Long Ago and Now* (1987) y *Trying Conclusions: New and Selected Poems, 1961-1991* (1991).

Por su parte, sus colecciones de ensayos incluyen *Poetry and Fiction* (1963), *Reflexions on Poetry and Poetics* (1972), *Journal of the Fictive Life* (1965), *Figures of Thought* (1978) y *The Oak in the Acorn* (1987). En el género de ficción, mencionemos *The Melodramatists* (1949), *Federigo, Or the Power of Love* (1954), *The Homecoming Game* (1957), *The Commodity of Dreams and Other Stories* (1959) y *Stories, Fables and Other Diversions* (1971).

Se ha señalado que, en general, sus obras enfatizan el proceso del pensar y las ideas, con un dualismo de personalidad dividida, como describe el mismo Nemerov en su *Journal of the Fictive Life*, con elementos opuestos en sus visiones poéticas y prosaicas, románticas y realistas, su fe y su falta de ella, su corazón y su mente, en la apreciación formulada por el poeta y autor Peter Meinke en *Howard Nemerov*. De allí que Joyce Carol Oates escriba en la revista *New Republic:* «No se puede clasificar a Nemerov: romántico, realista, cómico, satírico, infatigable e implacable incubador de los misterios más antiguos», si bien otros críticos, en cambio, lo describen como sabio, formalista y claro.

Vale la pena destacar que, durante la Segunda Guerra Mundial, fue piloto en la Unidad Real Canadiense de la Fuerza Aérea de Estados Unidos. Nemerov recibió en vida numerosos premios y homenajes: puestos prominentes en la Academia de Poetas Estadounidenses y la Academia Estadounidense de Artes y Ciencias; la beca Guggenheim y la del National Endowment for the Arts; y la Medalla Nacional de las Artes, además de títulos honorarios en trece universidades, incluyendo un doctorado de la Universidad de Washington.

**Dinero**
Una clase introductoria

Esta mañana dedicaremos unos minutos
Al estudio del simbolismo, que es básico
Para la naturaleza del dinero. Te muestro esta moneda.
Símbolos y criptogramas están escritos en ambas caras
Del níquel:[1] un lado muestra un bisonte jorobado
Doblando su cabeza y enrollando su cola para acomodar
La naturaleza circular del dinero. Sobre él arcos
ESTADOS UNIDOS DE AMÉRICA, y arqueados
Entre las letras y el anca, E PLURIBUS UNUM,
Una reminiscencia romana que parece significar
Un número indeterminadamente vasto de cosas
Todas las cuales son iguales. Debajo del bisonte
Una línea recta le da una base para pararse.
CINCO CENTAVOS se lee. Y en el otro lado de nuestro níquel
Se ve el perfil de un hombre con cabello largo
Y un par de plumas en el pelo; sabemos
De alguna manera que es un indio americano, y
Y que lleva el número mil novecientos treinta y seis.
Justo en frente de sus ojos, la palabra LIBERTAD, doblada
Para ajustarse a la curva del borde, parece
Caer del cielo la Y[2] primero. El indio
Mantiene los ojos bajos y no se da cuenta de esto;
Si lo notara, en realidad, sería miope.
Tanto por la iconografía de uno de nuestros niqueles,
Que ahora se está convirtiendo en una rareza,

---

1  Moneda estadounidense de cinco centavos.
2  Letra final de la palabra *Liberty*.

En un objeto de coleccionista: de hecho
No hay casi nada que puedas comprar con un níquel,
El indio americano representativo fue subyugado
Hace cien años o algo así, y las relaciones de sus descendientes
Con la libertad se mantienen en reservas,
O campos de concentración primitivos; mientras que el bisonte,
Excepto por algunos ejemplares guardados en jaulas,
Ahora está extinguido. Algo así, creo,
Es lo que Keats debe haber querido decir en su celebrada
«Oda a una Urna Griega».
                    Fíjense, en conclusión,
En varias circunstancias a veces pasadas por alto
Incluso por expertos: (*a*) indio y bisonte,
Confinados al anverso y reverso de la moneda,
Nunca se pueden ver el uno al otro; (*b*) buscan
En direcciones opuestas el pasado del bisonte,
Las plumas del indio, el pasado del indio,
La cola del bisonte; (*c*) están boca abajo
Uno con el otro; (*d*) el bisonte tiene un rostro humano
Parecido al de Júpiter Ammón.
Espero que nuestro análisis de hoy te haya mostrado
Algo de la importancia del simbolismo
Con respecto a la comprensión de lo que está simbolizado.


**La aspiradora**


La casa está muy silenciosa ahora
La aspiradora se enfurruña en el armario de la esquina,
Su bolsa renguea como un pulmón parado, su boca

Sonriendo en el piso, tal vez por mi
Vida desastrosa, mi juventud de perro muerto.

He vivido de este modo el tiempo suficiente,
Pero cuando murió el alma de mi vieja
Se fue a la aspiradora y yo no puedo soportar
Ver la bolsa hincharse como un vientre, comer el polvo
Y los ratones de lana, y comienzo a aullar

Porque hay una inmundicia vieja en todas partes
Ella solía gatear, en la esquina y bajo la escalera.
Ahora sé que la vida es tan barata como la suciedad
Y todavía el corazón hambriento, enojado
Se aferra y aúlla, mordiendo en el aire.


### El pez rape

En la extensa orilla, iluminada por la luna
Para mostrarlos correctamente solos,
Dos amantes se abrazaron de repente
De modo que sus sombras fueron una sola.
La noche ordinaria se adornó
Para ellos por la marea rápida de sangre
Que silenciosamente tomaron inundados,
Y por breve tiempo ellos
    Se sintieron en posesión del paraíso.

Entonces, como sacudido por el miedo escénico
Bajo el rigor de la huesuda luz de luna,

Permanecieron juntos en la arena
Avergonzados al verse el uno al otro
Mas aún conspirando mano a mano,
Hasta que vieron, allí debajo de los pies,
Como si el mundo los hubiera descubierto,
El pez rape apareció, aunque muerto,
    Con una enorme sonrisa en su cabeza.

Ahí en la luz de porcelana él yacía,
Bien anciano y corrupto y gris.
Dudaron ante su sonrisa,
Preguntándose qué parecía decir
A los amantes que tan sólo un breve tiempo
Atrás creyeron entender
De la violencia sobre la arena
La única manera por la que saber
    Cómo ha de hacerse un mundo, el mundo de ellos.

Era una sonrisa amplia y lunar
A la vez pacífica y obscena;
Ellos no sabían lo que él expresaría,
Así que puso fin un comediante
Él podría significar fracaso o éxito,
Pero lo tomó como un emblema de
Su amor repentino, nuevo y culpable,
Para ser observado por, cuando se besaron,
    Ese rígido optimista.

Entonces él se convirtió en su patriarca
Terriblemente leve en la penumbra.
Su garganta que la arena parecía ahogar,
Sus dientes de piquete, que dejaron su marca
Sin llegar a explicar nunca el chiste

Que tanto lo divertía, yaciendo allí
Mientras la luna bajaba para desaparecer
A lo largo de la pista quieta e inclinada
   Que sostiene al Zodiaco.

1964-1965 | 1984-1985:
REED WHITTEMORE
[1919-2012]

Edward Reed Whittemore Jr. nació el 11 de septiembre de 1919 en New Haven, Connecticut. En 1937 se graduó en la Phillips Academy, en Andover, Massachusetts. Luego ingresó en la Universidad de Yale, donde su profesor y mentor literario, el prominente crítico y autor Arthur Mizener, le motivó a seguir cultivando la poesía. Durante su segundo año en Yale, él y su compañero de cuarto fundaron la revista literaria *Furioso*, que obtuvo contribuciones experimentales de famosos modernistas como E.E. Cummings, Archibald MacLeish, Marianne Moore, Ezra Pound, Wallace Stevens y William Carlos Williams.

    Después de graduarse en 1941 con un título en Lengua Inglesa, Whittemore ingresó en la Fuerza Aérea Estadounidense para luchar en el Mediterráneo durante la Segunda Guerra Mundial. Al regresar, tomó brevemente cursos en la Universidad de Princeton. En 1946 publicó su primer poemario *Heroes & Heroines*. Al año siguiente se integró a la facultad del Carleton College, en Northfield, Minnesota, donde enseñó durante casi veinte años y fundó la revista literaria *The Carleton Miscellany*. Luego fue profesor en la Universidad de Maryland, donde creó la revista *Delos* y permaneció enseñando hasta su jubilación, en 1985. Entre 1969 y 1973, fungió como editor de la revista *New Republic*, creciendo su fama y su influencia no sólo como poeta, sino también como editor y creador de la Asociación de Revistas Literarias.

    Entre sus obras poéticas y ensayísticas destacan *An American Takes a Walk* (1956), *The Self-Made Man* (1959), *The Boy From*

*Iowa: Poems and Essays* (1962), *The Fascination of the Abomination: Poems, Stories, and Essays* (1963), *Poems, New and Selected* (1967), *Fifty Poems Fifty* (1970), *The Mother's Breast and the Father's House* (1974), *The Feel of Rock: Poems of Three Decades* (1982) y *The Past, the Future, the Present: Poems Selected and New* (1990).

Publicó además volúmenes biográficos, incluyendo su memoria *Against the Grain: The Literary Life of a Poet* (2007), así como la aclamada biografía de William Carlos Williams, *Poet From Jersey* (1975), *The Poet as Journalist: Life at the New Republic* (1976) y *Six Literary Lives: The Shared Impiety of Adams, London, Sinclair, Williams, Dos Passos, and Tate* (1993).

El 28 de abril de 1964, Whittemore fue nombrado Consultor de Poesía para la Biblioteca del Congreso (luego Poeta Laureado), puesto que mantuvo desde septiembre de 1964 hasta mayo de 1965 y, posteriormente en 1985, tras la muerte del entonces Poeta Laureado Robert Fitzgerald. Ese año también fue designado Poeta Laureado de Maryland. Creó, según su propio testimonio, una «tormenta cultural», promoviendo la poesía en sus intercambios con el Gobierno federal estadounidense y con editores del mundo entero. Reed Whittemore falleció a los noventa y dos años de edad el 6 de abril de 2012 en Kensington, Maryland.

Recogiendo almejas


Voy a buscar almejas una vez cada dos o tres años
Sólo para no olvidarme de su práctica (generalmente me corto),
Estoy seguro de que cada vez que lo hago, cuento la misma historia
De cómo a la edad de cuatro años quedé atrapado por la marea
Mientras buscaba almejas en un banco de arena. No es una historia
    en absoluto
Pero la cuento y la cuento. Sirve a mi pequeña lujuria
De ser considerado como alguien que ha vivido.
También tengo una guerra en la que reposarme, y algunos años
    de pilotaje,
Además de una gran cuota de fiestas de borrachera,
Esposa e hijos; pero de alguna manera lo de buscar almejas
Me provee una imagen de mí mismo que calma mi psicología
Como ninguno de los eventos más estrepitosos: me siento
    impotente,
Solo en mi banco de arena,
El destino, un espeso rumor de Long Island,
Viene acechándome.

Mi hijo tiene ahora esa edad.
Está mimado. Ha estado enfermo.
Es guapo y brillante, afectuoso y exigente.
Pienso en las mareas cuando lo miro.
Lo tendría solo y rodeado por el mar, pobre niño.

El yo, qué bruto es. Quiere, quiere.
No va a soltar incluso su grandeza más ficticia
Pero debe andar a tientas, buscar a tientas en el fango de su pasado
Un poco de vida chorreante y sacarla con ternura
Para ver y contemplar la muerte, para llorar

Y, una vez pasado el llanto, seguir.
Hijo, cuando busques almejas
Ten cuidado con las mareas y cuídate,
Sin embargo, no con gran esmero,
Para que no te preocupes demasiado y presumas sobre el cuidado
Y aburras a tus mejores amigos e inhibas a tus hijos y enfermes
Al fin convertido en ópera en el banco de arena de alguien. Hijo,
     cuando busques almejas
Busca almejas.


**Prefacio para un texto no escrito**


Palabras de agradecimiento y precaución: a los muchos
Maestros, estudiantes, autores, amigos y amores
Cuyas palabras y escritos me hicieron, y quienes me recondujeron
De los errores que mi trabajo refuta;

Y a los centros académicos de complejidad,
Sin cuyos servicios constantes mis premisas,
Para bien o para mal, nunca fueron eruditas;
Y a mi madre, a mi padre y a mi némesis,

Estoy agradecido.
Pero a todos ellos los aparto
De todo lo que aquí está lleno de odio.
El texto que no sigue es el mío propio.

## La radio debajo de la cama

¿Por qué era una radio pecadora? El Señor lo sabe. Pero lo fue.
Así que tuve una,
Que guardé encerrada en una caja fuerte debajo de mi cama
Y traía, encendía, sintonizaba y acariciaba en la noche
Cuando la entrometida ama de llaves dormía y el vicio estaba bien.

La música tocaba en mi oído desde Steel Pier,
Nob Hill, el Astor y otros no maestros familiares
Hébridas, donde (escuché) que los amados disfrutaban.
Me escuché yo mismo hasta dormir, dulces saxos
Filtrándose en mi futuro, llenando mi copa.

Todas las prohibiciones han desaparecido. Las radios me
     aburren,
Al igual que los libertinajes en dos pasos que solía ansiar.
Pero las canciones aún permanecen, las viejas canciones vulgares,
     y me tocarán,
Tum-te-tum, tum-te-tum, tum-te-tum, en mi tumba.


## ¿Cómo fue?

¿Cómo fue? Puedo decirte cómo fue.
Estábamos sentados y bebiendo, bebiendo.
Cabreamos todos los odios de nuestro conocido.
Desterramos el cielo de los cielos y fue como la muerte.

¿Y cómo fue la muerte?
La muerte, puedo decirte ahora, era como ser.
La muerte tenía 45, alcohólica, racional,
Con el humo enroscándose entre los dedos, las palabras en la boca,

Y la esposa puritana sentada en el rincón observando el fin del
    mundo.
La muerte era toda esa porquería en la sala de estar de alguien
Un sábado por la noche en el circuito con platos en las faldas.

Nos pusimos los abrigos tambaleando hacia el auto
Y llegamos a casa para ver a los bebés y pagar a la niñera
Y por fin nos acostamos y dormimos. Así fue.

## 1965-1966:
## Stephen Spender
[1909-1995]

Stephen Spender nació el 28 de febrero de 1909 en Kensington, Londres. Cursó estudios en la Hall School in Hampstead y luego en la Universidad de Oxford, donde formó parte de la Generación de Oxford, junto con figuras literarias destacadas como W. H. Auden, Christopher Isherwood, C. Day Lewis y Louis MacNeice, a quienes rememora en su libro *The Thirties and After* (1978). Estos poetas, según ellos mismos y los críticos, compartieron una similitud en temas, imágenes y dicción, independizándose de las generaciones anteriores, como, por ejemplo, del esoterismo de T. S. Eliot.

Publicado en 1985, *Journals, 1939-1983*, relata también las características de la época y sus contemporáneos. En la turbulenta década de los años treinta, con sus obras iniciales como *Nine Experiments* (1928), *Twenty Poems* (1930) y, en especial, *Poems* (1933), Spender defiende la lucha de clases y el movimiento obrero radical contra las injusticias sociales, algo que expande en su poemario *Vienna* (1934) en homenaje al levantamiento de los socialistas vieneses. También de esta época son sus ensayos críticos *The Destructive Element: A Study of Modern Writers and Beliefs* (1936) y *Forward from Liberalism* (1937).

Aparecen entonces sus *Poems of Dedication* (1947). En 1938, en el libro *New Writing* de John Lehman se publicaron sus traducciones de textos de Bertolt Brecht y Miguel Hernández. Aquel mismo año también publicó *Trial of a Judge: A Tragedy in Five Acts*, drama antifascista versificado. Otros dramas fueron *Rasputin's End*, con música de Nicolas Nabokov (1958), y *The Oedipus Trilogy* (1985). En 1939 publicó *The Still Centre*. Después del pacto entre Alemania y la Unión Soviética ese mismo año, sus opiniones se volvieron más conservadoras, como lo expresó en su contribución a la colección de ensayos *The God that Failed* (1949). En las décadas siguientes publicó *Ruins and Visions* (1942), *Spiritual Exercises* (1943), *The Edge of Being* (1949), su ficción autobiográfica *World Within World* (1951) y *Collected Poems, 1928-1953* (1955), que incluye el poema «El Funeral» clasificado como una «elegía del comunismo».

Siempre con un toque autobiográfico crítico en sus textos, corrigiendo sus posturas idealistas de la juventud, publica una autobiografía, *The Making of a Poem* (1955), así como *The Express* (1966), *The Generous Days* (1971), *Selected Poems* (1974), *Love-Hate Relations* (1974), sobre la sensibilidad inglesa y norteamericana, *Recent Poems* (1978), *Collected Poems 1928-1985* (1986) y *Dolphins* (1994).

Entre sus novelas y cuentos figuran *The Temple*, obra que empezó a escribir en 1928, pero no acabó hasta su publicación, en 1988; así como *The Burning Cactus* (1936) y *The Backward Son* (1940). Asimismo, fue autor de ensayos críticos, memorias y textos de corte epistolar, entre los que destacan *Life and the Poet* (1942), *Citizens in War – and After* (1945), *European Witness* (1946), *Poetry Since 1939* (1946), *Learning Laughter* (1952), *The Creative Element* (1953), *Engaged in Writing* (1958), *The Year of the Young Rebels* (1969), *Eliot* (1975), *Auden: A Tribute* (editado por Spender en 1975), *Letters to Christopher: Stephen Spender's Letter to Christopher Isherwood* (1980).

En 2004 se publicó de manera póstuma su antología *New Collected Poems*, editada por Michael Brett y, en 2012, el libro *New Selected Journals, 1939-1995*. Ejerció como director de las revistas *Horizon*, de 1939 a 1941, y *Encounter*, de 1953 a 1967. Profesor en varias instituciones estadounidenses, aceptó la Cátedra Elliston de Poesía de la Universidad de Cincinnati en 1953. En 1970, fue nombrado catedrático de inglés de la University College, de Londres, en la que llegó a ser profesor emérito. Fue honrado con el título de Comandante de la Orden del Imperio Británico y otros nombramientos reales. Spender se casó dos veces: su primer matrimonio, con Inez Pearn, apenas duró tres años, de 1936 a 1939; en cambio, permaneció unido a Natasha Litvin, su segunda esposa, desde 1941 hasta 1995. Fue nombrado Consultor de Poesía de la Biblioteca del Congreso (Poeta Laureado) para el periodo 1965-1966, designación que causó cierta controversia por ser el primer británico en ocupar lo que se consideraba un bastión de poetas estadounidenses. Falleció a causa de un ataque cardíaco el 16 de julio de 1995, a los ochenta y seis años, en Westminster, Londres.

Lo que esperaba

Lo que esperaba era
Trueno, pelea,
Largas luchas con hombres
Y escalar.
Después de un esfuerzo continuo
Yo debería crecer fuerte;
Entonces las rocas temblarían
Y yo descansaría mucho.

Lo que no había previsto
Era el día gradual
Debilitando la voluntad
Filtrando hacia fuera el brillo,
La falta de algo bueno que tocar,
El desvanecimiento del cuerpo y el alma
Como humo ante el viento,
Corrupto, insustancial.

El uso del tiempo,
Y la observación del paso de lisiados
Con miembros en forma de preguntas
En su extraño giro,
El dolor polvoriento
Derritiendo los huesos con piedad
El enfermo cayendo de la tierra.
Todo esto no lo podría haber previsto.

Porque yo he esperado siempre
Un poco de brillo para mantener en custodia
Alguna inocencia final

Libre de polvo,
Eso, colgando sólido,
Se balancearía a través de todo
Como el poema creado,
O el cristal deslumbrante.



**Palabra**

La palabra muerde como un pez.
¿Debo tirarlo de nuevo libre
En un flechazo hacia ese mar
Donde los pensamientos azotan la cola y la aleta?
¿O debo agarrarlo
Para rimarlo sobre un plato?



**Una clase de primaria en un barrio pobre**

Lejos de las olas borrascosas, estas caras de niños.
Como mala hierba sin raíz, el cabello desgarrado ciñe su parlor.
Una chica alta con su cabeza abatida. El canillita
Aparente, con ojos de rata. El atrofiado heredero sin fortuna,
De huesos retorcidos, recitando la enfermedad nudosa de un padre,
Su lección desde su escritorio. En la parte posterior de la clase,
    tenue,

Uno desapercibido, dulce y joven: sus ojos viven en un sueño
De juego de ardilla, en la habitación del árbol, lejos de todo.

En paredes de crema agria, donaciones. La cabeza de Shakespeare,
Despejada al amanecer, cúpula civilizada transitando todas las
 ciudades.
Campaneante, florido, valle tirolés. Mapa con las manos abiertas
Que premia al mundo su mundo. Y, sin embargo, para estos
Niños, estas ventanas, y no este mapa, son el mundo,
Donde todo su futuro está pintado de niebla,
Una calle estrecha sellada con un cielo de plomo,
Lejos, lejos de ríos, cabos y estrellas de palabras.

Sin duda, Shakespeare es malvado, el mapa es un mal ejemplo.
Con barcos y sol y amor tentándolos a robo,
¿Para unas vidas que arteramente vagan en sus angostos agujeros
Desde la niebla hacia una noche eterna? En su montón de escoria,
 estos niños
Usan pieles de las que asoman huesos y gafas de acero
Con vidrio remendado, como trozos de botellas en piedras.
Todo su tiempo y espacio son pocilgas con nieblas.
Así borran sus mapas con suburbios del valor de la condena.

A menos que gobernador, maestro, inspector, visitante
Este mapa se convierta en su ventana y estas ventanas
Que se abren en sus vidas como catacumbas,
Se rompan... O se abran hasta romper el pueblo
Y muestren el campo a los niños y hagan que su mundo
Crezca azul sobre doradas arenas, y que sus lenguas
Corran desnudas sobre los libros, hojas blancas y verdes abran
Su historia, cuyo idioma es el sol.

# 1966-1968:
# James Dickey
[1923-1997]

James Dickey nació el 2 de febrero de 1923 en Buckhead, Georgia. Fue un destacado jugador de fútbol americano en la escuela secundaria. Luego pasó un semestre en la Universidad de Clemson y se alistó al Escuadrón 418 de Combatientes Nocturnos de la Fuerza Aérea durante la Segunda Guerra Mundial, tomando parte en más de cien misiones de combate en el Pacífico, donde comenzó a escribir poesía. Posteriormente se desempeñó como oficial instructor en la Guerra de Corea.

Obtuvo su grado universitario en Inglés y Filosofía en la Universidad de Vanderbilt *magna cum laude* en 1949 y, en 1950, un MA en Inglés de la misma universidad, y se dedicó a la docencia durante seis años, aunque después, decepcionado por las características académicas, se dedicó a diversos negocios, como lo aclara en *Conversations with Writers*. Leyó su poema «The Strength of Fields» en la investidura del presidente Jimmy Carter, también nativo de Georgia. Su libro inicial, *Into the Stone and Other Poems,* se publicó en 1960. Luego salieron sus dos volúmenes de poesía más famosos: *Helmets* (1964) y *Buckdancer's Choice* (1965), el cual ganó en 1966 el Premio Nacional del Libro. Con ellos, *Drowning with Others* (1962) y *Falling, May Day Sermon, and Other Poems* (1981) se integran las colecciones poéticas por las que Dickey será recordado: *Poems 1957-1967* y *The Whole Motion: Collected Poems 1949-92* (1992).

En 1970 escribió la novela *Deliverance,* anticipadora del miedo de los noventa y transformada en película dos años después. Como Faulkner, Dickey utilizó sus raíces sureñas como fuente de su arte, siendo uno de sus principales ejes discursivos la disyunción entre civilización y naturaleza. No fue académico. A la manera de Norman Mailer, publicó un libro de *Self-Interviews*; y, durante una temporada, se convirtió en el más temible crítico de la poesía en su país. Por ejemplo, en su crítica a Randall Jarrell dice: «(Sus *Selected Poems*) son torpes más allá de toda torpeza de estupefacción o petrificación; al leerlos de principio a fin, sé más del tedio de lo que saben los muertos. En un simple inglés americano, que gatos y perros pueden entender, estos poemas son los escritos más carentes de talento, sentimentales, autoindulgentes e insensibles que recuerdo; cuando los leo no puedo evitar reírme y llorar toda la noche, y no me explico la reputación que pudo forjarse a partir de esta basura».

Cuando Dickey dio a conocer *Puella* (1982), Dana Gioia lo liquidó en una reseña feroz, pese a reconocer que «James Dickey es comprensiblemente uno de los poetas más leídos en Estados Unidos. Quizás ha trabajado más que cualquier otro escritor vivo para ampliar los temas de nuestra poesía». L.M. Rosenberg mantenía que, en el caso de Dickey, «los experimentos con el idioma y la forma son experimentos de un hombre que entiende que una de las cosas más extrañas de la poesía es cómo se mira en la página: lo cual no es normal». Sin embargo, en *Poets on Poetry*, Dickey aceptó que consideraba el estilo como un elemento subordinado al espíritu de la poesía.

Monroe K. Spears escribió en *Dionysus and the City: Modernism in Twentieth-Century Poetry*: «El impulso central en la poesía de Dickey puede decirse que era la identificación con la criatura humana y otras, en momentos de confrontaciones definitivas, de violencia y verdad», constituyéndose en un buen ejemplo el famoso poema «Falling», en el que imagina los pensamientos y sentimientos de una azafata, sacudida tras una puerta de emergencia, cayendo a miles de metros de altura hacia su muerte. James Dickey fue nombrado Consultor de Poesía para la Biblioteca del Congreso para el periodo 1966-1968 (décimo octavo Poeta Laureado). Falleció en Columbia, Carolina del Sur, el 19 de enero de 1997.

## Adulterio

Todos hemos estado en cuartos
En los que no podemos morir y son lugares tristes y extraños.
A menudo acechan los indios con armas de águila en las colinas

En el amanecer    abierto al Gran Espíritu,
O deslizándose en canoas    o bien las vacas pacen en los muros
Distantes    contemplando con los ojos de nuestros hijos,

No muy lejos    o hay hombres que manejan
El último espigón que se ha vuelto
Oro en sus manos. Un placer enorme

Habita entre estas escenas, y al final estamos solos
En él. Siempre hay cierta tristeza
Entre nosotros    y siempre uno de los dos chequea

Al reloj al lado de la cama para ver
Cuánto tiempo más nos queda. Nada va a salir
De esto    nada va a salir

De nosotros: de mí con mis técnicas nefastas,
O tú que has sellado tu matriz
Con un anillo de goma convulsivo

Aunque nos juntamos
Nada saldrá de nosotros. Pero no vamos a desistir
Porque la muerte es derrotada

Por los indios que rezan     las vacas lejanas      históricos
Martillos     por encuentros peligrosos que unen
Un continente. Uno nunca podría morir aquí

Nunca     nunca morir
Mientras llora. Mi amor, cariño mío,
Te veré la próxima semana

Cuando esté en la ciudad. Te llamaré
Si puedo. Por favor, responde     por favor no
Oh Dios mío, Por favor, ya no lo resisto... Escucha:

Lo hemos hecho otra vez     estamos
Vivos todavía. Siéntate y sonríe,
Que Dios te bendiga. La culpa es mágica.



**El paraíso de los animales**


Aquí están. Los suaves ojos abiertos.
Si han vivido en un bosque
Es un bosque.
Si han vivido en llanuras
Es hierba deslizándose
Para siempre entre sus pies.

Sin tener alma, han venido
De todos modos, más allá de su conocimiento.
Sus instintos florecen en plenitud

Y se levantan.
Los suaves ojos abiertos.

Para hermanarse con ellos, el paisaje florece
Excediéndose, desesperadamente
Excediendo lo requerido:
El bosque más frondoso,
el más profundo campo.

Para algunos de éstos,
No sería el lugar
Que es, sin sangre.
Cazan, como han cazado,
Pero con garras y colmillos perfectos,

Aún más letales de lo que creen.
Acechan con un mayor silencio,
Se encorvan en las ramas de los árboles,
Y su descenso
Sobre los lomos brillantes de su presa

Puede tardar años
En un flote soberano de gozo.
Y aquellos que son cazados
Saben que esto es su vida,
Su recompensa: caminar

Bajo esos árboles, con pleno conocimiento
De lo que está en la gloria por encima de ellos,
Y no sentir ya miedo
Sino aceptación, obediencia.
Realizándose sin dolor

En el centro del ciclo,
Se estremecen, caminan,
Bajo el árbol,
Caen, son destrozados,
Se levantan y caminan nuevamente.


**La ventana del hospital**


Acabo de bajar de donde está mi padre.
Más y más alto yace
Encima mío en una luz azul
Arrojada por una ventana teñida.
Bajo a través de seis pisos blancos
Y luego salgo al pavimento.

Sintiendo todavía a mi padre ascender,
Empiezo a cruzar la calle firme,
Mis omóplatos brillan con todo
El vidrio que puede levantar el gran edificio.
Ahora debo darme la vuelta y enfrentarlo
Y distinguir su panel de los otros.

Cada ventana posee el sol
Como si ardiera allí en una mecha.
Agito la mano, como un hombre que se incendia.
Todos los vidrios de las ventanas profundamente teñidas destellan
Y, detrás de ellos, todas las habitaciones blancas
Se transforman en el color del Cielo.

Ceremoniosa, grave y débilmente
Docenas de manos pálidas están saludando
En respuesta, desde el interior de sus llamas.
Sin embargo, un único panel entre éstos
Es el vacío brillante y borrado blanco de la nada.
Sé que mi padre está allí,

Bajo la forma de una muerte viviente.
El tráfico aumenta a mi alrededor
Como una locura invocada en mi cabeza.
Las bocinas estallan contra mí como escopetas,
Y los conductores se asoman, enloquecidos.
Pero ahora mi padre está apoyado

Por fin levanta el brazo rompiendo la quietud.
La luz de la ventana me golpea
Y me vuelvo tan azul como un alma,
Como el momento en que nací.
No temo por mi padre...
¡Mira! Él sonríe, no teme

Por mi vida, tampoco,
Mientras los motores salvajes permanecen en mis rodillas
Triturando sus engranajes y rugiendo,
Y mantengo cada auto en su lugar
Por millas, incitando con su bocina
A derribar las paredes del mundo

Que los moribundos flotan sin miedo
En la mirada atrevida y azul de mi padre.
Lentamente me muevo hacia la acera

Con la mano cosquilleante medio muerta
Colgando del brazo sin sangre.
Lo llevo con asombro,

Alto, más alto aún, todavía saluda,
Reconozco esa cara absolutamente mortal,
Pero no, no aún; no del todo, en el pálido,
Drenado, etéreo, herido,
Creado tono de vitrales.
Acabo de bajar de donde está mi padre.

## 1968-1970:
## William Jay Smith
[1918-2015]

William Jay Smith nació en Winnfield, Louisiana, el 22 de abril de 1918. Creció en una base militar en Jefferson Barracks, Missouri, al sur de St. Louis. Recibió su título universitario (BA) y luego su maestría en Literatura Francesa en la Universidad Washington de St. Louis, donde cultivó la amistad de Tennessee Williams, se familiarizó con las obras de T. S. Eliot, W. H. Auden, W. B. Yeats y Robert Frost, entre otros, y fue influenciado por el modernismo, como lo refleja su primera colección de poemas, *Poems*, publicada en 1947 y elogiada por los poetas modernistas Marianne Moore y Wallace Stevens. Prosiguió sus estudios en la Universidad de Columbia, luego en la Universidad de Oxford (Inglaterra) gracias a una beca Rhodes y, asimismo en la Universidad de Florencia, Italia. Durante la Segunda Guerra Mundial formó parte de la Reserva de la Marina de Estados Unidos. Se casó con la poeta Barbara Howes.

Si bien Smith fue reconocido por la vastedad formal y de contenido de su obra, además por escribir versos libres, cultivó el estilo y la métrica clásica con artesanía y humor. Fue autor de más de cincuenta libros de poesía para adultos y jóvenes, entre ellos *Boy Blue's Book of Beasts* (1957), *Typewriter Town* (1960), *Ho for a Hat!* (1964), *Laughing Time: Collected Nonsense* (1980), *The World Below the Window: Poems 1937-1997* (1998), *The Cherokee Lottery: A Sequence of Poems* (2000), *Around My Room* (2000) y *The Girl in Glass: Love Poems* (2002). También publicó libros de crítica literaria y otros géneros, como *The streaks of the tulip: selected criticism* (1972), *Army Brat: A Memoir* (1980) y *My Friend Tom: The*

*Poet-Playwright Tennessee Williams* (2012), además de traducciones de poetas españoles, franceses, rusos, húngaros y suecos, que le merecieron diversos reconocimientos de las academias sueca y francesa, así como del Gobierno de Hungría. Algunos de estos libros son *Poems of a Multimillionaire*, de Valéry Larbaud (1955); *Selected Writings of Jules Laforgue* (1956); *Two Plays: «Christopher Columbus» and «Don Juan»*, de Charles Bertin (1970); y *Songs of Childhood* de Federico García Lorca (1994).

Su interés en la política lo llevó a ejercer durante dos años el puesto de diputado en el estado de Vermont. Fue nombrado Consultor de Poesía para la Biblioteca del Congreso (Poeta Laureado) de 1968 a 1970. También fue miembro de la Academia Estadounidense de las Artes y las Letras a partir de 1975. Entre sus reconocimientos vale la pena mencionar el Premio Henry Bellamann y el Premio de Poesía Russell Loines del Instituto Nacional de Artes y Letras. En 2002 recibió del Centro del Libro de Louisiana el Premio Mayor por su trayectoria de autor. Fue Poeta en Residencia del Williams College entre 1959 y 1964 y nuevamente desde 1966 hasta 1977, jefe de la División de Escritura de la Escuela de Arte de la Universidad de Columbia entre 1973 y 1975 y profesor emérito de inglés del Hollins College. Smith afirmó: «Soy un poeta lírico, alerta, espero, como mi amigo Stanley Kunitz». Observó «los tiempos cambiantes del paisaje, los movimientos de la mente y las sorpresas de la comedia humana». Y fue de los que piensan que «la gran poesía debe tener su propia música distintiva; debe resonar con la música de la psiquis humana». William Jay Smith falleció en Lenox, Massachusetts, el 19 de agosto de 2015.

Mañana de invierno


Durante toda la noche el viento arrasó la casa
Y en nuestro sueño
Arrastraba la nieve a través de los pinos,
Revolviendo las tablillas blancas, cubiertas de hielo,
Agitando las ventanas,
Crujiendo alrededor y por debajo de nuestra cama
Para que cabalgáramos
Sobre el agua salvaje
En un barco blanco haciendo frente a las olas.
Cabalgamos toda la noche
Sobre agua verde, marmórea
Y, medio despiertos, miramos
Los erosionados picos blancos de los icebergs
Navegando lejos de nuestras ventanas;
Pasé la noche en ese país del norte,
Y desperté, la casa enterrada en la nieve,
Encaramado en un
Promontorio frío, un
Diente de gigante
En la boca del valle helado,
Su lengua blanca se enrolló congelada a nuestro alrededor,
Los troncos de los abedules altos
Dibujaban la caja torácica de una ballena
Atrapada por la incesante corriente;
Y vi a través de las barbas inmóviles de sus ramas,
A lo largo del tiempo
El brillo de la luz
Era un paisaje de marfil,
Un puerto de hueso.

El mundo debajo de la ventana

Los geranios que dejé anoche en el alféizar de la ventana,
Hasta donde yo sé, todavía están ahí,
Y estarán allí mientras yo crea.

Y estarán allí mientras yo crea que yo
Puedo abrir la ventana al cielo,
Un toque de geranio rosa en la punta de mi ojo;

Mientras yo crea que veo, más allá de las hojas creciendo verdes,
Barcazas moviéndose río abajo, agua que fluye,
Realización en el pensamiento del pensamiento saliente,

Realización a la vista de la vista respondiendo,
De sonido en el sonido de pequeños pájaros volando hacia el sur,
En la vida que da vida, y en la muerte que no muere.


Primitivo americano

Miradlo con su sombrero tubo de estufa,
Sus zapatos altos, y su elegante collar;
Sólo mi papá puede lucir así,
Y amo a mi papá como él amó su Dólar.

La puerta de la mampara golpea, y el ruido es muy extraño,
Allí está en una lluvia de oro;

Sus bolsillos repletos con billetes doblados,
Sus labios son azules, y sus manos sienten frío.

En el salón se cuelga de su corbata negra,
Las damas se desvanecen y los niños gritan:
Sólo mi papá puede lucir así,
Y amo a mi papá como él amó su Dólar.

# 1970-1971:
# WILLIAM STAFFORD
[1914-1993]

William Stafford nació el 17 de enero de 1914 en Hutchinson, Kansas, descendiente de aborígenes americanos por línea paterna. Recibió su primer título universitario (BA) y su maestría en la Universidad de Kansas, ubicada en Lawrence, y en 1954 un doctorado por la Universidad de Iowa. Durante la Segunda Guerra Mundial, Stafford se declaró pacifista y opositor; trabajó en el área de servicios públicos, luchando contra incendios en los bosques y construyendo caminos, además de ejercer tareas diversas en otras áreas, experiencia que documentó en su memoria *Down My Heart* publicada en 1947 y en su poema «Objector». En 1948 Stafford se mudó a Oregón para enseñar en el Lewis and Clark College, donde fue profesor hasta su jubilación en 1980.

Su primer poemario, *Traveling Through the Dark*, fue publicado cuando Stafford tenía cuarenta y ocho años y ganó en 1963 el Premio Nacional del Libro. Vista su trayectoria, Stafford fue uno de los poetas y escritores regionales estadounidenses más prolíficos: publicó más de sesenta y cinco volúmenes de poesía y prosa. Respecto a la poesía, los más destacados son *The Rescued Year* (1966), *Stories That Could Be True: New and Collected Poems* (1977), *Writing the Australian Crawl: Views on the Writer's Vocation* (1978), y *An Oregon Message* (1987). Además de éstos, han de considerarse también algunas publicaciones póstumas: *Another World Instead: The Early Poems of William Stafford, 1937-1947* (2008), *Ask Me: 100 Essential Poems of William Stafford* (2013). Contribuyó a la traducción de *Poems by Ghalib* (1969). En prosa (ensayos, reseñas y entrevistas) mencionemos *You Must Revise Your Life* (1986); así como las publicaciones póstumas: *Every War Has Two Losers: William Stafford on Peace and War* (2003), *The Answers Are Inside the Mountains: Meditations on the Writing Life* (2003), *Crossing Unmarked Snow: Further Views on the Writer's Vocation* (1998) y de *The Osage Orange Tree* (cuentos, 2014).

Ganó numerosos premios y reconocimientos, entre ellos el Sheley Memorial Award, una beca Guggenheim, otra del National Endowment for the Arts y un Premio por su Trayectoria Poética de los Estados del Oeste. Como comenta Frederick Garber acerca del contexto del poemario de Stafford *West of Your City* (1960), «El Oeste es tanto el Oeste Medio como el lejano Oeste, siempre al oeste de donde estamos. Es el lugar de la naturaleza y del misterio de la naturaleza, la Otredad que podemos tocar a veces». En 1970, Stafford fue nombrado Consultor de Poesía de la Biblioteca del Congreso (Poeta Laureado).

Los críticos señalan que sus poemas a menudo parecen engañosamente simples; pero, como los de Robert Frost, encarnan una visión distinta y compleja. De hecho, en su libro *Babel to Byzantium*, James Dickey describió a Stafford como «un poeta real, nacido poeta», e indicó: su «discurso es gentil, místico, irónico y altamente personal soñando despierto sobre los Estados Unidos del Oeste». Sus poemas suelen tener por telón de fondo lugares montañosos, ríos, caminos..., con un referente constante al Oeste y sus paisajes, al que Stafford recurre para abordar y descubrir nuevas perspectivas en temas universales. Como dice en su ensayo, recogido en la *Contemporary Authors Autobiography Series*, «para mí, hay una frase crucial: "Un escritor no es tanto alguien que tiene algo que decir como alguien que ha descubierto un proceso que va a traer novedades, que no hubiese pensado de no haber comenzado a decirlas"». William Stafford falleció en su casa del Lago Oswego, en Oregón, el 28 de agosto de 1993.

## Pregúntame

En algún momento cuando el río sea hielo pregúntame
sobre los errores que haya cometido. Pregúntame si
lo que hice fue mi vida. Otros
han venido en su lento camino hasta
mi pensamiento, y algunos han intentado ayudar
o lastimar: pregúntame qué diferencia
ha hecho la fuerza de su odio o amor.

Voy a escuchar lo que dices.
Tú y yo podemos volvernos y ver
al río silencioso y esperar. Sabemos
que la corriente está allí, oculta; y allí
hay idas y venidas desde millas de distancia
que mantienen la quietud justo delante de nosotros.
Lo que el río dice, es lo que yo digo.


## Ritual para leernos unos a otros

Si tú no sabes el tipo de persona que soy,
y yo no sé el tipo de persona que tú eres,
un modelo que otros pueden hacer prevalecer en el mundo
y tras un falso dios hacia casa podríamos perder nuestra estrella.

Ya que hay muchas pequeñas traiciones en la mente,
un encogimiento de hombros capaz de romper la frágil secuencia

enviando con gritos los horribles errores de la infancia,
irrumpiendo para sonar a través del dique roto.

Y así como los elefantes caminan tomados de la cola del anterior,
si uno se extravía el circo no va a encontrar el parque;
yo lo llamo cruel, y quizá la raíz de toda crueldad,
saber lo que ocurre y reconocer el hecho.

Por eso apelo a una voz, a algo sombrío,
una remota región esencial de todo hablante;
aunque podríamos engañarnos unos a otros, debemos
    considerarlo,
no sea que el desfile de nuestra vida simple se extravíe en la noche.

Porque es importante que la gente despierta siga despierta,
ya que una línea de ruptura puede enviarla de vuelta a dormir;
las señales que damos –sí, no, o tal vez–
deben ser claras: la oscuridad alrededor nuestro es profunda.


**Para mis jóvenes amigos atemorizados**


Hay un país por cruzar que encontrarás
en el rabillo de tu ojo, en
tu paso veloz, por encima
del aire, una instantánea captada.
Y tal vez para ti, para mí, una alta, pasajera
voz que encuentra su camino por
el miedo. Ese país está allí, para nosotros,
lo cargamos en los hombros al cruzarlo. Aquello que temes

no desaparecerá: te llevará a
a ti mismo y te bendice y te protege.
Ése es el mundo, y todos vivimos ahí.

## Simplemente pensando

Me desperté una mañana fresca. Y me asomé por una ventana.
Sin nubes, sin viento. Aire que las flores sostuvieron
por un rato. Algunas se lanzaron a alguna parte.

Estuve en libertad condicional la mayor parte de mi vida. Y
por el resto, he sido condenado. Entonces estos momentos
cuentan mucho...; paz, ya sabes.

Deja que el balde de la memoria dentro del pozo
lo saque a colación. Geniales, geniales minutos. Nadie
que se mueva, nadie con algunos planes. Sólo estar allí.
Es ésto es de lo que todo trata.

# 1971-1973:
# JOSEPHINE JACOBSEN
[1908-2003]

Josephine Jacobsen nació el 19 de agosto de 1908 en Cobourg, Ontario, de padres estadounidenses que se encontraban de vacaciones en Canadá. Su padre falleció cuando tenía cinco años, de manera que ella y su madre cambiaron frecuentemente de domicilio y Jacobsen fue educada por tutores privados. Finalmente, se instalaron en Maryland cuando tenía catorce años y vivió allí hasta su muerte, acaecida ochenta años más tarde. Se graduó en Letras (BA) en 1926 en la Roland Park Country School de Baltimore. Jacobsen ganó la atención del público con la publicación de su poemario *Let Each Man Remember* (1940). Según los críticos, este volumen, que contiene quince sonetos de amor y una sección de poemas líricos metafísicos, revela su habilidad para componer una poesía disciplinada dentro de las formas clásicas.

Jacobsen escribió numerosos poemarios, incluyendo, además del ya citado, *For the Unlost* (1946), *The Human Climate: New Poems* (1953), *The Animal Inside* (1966), *The Shade-Seller: New and Selected Poems* (1974), *The Chinese Insomniacs: New Poems* (1981), *Distances* (1992), *In the Crevice of Time: New and Collected Poems* (1995). Entre otros libros de cuentos, publicó *A Walk with Raschid, and Other Stories* (1978), *Adios, Mr. Moxley: Thirteen Stories* (1986), *On the Island: New and Selected Stories* (1989) y *What Goes Without Saying: Collected Stories* (1996-2000). Póstumamente apareció *Contents of a Minute: Last Poems* (2008).

La reconocida escritora Joyce Carol Oates comparó a Jacobsen con John Crowe Ransom, Emily Dickinson (a quien Jacobsen admiraba) y Elizabeth Bishop, cuya poesía «fastidiosamente imaginada, brillantemente recortada, de narrativa minimalista siempre produce un pequeño choque de admiración». Su poesía reviste numerosas formas, desde las estructuras tradicionalistas hasta el verso libre, centrándose con toques feministas en los misterios del ser humano y las relaciones entre las áreas físicas y espirituales. El poema «The Edge», del libro *The Sisters: New and Selected Poems* (1987), es un ejemplo de cómo Jacobsen observa en la regularidad del acto físico de respirar la evocación de un sentido de lo eterno, en la que, sin embargo, no está ausente el recuerdo de la mortalidad.

Recibió el nombramiento de Consultora de Poesía de la Biblioteca del Congreso (Poeta Laureada) para el periodo de 1971 a 1973, así como el de Consultora Honoraria para las Letras Estadounidenses en dicha biblioteca, seguidamente entre 1973 y 1979. Se desempeñó como vicepresidenta de la Sociedad de Poesía de Estados Unidos entre 1978 y 1979 y fue miembro del panel de literatura del National Endowment for the Arts y del comité de poesía de la Biblioteca Folger entre 1979 y 1983. Entre sus premios y reconocimientos vale la pena destacar la beca de la Academia de Poetas Estadounidenses, además de diversos doctorados honorarios en Letras por el Goucher College, la Universidad Notre Dame of Maryland, la Townson State University y la Universidad Johns Hopkins. Cabe agregar a éstos el Premio Shelley Memorial por su servicio vitalicio a la literatura y la prestigiosa medalla Robert Frost de la Sociedad de Poesía de Estados Unidos. Ingresó en la Academia Estadounidense de las Artes y las Letras en 1994. Josephine Jacobsen falleció el 9 de julio de 2003 en Cockneyville, Maryland.

## Lector apacible

Tarde en la noche cuando debería estar dormida
bajo las estrellas de la ciudad en una habitación pequeña
Leí a un poeta. Un poeta: no
un versificador. No un famoso
moralista, yaciendo
en sí mismo; no un diario mintiendo
en crueles crueles camas, llorando.
Un poeta, peligroso y empinado.

Oh Dios, me pela, me enjuaga como una imprenta;
esta poesía me bebe, me come, tripa y médula,
hasta que existo en su dolor de bufón,
hasta que mis jugos alimentan una mirada salvaje
que corre a lo largo de las líneas, brillante
como ojos de bestias. Los escombros se vuelven polvo
ciudad, libro, cama, dejando la lujuria de mi oreja
diciendo como Molly, sí, sí, sí Oh sí.


## El lenguaje como un escape de lo discreto

Me encontré con dos avispas
con piernas intrincadas todas ocupadas.
Si fue noticia comunicada,
o si copularon o lucharon,
fue difícil decir por ese apretón.

Y un miedo frío por desconocimiento
me sorprendió además de ellas, que se movieron,
cuya sangre de avispa circuló,
quienes, sin amor, emparejadas, que se movieron;
que se movieron y no fueron amadas.

Cuando el gato pone su peluda analfabeta
pata en mi página y hace una estrella de mar,
el espacio entre nosotros drena mi médula
como el borde de un techo. Bebe leche,
como yo lo hago; uno de sus respiros es el último.

E incluso el niño pequeño, cuyos ojos
siguen lo que habla para ver en los tuyos
lo que significará, se está escapando
de lo que envió su secreto para probar.
Y el cuerpo analfabeto dice silencio,

en el amor, dice silencio; dice, lo que
la palabra pueda servir, eso no está aquí.
Todos los terribles silencios escuchan siempre; y oye
entre respiraciones un golfo que sabemos es malo.
Es el silencio que construyó la torre de Babel.

**El monosílabo**

Un día
ella se
enamoró de su

peso y velocidad.
Fuerte, delgada,

rápida como la luz
lenta
como una nube.
Cuidó
de la lluvia, corto

mediodía, largo oscuro.
Tenía parientes bruscos;
no se estancó.
Con eso, ella dijo,
yo podría,

si puedo,
dormir; ya que debo,
morir.
Algunos dicen,
ascender.

1973-1974:
DANIEL HOFFMAN
[1923-2013]

Daniel Hoffman nació el 3 de abril de 1923 en la ciudad de Nueva York. Después de hacer el servicio militar en el Cuerpo de la Fuerza Aérea, Hoffman obtuvo sus grados universitarios (bachillerato, maestría y doctorado) en la Universidad de Columbia. Se casó con la poeta Elizabeth McFarland, editora del influyente *Ladies Home Journal*. Su primer poemario, *An Armada of Thirty Whales* (1954), fue seleccionado para la serie de Poetas Jóvenes de Yale por el editor W. H. Auden, en cuya opinión esta serie marcaba «una nueva dirección para la naturaleza de la poesía en el mundo post-wordsworthiano».

Publicó un gran número de poemarios, empezando por *A Little Geste and Other Poems* (1960); *The City of Satisfactions* (1963); *Striking the Stones* (1968); *Broken Laws* (1970); *The Center of Attention* (1974); *Brotherly Love* (1981), nominado para el Premio Nacional del Libro y el Premio del Círculo Nacional de Críticos Literarios y el cual adaptó, en el año 2000, como libreto para el oratorio de Ezra Laderman; *Hang-Gliding from Helicon*: *New and Selected Poems (1948-1988)*, ganador del Premio de Poesía Paterson en 1988; *Middens of the Tribe* (1995); *Darkening Water* (2002); *Beyond Silence: Selected Shorter Poems 1948-2003* (2003); *Makes You Stop and Think: Sonnets* (2005); *The Whole Nine Yards: Longer Poems* (2009).

Otros títulos de libros publicados por Hoffman incluyen su traducción del italiano del libro de Ruth Domino *A Play of Mirrors* (2002); sus memorias *Zone of the Interior: A Memoir, 1942-1947*

(2000); y siete volúmenes de crítica literaria, que contienen *Words to Create a World: Interviews, Essays, and Reviews on Contemporary Poetry* (1993); *Poe Poe Poe Poe Poe Poe Poe* (1971), nombrado para el Premio Nacional del Libro; *Barbarous Knowledge: Myth in the Poetry of Yeats, Graves, and Muir* (1967); *Form and Fable in American Fiction* (1961) y *The Poetry of Stephen Crane* (1957).

Con respecto a los poemas de Hoffman, Stephen Dunn afirma: «en ellos existe una vida de observación cuidadosa, una voz raramente exaltada aunque siempre apasionada en sus precisionesel hombre que hay tras ellos, por su justo amor a la vida, es un riguroso crítico de nuestro modo de vivirla».

Recibió numerosos reconocimientos, entre ellos el Premio Aiken Taylor de Poesía Estadounidense Moderna de la revista *The Sewanee Review*, el Premio Hazlett Memorial, la Medalla Memorial del Magyar PEN Club por sus traducciones de poesía húngara contemporánea, así como becas de diversas entidades, en concreto de la Academia Estadounidense y del Instituto de Artes y Letras, de la Fundación Ingram Merrill, de la Fundación Guggenheim y del Fondo Nacional para las Humanidades. En 2005, recibió el Premio de Poesía Arthur Rense como «poeta excepcional» de la Academia Estadounidense de las Artes y las Letras.

Hoffman actuó como Consultor de Poesía para la Biblioteca del Congreso (Poeta Laureado) entre 1973 y 1974, siendo Canciller Emérito de la Academia de Poetas Estadounidenses. Durante el periodo 1988-1999, Hoffman fue Poeta en Residencia en St. John the Divine, donde administró el Centro de Poetas Estadounidenses. Enseñó inglés en la Universidad de Pennsylvania, en la que ocupó la cátedra Felix E. Schelling de dicha materia hasta 1996. Recibió un doctorado honorario en Letras del Swarthmore College. Hoffman falleció el 30 de marzo de 2013 en Haverford, Pennsylvania. Tenía ochenta y nueve años.

## Las focas en la bahía de Penobscot

No había oído hablar de la bomba atómica
así que les lancé una advertencia.

Nuestro destructor (en marcha de prueba) se deslizó por
las rocas donde brincaban y jugaban;

deben haber entendido mal,
o quizás ninguna de ellas me escuchó

yo sobre los motores y las mareas.
Mientras las veía sobre nuestra estela

vi sus pieles lisas en el sol
ondulación, luz-moteada, en la roca,

zambullirse, burbujear, en la salmuera,
y emparejarse y reírse en los abrevaderos

entre las cascadas de las olas y la espuma.
Entonces los machos treparon torpe

y lujuriosamente gorjeando como gallos marinos,
seguros que su destreza significaba esclavitud

para todos los tiburones, otras focas y gaviotas.
Y delicadamente voltearon a las hembras,

llaves marinas con colas musicales;
cada una miraba al Atlántico como

si fuera su telescopio,
si alguna vez se hubiese escuchado mi advertencia

era un sonido al que nadie ahora prestaría atención.
Y yo, mientras veía esas focas lejanas

saboreaba miel que zumbaba en mis oídos
y vi, hacia el barlovento, las velas

de un barco obsoleto con remos apilados
que arrasaban como dos peines a través del rocío

y deseé un vacío de cera
para alejar todos esos sonidos extraños,

sin embargo, envidiaba la dulce agonía
del que estaba atado al mástil,

cuando el estruendo, cuando el estruendo, cuando el estruendo
de pistolas perforaron agujeros oscuros en el cielo.


**Violencia**


Después de leer mi poema sobre una pelea
entre dos estafadores de la acera, uno
insultado, que arroja al otro hacia el suelo y casi
lo mata, por café y galletas, una tumba

las personas mayores me reprobaron: *¿Cómo*
*pudiste ver tanta violencia y tú*

*no trataste de detenerlos?* Ay, expliqué,
no fue así, realmente, yo vi

dos chicos en una pelea y pensé
que escribiría sobre la agresión, cómo
la ira realmente se siente... *Sí*

*y si uno hubiese sido asesinado*
*sería un peso sobre tu cabeza*
*tú deberías haberlos detenido*, dijo.

## Debido al desencanto

La forma en la que quien ay tan estrechamente
ganó las elecciones
ofrece desencanto

Sobre el que quien Oh casi
gana, las elecciones
lo dejan como un pretendiente

a punto de fugarse queda
con reserva para un doble
y sin esperanza

en su nuevo papel
como amante no amado
sin ninguna otra

oferta de trabajo,
pero en sueños, decidido,
ardiente, aún la corteja

aunque ella aparta la cara
de su abrazo
tan inflexible en el rechazo

como la multitud
que desdeña al perdedor
de una elección.

1974-1976 | 2000-2001:
STANLEY KUNITZ
[1905-2006]

Stanley Kunitz nació el 29 de julio de 1905 en Worcester, Massachusetts. Gracias a una beca pudo terminar sus estudios universitarios, con matrícula de honor, en la Universidad de Harvard en 1926, donde decidió empezar su doctorado, algo que posteriormente descartó, así como la posibilidad de ser profesor. En cambio, se convirtió en periodista y editor, trabajando para *The Worcester Telegram* y asentándose en el campo tras comprar una granja en Connecticut. Por sugerencia de uno de sus profesores, empezó a escribir poesía y, desde su nueva residencia, en 1927 inició sus trabajos en la empresa de H. W. Wilson, con sede en Nueva York, dirigiendo el *Wilson Library Bulletin* y coeditando *Twentieth Century Authors*, entre otras obras de referencia.

En 1943 dejó su trabajo ya que fue reclutado por el ejército a pesar de su pacifismo. Finalizada la Segunda Guerra Mundial, obtuvo una beca Guggenheim e inició una extensa carrera como profesor y fundador de instituciones de arte. Fue profesor en el Bennington College, en Vermont, en Nueva York, así como en otros centros de escritura, como la Universidad de Washington, el Queens College, Vassar, Brandeis, Columbia, Yale y Rutgers. Su enseñanza y su escritura como poeta intelectual influyeron en una generación de destacados poetas jóvenes, como Louise Glück, Carolyn Kizer, James Wright, y otros no tan jóvenes como Theodore Roethke, W. H. Auden, y Robert Lowell.

Bajo el pseudónimo de Dilly Tante, editó una colección de biografías titulada *Living Authors: A Book of Biographies* (1931). Publicó poemas en revistas como *Poetry, Commonweal, The New Republic, The Nation* y *The Dial*. Sus dos primeros libros, *Intellectual Things* (1930) y *Passport to the War: A Selection of Poems* (1944), reflejan su admiración por los poetas metafísicos ingleses John Donne y George Herbert, además de su estilo de intelectualidad.

Además de los mencionados, entre sus libros se encuentran *Selected Poems, 1928-1958* (1958), ganador del Premio Pulitzer en 1959; con un cambio estilístico, *The Testing-Tree: Poems* (1971), *Passing Through: The Later Poems, New and Selected* (1995), con el que obtuvo el Premio Nacional del Libro aquel mismo año; *The Poems of Stanley Kunitz, 1928-1978* (1979); *Next-to-Last Things: New Poems and Essays* (1985), *The Collected Poems* (2000) y *The Wild Braid: A Poet Reflects on a Century in the Garden* (2005). Tradujo también a los escritores rusos Andréi Voznesenski y Anna Ajmátova, así como al ucraniano Ivan Drach.

Más allá de los arriba mencionados, ganó a lo largo de sus cien años de vida tantos premios y reconocimientos que se convirtió en uno de los poetas estadounidenses más aclamados del siglo xx. Citemos, entre otros galardones: la Medalla Nacional de las Artes en 1993, el prestigioso Premio Bollingen de poesía en 1987, año en que el gobernador Mario M. Cuomo lo nombró Poeta Oficial del estado de Nueva York por un periodo de dos años, más la Medalla del Centenario de la Universidad de Harvard. Durante el periodo 1974-1976 fue nombrado Consultor de Poesía para la Biblioteca del Congreso y luego, en 2000, Poeta Laureado.

Acerca de su obra, Kunitz comentó a la revista *People:* «Lo más profundo que sé, es que vivo y muero al mismo tiempo, y mi condena es dar fe de ese diálogo conmigo mismo a través de la escritura poética». Con su esposa, la pintora Elise Asher, fundó en la ciudad de Nueva York la biblioteca nacional central de poesía literaria «Poets House», que cuenta con más de sesenta mil volúmenes de poesía. Stanley Kunitz falleció el 14 de mayo de 2006 en su casa de Manhattan, concluyendo una extraordinaria carrera que, tal como han destacado sus críticos, abarcó desde el ámbito académico hasta la lírica y desde lo íntimamente confesional hasta lo legendario y oratorio.

# El cometa Halley

Cuando estaba en el primer grado la señorita Murphy
escribió su nombre con tiza
en la pizarra y nos dijo
que estaba rugiendo en la dirección de las tormentas
de la Vía Láctea con una velocidad de vértigo
y que si se desviaba de su trayectoria
y se estrellara contra la Tierra
no habría escuela al día siguiente.
Un predicador de las colinas de barba roja
con una mirada salvaje en los ojos
se paró en la plaza pública
junto al parque infantil
proclamando que él había sido enviado por Dios
para salvar a cada uno de nosotros,
incluso a los niños pequeños.
«Arrepiéntanse, Uds. pecadores!» –gritaba,
agitando un cartel escrito a mano–.
Durante la cena me sentí triste al pensar
que era probablemente
la última comida que compartiría
con mi madre y mis hermanas;
pero estaba también emocionado
y apenas probé bocado.
Mamá me riñó
y me mandó temprano a la cama.
Toda la familia duerme,
excepto yo. Nunca me escucharon
cruzar el pasillo y subir
la escalera para sentir el aire fresco de la noche.
Búscame, Padre, en el tejado

del edificio de ladrillo rojo,
al pie de Green Street;
allí es donde vivimos, ya sabes, en la planta de arriba.
Soy el chico de la ropa de franela blanca
tendido en esta cama de grava gruesa
escudriñando el cielo estrellado,
mientras llega el fin del mundo.

## Un viejo tono agrietado

Mi nombre es Salomón Levi,
el desierto es mi casa,
el pecho de mi madre era espinoso
y padre no tuve.

Las arenas susurraban, *Aíslate*,
las piedras me enseñaron, *Sé duro*.
Yo danzo por el gozo de sobrevivir
en el borde del camino.

## El retrato

Mi madre nunca le perdonó a mi padre
el que se quitase la vida,
especialmente en un momento tan incómodo

y en un parque público,
esa primavera
cuando yo estaba esperando nacer.
Ella cerró su nombre
en el armario más profundo
y no lo dejaba salir,
aunque yo podía oírlo golpeando.
Cuando bajé del ático
con el retrato en pastel en mi mano
de un extraño con gruesos labios
con un bigote atrevido
y profundos ojos marrones.
Ella lo rompió en pedazos
sin una sola palabra
y me dio una dura bofetada.
A mis sesenta y cuatro años,
puedo sentir mi mejilla
aún ardiendo.


**Rey del río**


Si el agua fuera lo suficientemente clara,
si el agua estuviera quieta,
pero el agua no es clara,
el agua no está quieta,
te verías a ti mismo,
escapando de tu piel,
husmeando aguas arriba,
abofeteando, golpeando,

cayendo
sobre las rocas
hasta que las pintes
con la sangre de tu vientre:
ego con aletas,
yarda de músculo que se enrosca
y desenrosca.

Si el conocimiento te fuera dado,
pero no es dado,
porque la membrana está nublada
con autoengaños
y la imagen iridiscente nada
a través de un espejo que fluye,
te sorprenderías a ti mismo
en esa otra carne
pesada con esperma de pez,
herida, aporreando hacia la represa
que toca con los labios la piscina orgiástica.

*Ven. Báñate en estas aguas.*
*Crece y muere.*

Si el poder te fue otorgado
para salir de tus células,
pero la imaginación falla
y las puertas de los sentidos se cierran
en el niño dentro,
te atreverías a ser transformado,
como estás cambiando ahora,
en la forma que temes
más allá de lo meramente humano.
Un fuego seco te come.

La grasa gotea desde tus huesos.
Las flautas de tus branquias se descoloran.
Te has convertido en un barco para parásitos.
El gran reloj de tu vida
se está desacelerando,
y los pequeños relojes corren salvajemente.
Para esto naciste.
Has llorado al viento
y escuchaste la respuesta del viento:
«Yo no elegí el camino,
el camino me eligió a mí».
Has probado el fuego en tu lengua
hasta que se hincha negra
con un júbilo profético:
«¡Quémate conmigo!
La única música es el tiempo,
el único baile es el amor».

Si el corazón fuera lo suficientemente puro,
pero no es puro,
tú admitirías
que nada te obliga
no más, nada
en absoluto queda,
sino nostalgia y deseo,
la escalera de dos lados
entre el cielo y el infierno.
En el umbral
del último misterio,
en la absoluta hora bruta,
has mirado a los ojos
de tu propia criatura,
que están vidriados de locura

y tú dices
él no está roto sino que pervive,
ágil y firme
en el estado de su brillo,
siempre heredando su reino de sal,
de donde es desterrado
para siempre.

# 1976-1978:
# Robert Hayden
[1913-1980]

Nacido Asa Bundy Sheffey, Robert Hayden vio la luz el 4 de agosto de 1913 en un gueto de Detroit conocido como Paradise Valley. Tuvo una infancia muy complicada en un hogar de crianza. Debido a su marcada miopía, no pudo dedicarse a los deportes, pero irónicamente sí a la lectura. Se graduó de la secundaria en 1932 y con beca estudió en el Detroit City College (el cual se convertiría en la Universidad Estatal de Wayne).

Con veintisiete años de edad, Hayden publicó su primer poemario, *Heart-Shape in the Dust*, en 1940. Se registró en el Programa de Graduados de Literatura Inglesa de la Universidad de Michigan, donde estudió con W. H. Auden, quien influyó sobre él de manera crucial en el desarrollo de su escritura. Admiró las obras de Edna St. Vincent Millay, Elinor Wylie, Carl Sandburg y Hart Crane, así como las de los poetas del Renacimiento de Harlem, Langston Hughes, Countee Cullen y Jean Toomer.

Su estudio intensivo de la historia estadounidense y de la comunidad afroamericana inspira las preocupaciones plasmadas en sus textos por los temas raciales, históricos y sociopolíticos. En 1944, Hayden recibió su título de maestría de la Universidad de Michigan, donde permaneció durante dos años como profesor, siendo el primer miembro afroamericano de la facultad de Inglés de la institución. Luego, formó parte de la Universidad de Fisk, en Nashville, en la que permaneció veintitrés años, hasta su regreso a la Universidad de Michigan en 1968, donde enseñaría hasta su jubilación.

Publicó durante esa época *The Lion and the Archer*, con Myron O'Higgins (1948), y *Figure of Time* (1955). La poesía de Hayden ganó un reconocimiento internacional en la década de los sesenta y se le otorgó el Gran Premio de Poesía en el primer Festival mondial des arts nègres llevado a cabo en Dakar, Senegal, en 1966, por su libro *Ballad of Remembrance*, que recoge algunos de sus mejores poemas.

Hayden fue el autor de nueve colecciones de poesía, además de colecciones de ensayos y de literatura infantil, valiendo la pena destacar entre ellas *Selected Poems* (1966), *Words in the Mourning Time* (1970), *Night-Blooming Cereus* (1972), *Angle of Ascent: New and Selected Poems* (1975) y *American Journal* (1978).

El poeta William Meredith, Laureado de la Biblioteca del Congreso de 1978 a 1980, escribió acerca de la trayectoria de su antecesor: «Hayden se declaró, a pesar de lo que le costara en popularidad, más poeta estadounidense que poeta negro, en un tiempo en que había una diferencia irreconciliable entre esos dos papeles. No existe ni un solo verso suyo en el que no se identifique una experiencia de los estadounidenses afroamericanos, pero él no dejaría el título de escritor estadounidense por ninguna otra identidad más estrecha». En 1975, Hayden recibió la Beca de la Academia de Poetas Estadounidenses y, en 1976, se convirtió en el primer afroamericano nombrado Consultor de Poesía para la Biblioteca del Congreso (Poeta Laureado). Considerado el más distinguido artesano de la poesía afroamericana, Hayden falleció en Ann Arbor, Michigan, el 25 de febrero de 1980.

## Esos domingos de invierno

En los domingos también mi padre se levantaba temprano
y se vestía en el frío azul negruzco,
luego, con las manos agrietadas que dolían
por el trabajo en el clima de la semana, hacía
llama de fuegos apilados. Nadie nunca le dio las gracias.

Me despertaba y oía el frío astillarse, romperse.
Cuando las habitaciones estaban calientes, él llamaba,
y lentamente me levantaba y vestía,
temiendo los enojos crónicos de esa casa,

Hablándole indiferentemente a él,
que había expulsado el frío
y también lustrado mis buenos zapatos.
¿Qué sabía yo, qué sabía yo
de los austeros y solitarios oficios del amor?

## Pasaje del medio

I

*Jesús, Estrella, Esperanza, Misericordia*:

>las velas parpadean al viento como armas,
tiburones siguiendo los gemidos de la fiebre y la muerte;
horrorizan el cuerposanto y la rosa del compás.

Paso por el medio:
        viaje a través de la muerte
                a la vida en estas costas.

«10 de abril de 1800:
Negros rebeldes. Tripulación inquieta. Nuestro lingüista dice
su gemido es una oración por la muerte,
la nuestra y la de ellos. Algunos buscan morir de hambre.
Perdidos tres esta mañana saltaron con risa enloquecida
a los tiburones que esperaban, cantaron mientras caían».

*Deseo, Aventura, Tártaro, Ana*:

Apoyando a América, trayendo a casa
oro negro, marfil negro, semilla negra.

*En lo profundo de la tenencia purulenta tu padre yace,*
*de sus huesos se hacen bancos en Nueva Inglaterra,*
*aquellas luces de altar fueron sus ojos.*

Jesús    Salvador    Piloto    Yo
Sobre    el Mar  Tempestuoso    de la Vida

Oramos para que Tú concedas, Oh Señor,
paso seguro a nuestros barcos trayendo
almas paganas a Tu disciplina.

Jesús    Salvador

«8 campanas. No puedo dormir, porque estoy enfermo
de miedo, pero la escritura alivia el miedo un poco
ya que todavía mis ojos pueden ver estas palabras tomar forma
sobre la página y así escribo, como si uno

se dedicara al exorcismo. 4 días deslizándose,
pero ahora el mar está tranquilo nuevamente. La desgracia
sigue en nuestra estela como tiburones (nuestros sonrientes
dioses tutelares). ¿Quién de nosotros
ha matado un albatros? Una plaga entre
nuestros negros –Oftalmia: ceguera– y nosotros
nos hemos deshecho de los ciegos en vano.
Se propaga, la terrible enfermedad se extiende.
Sus garras han rascado la vista de los ojos del capitán.
y hay ceguera en el castillo de proa
y debemos navegar 3 semanas antes de llegar
al puerto».

  *Qué puerto nos espera, ¿el de Davy Jones*
  *o la casa? He oído hablar de esclavistas a la deriva, a la*
   *deriva,*
  *juguetes de viento y tormenta y azar, sus tripulaciones*
  *volviéndose ciegas, el odio de la jungla*
  *arrastrándose en la cubierta.*

Tú Que Caminaste En Galilea

«El declarante dice además *La Bella J*
Que dejó la costa de Guinea
con carga de quinientos negros y unos
para los barracones de Florida:

»Que apenas había lugar entre las cubiertas para la mitad
del sofocante ganado guardado allí a modo de cuchara;
que algunos se volvieron locos de sed y rasgaron su carne
y chuparon la sangre:

»Esa tripulación y el capitán disfrutaron con las más cómicas
de las chicas salvajes rentenidas desnudas en las cabañas;
que había una que llamaron la Rosa de Guinea
y apostaron suertes y lucharon para acostarse con ella:

»Que cuando los Contramaestres encendieron todas las
 manos, las llamas
extendiéndose desde estribor ya estaban fuera de
control, los negros aullando y sus cadenas
enredadas con las llamas:

»Que los negros quemados no podrían ser alcanzados,
que la tripulación abandonó el barco,
dejando atrás a sus negras chillonas,
que el Capitán pereció borracho con las mozas:

»Adicionalmente el Declarante dice que no».

Piloto   Oh   Piloto   Yo


II

Sí, muchacho, y yo he visto esas fábricas,
Gambia, Río Pongo, Calabar;
he visto las ingeniosas trampas de cebo de los mongos
de la guerra en las que el vencedor y el vencido

fueron atrapados como premios por nuestros barracones.
He visto a los reyes negros cuya vanidad
y codicia convirtieron las salvajes pieles negras de Fellatah,
Mandingo, Ibo y Kru en oro para nosotros.

Y había uno –rey Antracita lo llamamos–
cara de fetiche debajo de las sombrillas francesas
de terciopelo de bronce y naranja, boca insolente
cuyas copas eran calaveras talladas de enemigos:

él nos honraría con tambor y fiesta y conjo
y las mujeres brillantes de aceite de palma hábilmente enamoradas,
y para las coronas de estaño que brillaban con pasta,
baratijas rojas y de plata alemana

haría que los tambores hablaran de guerra y enviaran
a sus guerreros a quemar las aldeas dormidas
y matar a los enfermos y ancianos y llevar a los jóvenes
en caravanas a nuestras fábricas.

Durante veinte años un comerciante, durante veinte años,
porque había una abundante riqueza para ser cosechada
de esos campos negros, y estaría comerciando todavía
si no fuera por las fiebres que derretían mis huesos.

III

Transportes en el telar de la historia,
las naves oscuras mueven, las naves oscuras mueven,
sus brillantes nombres irónicos
como bromas de bondad en la boca de un asesino;
aran a través de un brillo destrozado hacia
la luminosa costa derretida de la fata morgana,
zigzagueando hacia los litorales del Nuevo Mundo que son
espejismo y mito y la actual orilla.

Viaje a través de la muerte,
                        viaje cuyos mapas son desamores.

Un hedor a helecho, efluvio de muerte viviente
se extiende hacia afuera de la bodega,
donde los vivos y los muertos, los horriblemente moribundos,
yacen encadenados, yacen manchados con sangre y excrementos.

*En lo profundo de la tenencia purulenta tu padre yace,*
*el cadáver de misericordia se pudre con él,*
*las ratas comen los ojos gélidos podridos del amor.*

*Pero, oh, la vida te mira*
*con ojos humanos cuyo sufrimiento te acusa,*
*cuyo odio alcanza a través del baño de oscuridad*
*a golpearte como la garra de un leproso.*

*No puedes menospreciar ese odio*
*o encadenar el miedo que acecha los relojes*
*y respira sobre ti su fétido aliento abrasador;*
*no puedes matar el profundo deseo humano inmortal,*
*la voluntad atemporal.*

    «Pero por la tormenta que arrojó barreras
    de viento y ola, *La Amistad*, señores,
    habría llegado a Puerto Príncipe en dos,
    tres días como máximo; pero por la tormenta deberíamos
    haber estado preparados para lo que aconteció.
    Veloz como salto de puma llegó. Hubo
    ese intervalo de calma sin luna lleno solamente
    con los sonidos habituales del agua y del aparejo,
    luego movimiento repentino, golpes y gruñidos
    y nos habían caído encima con un machete

y punzón. Era como si el mismo
aire, la noche misma nos estuvieran golpeando.
Agotados por los rigores de la tormenta,
no fuimos un rival para ellos. Nuestros hombres cayeron
ante los asesinos africanos. Nuestro leal
Celestino corrió desde abajo con el arma
y la linterna y vi, antes del bastón,
el brillo hiriente del cuchillo, Cinquez,
ese bruto hosco que se hace llamar príncipe
dirigiendo, insistiendo en el trabajo espantoso.
Macheteó al pobre mulato, y luego
él se volvió contra mí. Las cubiertas estaban resbaladizas
cuando la luz del día finalmente llegó. Me enferma
pensar en lo que vi, en cómo estos simios
arrojaron por la borda los cuerpos masacrados de
nuestros hombres, todos verdaderos cristianos, como
un montón de desecho.
Suficiente, suficiente. El resto se dice pronto:
Cinquez se vio obligado a dejarnos a los dos,
ya ves, para dirigir el barco a África,
y nosotros como fantasmas condenados a recorrer el mar
viajamos hacia el este durante el día y hacia el oeste
durante la noche,
engañándolos, esperando el rescate,
prisioneros en nuestro propio barco, hasta
que al final fuimos en deriva hasta las playas de esta
tu tierra, América, donde fuimos liberados
de nuestra indescriptible miseria. Ahora nosotros
demandamos, buenos señores, la extradición de
Cinquez y sus cómplices a La
Habana. Y nos angustia saber que
hay tantos aquí que parecen estar inclinados
a justificar el motín de estos negros.

Nos parece paradójico en verdad
que tú, cuya riqueza y cuyo árbol de la libertad
están arraigados en el trabajo de tus esclavos,
soportaras al augusto John Quincy Adams
hablar con tanta pasión sobre el derecho
de los esclavos cautivos de matar a sus amos legales
y con su retórica romana tejer una guirnalda
de héroe para Cinquez. Te digo que
estamos decididos a regresar a Cuba
con nuestros esclavos y allí asegurarnos que se haga
justicia. Cinquez
–o digamos "el Príncipe"– Cinquez debe morir».

El profundo inmortal deseo humano
la decisión eterna:
    Cinquez su imagen primaveral sin muerte,
    vida que transfigura muchas vidas.

Viaje a través de la muerte
                      a la vida en estas costas.


## Frederick Douglass

Cuando al fin sea nuestra esta liberación, esta libertad, esta
    hermosa
y terrible cosa, necesaria para el hombre como el aire,
utilizable como la tierra; cuando por fin le pertenezca a todos,
cuando sea realmente instinto, materia cerebral, diástole, sístole,
acción refleja; cuando finalmente se gane; cuando sea algo más

que la vil palabrería de los políticos:
este hombre, este Douglass, este antiguo esclavo, este negro
abatido de rodillas, exiliado, que tenía la visión de un mundo
en donde nadie está solo, ninguno cazado, extraño,
este hombre, excelente en amor y lógica, este hombre
habrá de ser recordado. Oh, no con la retórica de las estatuas,
no con leyendas y poemas y coronas de bronce solamente,
sino con las vidas que crecieron a partir de su vida, las vidas
dando vida a su sueño de la realidad hermosa y necesaria.

# 1978-1980:
# WILLIAM MEREDITH
[1919-2007]

William Meredith nació en la ciudad de Nueva York el 9 de enero de 1919. Luego de estudiar en la Escuela Lenox (Massachusetts), en 1940 se graduó *magna cum laude* en la Universidad de Princeton con un título universitario en Filología Inglesa. Su tesis versó sobre la obra de Robert Frost, quien influenció de por vida su propia escritura. Trabajó durante un corto plazo como reportero para el *The New York Times* y, en 1941, entró en la Fuerza Aérea Estadounidense. En 1942 se desempeñó como piloto en un portaviones de la Marina. Durante esta época publicó su primer poemario, *Love Letter from an Impossible Land* (1944), elegido por Archibald MacLeish para la Serie de Poetas Jóvenes de Yale.

Durante los siguientes años enseñó inglés en la Universidad de Princeton como Woodrow Wilson Fellow y Becario Residente en escritura creativa mientras se mantenía en la Reserva de la Marina de Estados Unidos. En 1948 apareció su segundo libro de poemas, *Ships and Other Figures*. Unos años más tarde, Meredith retomó su trabajo de piloto con misiones aéreas en la Guerra de Corea, recibiendo dos Medallas de Honor por su servicio. Luego emprendió una carrera académica, enseñando inglés en varias universidades, incluyendo el Connecticut College, la Universidad de Hawái y la Universidad de Princeton, en la que permaneció desde 1955 hasta 1983.

Publicó *The Open Sea and Other Poems* (1958), así como *The Wreck of the Thresher and Other Poems* (1964), mientras dividía su tiempo entre la enseñanza y la escritura como poeta, crítico de ópera, dramaturgo, traductor y editor. De sus obras posteriores, cabe citar *Earth Walk: New and Selected Poems* (1970), *Hazard, the Painter* (1975), *The Cheer* (1980), *Partial Accounts: New and Selected Poems* (1987), que ganó el Premio Pulitzer y el Los Angeles Times Book Award, *Effort at Speech: New and Selected Poems* (1997), ganadora del Premio Nacional del Libro y basada en la experiencia de haber sobrevivido a un derrame cerebral en 1983 con la resultante dificultad para expresarse.

Meredith también editó otros volúmenes, como *Poets of Bulgaria* (1986)y *Shelley: Selected Poems* (1962); además tradujo *Alcools: Poems 1898-1913* de Guillaume Apollinaire (1964). El libro *Poems Are Hard to Read* (1991) compila una selección de su prosa, en la que se incluyen memorias, ensayos críticos, reseñas y entrevistas. Sus poemas, tal cual comenta Edward Hirsch, sin menospreciar el desastre y la dureza del mundo humano, vibran con «términos antiguos, como ecuanimidad, moral, entusiasmo, júbilo y felicidad».

Entre los reconocimientos recibidos por Meredith debemos citar el Premio Loines, las becas procedentes de la Academia Estadounidense de las Artes y las Letras, de la Fundación Guggenheim, de la Fundación Rockefeller y del National Endowment for the Arts, el Premio Harriet Monroe Memorial y el Premio Internacional de Poesía Vaptsarov. Fue nombrado Consultor de Poesía para la Biblioteca del Congreso (Poeta Laureado) para el periodo de 1978-1980 y Canciller de la Academia de Poetas Estadounidenses, cargo que ejerció de 1964 a 1987.

Con respecto al antes aludido derrame cerebral, el poeta Michael Collier escribe en su prólogo del libro *Effort at Speech: New and Selected Poems*: «Como si estuviera atrapado dentro de su cuerpo, que lo ha traicionado profundamente, durante la pasada década y media, Meredith se ha mantenido ocupado con la lucha del poeta, la lucha por expresarse». Durante años, Meredith compartió su tiempo entre Uncasville, Connecticut, y Bulgaria, donde, por decreto de su presidente Zheliu Zhelev, se le otorgó la ciudadanía honorífica en 1996. Falleció el 30 de mayo de 2007 en New London, Connecticut.

Emisario

Ve, pequeño libro. Si alguien pregunta
Por qué agrego poemas a un momento como éste,
Di cómo la elegancia que no puedo asimilar
De barcos y otras figuras de contenido
Me persuade aún hasta que yo les doy nombres;
Y cómo les doy nombres con impaciencia,
Como quien arrancara rosas por las raíces
Que lo mantienen dando vueltas en su cama vacía,
El olor intolerable y espeso por la pérdida.



El analfabeto

Tocando tu bondad, soy como un hombre
Que da vuelta a una carta sobre su mano
Y podrías pensar que esto era porque la mano
No estaba familiarizada, pero la verdad es que el hombre
Nunca había tenido una carta de nadie;
Y ahora él a la vez tiene miedo de lo que significa
Y se siente avergonzado porque no tiene otros medios
Para averiguar lo que dice, a no ser que le pregunte a alguien.

Su tío podría haberle dejado la granja,
O sus padres murieron antes de que les enviara una palabra,
O la chica oscura cambió y lo quiere por amado.
Temeroso y orgulloso de las letras, lo guarda consigo mismo.
¿Cómo llamarías su sentimiento por las palabras
Que lo mantiene rico y huérfano y querido?

## Accidentes de nacimiento

> *Je vois les effroyables espaces de l'univers qui m'enferment, et je me trouve attaché à un coin de cette vaste étendue, sans savoir pourquoi je suis plutôt en ce lieu qu'en un autre, ni pourquoi ce peu de temps qui m'est donné à vivre m'est assigné à ce point plutôt qu'à un autre de toute l'éternité qui m'a précédé, et de toute celle qui me suit.*
>
> PASCAL, *Pensées sur la religion*

> *El enfoque de la vida de un hombre desde el pasado es historia, y el enfoque del tiempo hacia el futuro es un misterio. Su unión es el presente, y es la conciencia, el único momento en que la vida está viva. La interminable maravilla de esta unión es lo que causa que la mente, en su libertad interna de una mañana helada, retroceda y pregunte y recuerde. El mundo está lleno de lugares. ¿Por qué estoy aquí?*
>
> WENDELL BERRY, *La casa de patas largas*

Salvada de un accidente de automóvil o avión o
curada de malignidad, la gente mira
alrededor con nuevos ojos a un nuevo
mundo digno de elogio, ojos parpadeantes como éstos.

Porque me han vuelto a traer del
fino limo, el barro donde yacen nuestros átomos
abajo para largas siestas. Y también he sido
perdonado milagrosamente durante años
por la lava del azar que corre hacia abajo
los barrancos del mundo, encenegándonos de nuevo.
Aquí estoy, regresado, configurado, todavía no
sucedido lejos.

                Pero no es esta fortuita
vida solamente, que arroja sus sensuales

asombros de arriba abajo en
las sangrientas membranas detrás de mis ojos,
no es sólo que yo esté aquí de nuevo, viejo
necesitado, buscando a alguien que necesite,
sino tú, arriba de la arcilla tú mismo,
como la suerte lo tendría, y avanzando lentamente
sobre el mismo pequeño segmento de tierra
esférica, en la misma pequeña era geológica, para
reunirse en una habitación, vivos en nuestras pieles,
y toda la galaxia abierta allí
y los siglos gimiendo como jejenes;
tú, para enseñarme a verlo, a ver
contigo y para ofrecerle a alguien
unas incomprensivas e insolentes gracias.


### El naufragio del Thresher
(fragmento)

(Perdido en el mar, 10 de abril de 1963)

Me paro en la repisa donde la roca corre hacia el río
Como la noche se torna salobre con la mañana, y lloro a los
    ahogados.
Aquí el mar se diluye con el río; lo veo babear
Como un perro curándose de la rabia. Su arrebato,
Un océano lame baboso acariciando con su hocico el suelo seco.
(Pero el sueño que me despertó fue peor que el gris del mar
*Slip-slap*; no hay tales sonidos durante el día).

Este aplastamiento de personas es algo con lo que vivimos.
Diariamente, por capricho inexplicable
O atrapados en un descabellado esquema de muerte,
Enredados en autos, caídos del cielo, en llamas,
Hombres y mujeres rompen el compromiso de la respiración:
Y ahora debajo del agua, aliviado de todo desecho y pequeño
    en la presión de los océanos reunidos, un escuadrón de hombres
        valientes en un casco.

(¿Por qué nuestros sueños no pueden contentarse con los terribles
        hechos?
El único animal maldito con la responsabilidad de dormir,
Rastreamos el desastre siempre hacia nuestros propios actos.
Conocí a un ser monstruoso atrapado en la profundidad negra:
*Todos estos años*, sonrió, *he perforado en el mar*
*Para este agolpamiento de agua*. Entonces él sólo me salvó a mí).

[...]

1981-1982:
MAXINE KUMIN
[1925-2014]

Nacida Winokur, Maxime Kumin vio la luz el 6 de junio de 1925 en Philadelphia, Pennsylvania. Recibió su grado universitario (BA) y su maestría en el Radcliffe College. Poeta y madre, enseñó en varias de las más prestigiosas universidades de Estados Unidos, entre ellas, MIT, Princeton, Tufts y Columbia. A pesar de sus viajes frecuentes fuera del estado para dar conferencias y seminarios en universidades y otras instituciones del país, Kumin siempre mantuvo un vínculo muy especial con su casa de campo, ubicada en New Hampshire. De hecho en una entrevista con Joan Norris, publicada en *Crazy Horse*, la poeta confesó: «Prácticamente todos mis poemas han surgido de esta geografía y de este estado de la mente». Dado que su poética está profundamente conectada con su Nueva Inglaterra natal, a Kumin se le describe como la poeta pastoril de la región. «Me han tomado el pelo con el epíteto "Roberta Frost", lo cual no es malo».

Durante su extensa vida literaria, Kumin publicó una gran cantidad de poemarios, entre los cuales cabe destacar *Up Country: Poems of New England* (1972), por el que recibió el Premio Pulitzer, *House, Bridge, Fountain, Gate* (1975), *Our Ground Time Here Will Be Brief* (1982), *The Long Approach* (1986), *Nurture* (1989), *Looking for Luck* (1992), con el que obtuvo el Premio de los Poetas, *Connecting the Dots* (1996), *The Long Marriage: Poems*, libro finalista del Premio Lenore Marshall de la Academia de Poetas Estadounidenses (2002), *Jack and Other Poems* (2003), *Bringing Together* (2003), *Still to Mow* (2009), *Where I Live: New & Selected*

*Poems 1990-2010* (2010) y *And Short the Season* (2014). También escribió la autobiografía *Inside the Halo and Beyond: The Anatomy of a Recovery* (2000); cuatro novelas, sus dos últimas *The Designated Heir*, Viking (1974) y *Quit Monks or Die (animal rights mystery)* (1999), así como una colección de cuentos, más de veinte libros de literatura infantil y cinco libros de ensayos, el más reciente *The Roots of Things: Essays* (2009), al que había precedido *Always Beginning: Essays on a Life in Poetry* (2000). Los críticos la han calificado de trascendentalista, como Henry David Thoreau, y de poeta confesional, como Sylvia Plath, Robert Lowell y su amiga y coautora Anne Sexton, cuyo suicidio la afectó profundamente, además de observadora meticulosa al estilo de Elizabeth Bishop.

Kumin recibió numerosos reconocimientos y premios, como el Premio Aiken Taylor de Poesía Moderna, el Premio de la Academia Estadounidense de las Artes y Letras, el Premio Sarah Joseph Hale, el Premio Levinson, el Premio de Poesía Ruth Lilly, el Premio de Poesía Eunice Tietjens y becas del National Endowment for the Arts, de la Academia de Poetas Estadounidenses y del Consejo Nacional de las Artes.

Fue vigésima sexta Consultora de Poesía para la Biblioteca del Congreso (Poeta Laureada) durante el periodo 1981-1982, Poeta Laureada de New Hampshire y Canciller de la Academia de Poetas Estadounidenses. Falleció en Warner, New Hampshire, el 6 de febrero de 2014.

Parranda

Mi padre camina por la sala de arriba
un animal grande enjaulado
ni salvaje ni del todo domesticado.
Sobre él pende el olor de la ira justa.
Mi madre está sentada dócilmente
en el escritorio. Rosy desde mi baño
con una edad de ocho-nueve-diez ahora entiendo
su derecho a rugir, el de ella para desafiar
la factura de Wanamaker en su mano
la factura de Strawbridge mantenida en alto
la cuenta de Bonwit Teller
y la Tienda Blum de color ciruela.

Su ira huele a cenas de fiestas
como bandejas de daiquiris espumosos.
Contra las supremas costillas que no faltan
desde antes de la Segunda Guerra Mundial su cuchillo de trinchar
destella con cierta embriaguez. Él encanta
a todas las otras esposas con adornos de Bonwit
pero algo pasado de maduro parece enfermo.
Llevo sus anchas bandas de cigarro en mis dedos.

¡Oh Dios, es tan ruidoso!
Debajo de mi cama una escalera secreta,
un ascensor dorado y morado
me lleva todas las noches debajo del mar.
Tales bailes, tales alborotos
con el príncipe de éste o aquél
con el duque bueno para nada
yo la sencilla, un tamaño demasiado grande para contar

crezco trémula en el alfiler y la chalina
yo en los zapatos de los pies y el tutú de repente
veo que ir de compras es una forma de arte
una especie de baile de disfraces.

Papá, ¿vendríamos tan humildemente
a la escena en la sala de arriba
el primero de cada mes, excepto
por el hecho de que tú eliges los ratones para los lacayos,
    aplaudiendo
para llamar a cuatro y al entrenador?
Tú ordenaste a París por el manguito de armiño
lo que indica que soy rica. ¡Pensar que doce pobres
pequeñas cosas debieron tener sus cabezas cortadas
para mantener mis manos improcedentemente calientes!
Cuando fuiste a pescar al pozo
pieles de zorro, sombreros con plumas de pavo real
capas de terciopelo de la tarde, ¿qué más sucedió?

Tú pagaste las facturas, Papá. Tú lanzas el hechizo.


**Una llamada**


Sobre mi escritorio Georgia O'Keefe dice
*No tengo ninguna teoría para ofrecer* y luego
se refugia en la desaliñada
tercera persona del singular: *Uno funciona
supongo porque es la cosa más
interesante que uno sabe hacer.*

¡Oh, Georgia! Zigzagueando entre
primera base y la posición de parador en corto por así decirlo
preparando una lista de todas las cosas
*que uno imagina que tiene que hacer...*
*Tú consigues que planten el jardín. Tú*
*llevas el perro al veterinario. Tú*
*sin duda tienes que hacer la compra.*

La sintaxis, como el sexo, es íntima.
Uno no salta ligeramente de una persona
a otra persona. *La pintura*, dijiste,
*es como un hilo que corre*
*a través de todas las razones para todas las demás*
*cosas que hacen la vida.*
¡Oh, extraña tercera persona invisible,
sal, ponte de pie, haz que te escuchen!
La poesía es como la agricultura. Es
una vocación, necesita constancia,
las profundas maderas percusionistas del urogallo,
y larga vida, como la de Georgia, quien
está hablando con uno, hablándome,
hablando contigo.


**Noé, a los seis meses**


Mientras, en este lluvioso verano de 1990
el estanque desbordabo empuja más allá de su desagüe,
semillas de frijol se pudren en sus filas y lilas
ensartan perlas, pero dejan caer sus mil

meollos de lavanda sin abrir,
un bebé plateado llamado Noé
está casi sentado solo ahora.
Se chupa los dedos como diez tartas.
A través de la baba y la alegría del Bronx
él canta, inventa el habla.
Un río de vocales comienza,
roto aquí y allá por espontáneas
corrientes de nuevas consonantes.

Encendemos un fuego en la estufa de la sala.
La granja hierve con el olor
de lana húmeda que redobla
sus filamentos, como el sentimiento familiar.
¿Debemos decir que todo esto es el maravilloso trabajo de Noé?
Hoy, bajo la lluvia, nuestro mundo se encaliza en su arca.

**Nuestro tiempo en la Tierra aquí será breve**

Las luces de aterrizaje azules hacen
agujeros de clavos en la oscuridad.
Una fina nieve cae. Nos sentamos
en la pista de despegue llevando
el correo, carga rápida,
bandejas de ratones de laboratorio,
café y masita danesa para
los pasajeros.

Donde sea que vayamos
es lunes por la mañana.
De donde sea que vengamos
es el regazo de mi madre.
En el arriba empacado con nubes, derramado
tan libremente como nabo
o semillas de apio, yacen
las almas de los no nacidos:

los hijos de mis hijos
niños y su padre.
Acumulamos velocidad para la última carrera
y despegamos en el tiempo.

# 1982-1984:
# ANTHONY HECHT
[1923-2004]

Anthony Hecht nació en el seno de una familia de origen judío-alemán de Nueva York el 16 de enero de 1923. Aunque se consideraba un estudiante mediocre, sin embargo describió sus primeros tres años universitarios en el Bard College como los más felices de su vida. Sus estudios fueron interrumpidos cuando fue reclutado para servir en el ejército durante la Segunda Guerra Mundial, participando en batallas en Alemania, Francia y Checoslovaquia. Su división contribuyó a la liberación del campo de concentración de Flossenbürg. Al regresar a Estados Unidos, Hecht finalizó su grado universitario (BA) en el Kenyon College, donde estudió bajo el tutelaje de John Crowe Ransom y cultivó amistad con otros grandes poetas, como Robert Lowell, Elizabeth Bishop, Allen Tate y Randall Jarrell.

De acuerdo con los críticos, la obra de Anthony Hecht se destaca generalmente por su uso magistral de las formas tradicionales, el control lingüístico y la erudición, con frecuentes alusiones a la literatura francesa, la mitología, la tragedia griega, así como a poetas como Wallace Stevens o John Donne. Su primer poemario, *A Summoning of Stones* (1954), demuestra una gran habilidad técnica tradicional, acaso barroca. Con el siguiente, *The Hard Hours* (1967), ganó el Premio Pulitzer. Según Dana Gioia: «Hecht ejemplifica la paradoja del gran arte. [...] Encontró el modo de tomar su sentido trágico de la vida y de hacerlo tan bello que nos obliga a prestar atención a su dolorosa verdad», con textos basados en su experiencia como soldado durante la guerra.

Publicó en el género poético, entre otros títulos, *Millions of Strange Shadows* (1977), *The Venetian Vespers* (1979), *The Transparent Man* (1990): *Collected Earlier Poems* (1990), *Flight Among the Tombs* (1996), en el que dedicó elegías a sus amigos poetas Joseph Brodsky y James Merrill, y *The Darkness and the Light* (2001). En el género ensayístico y la traducción, publicó *Jiggery-Pokery: A Compendium of Double Dactyls* (con John Hollander, 1967); fue cotraductor con Helen Bacon del libro de Esquilo *Seven Against Thebes* (1975); autor de *Obbligati: Essays in Criticism* (1986), obra que reúne ensayos críticos acerca de la poesía de Elizabeth Bishop, Robert Lowell y Emily Dickinson, así como interpretaciones de la obra de William Shakespeare *The Merchant of Venice*; y finalmente autor de *On the Laws of the Poetic Art: The Andrew Mellon Lectures, 1992* (1995) y *Melodies Unheard: Essays on the Mysteries of Poetry* (2003). También editó *The Essential Herbert* (1987). Sus ensayos fueron altamente admirados, en palabras del poeta Mark Strand, por ser «modelos de civilidad, candor y gracia».

Hecht ejerció el profesorado de poesía en varias universidades, incluyendo las de Rochester, Yale, Harvard y el Smith College. Fue nombrado Poeta Laureado y Consultor de Poesía para la Biblioteca del Congreso, lo cual desempeñó de 1982 a 1984. Ganó numerosos reconocimientos y prestigiosos premios, como el Premio Bollingen, el Premio de Poesía Ruth Lilly, el Premio Wallace Stevens, el Premio Loines, el Premio Librex-Guggenheim Eugenio Montale, el Premio Harriet Monroe Memorial, la Medalla Frost; así como becas de la Academia de Poetas Estadounidenses, la Academia Estadounidense de Roma, la Fundación Ford, la Fundación Guggenheim, la Fundación Rockefeller y el National Endowment for the Arts. También fungió como Canciller de la Academia de Poetas Estadounidenses. Vivió en Washington D.C., donde falleció el 20 de octubre de 2004. Su muerte motivó numerosos homenajes. Póstumamente apareció un segundo volumen con la colección de sus poemas, *Later Collected Poems* (2005), completando el anteriormente mencionado primer volumen *Collected Earlier Poems* (1990).

## Una carta

                Me he estado preguntando
         En lo que estás pensando, y ahora supongo
                  Que ciertamente no es en mí.
Pero el azafrán está arriba, y la alondra, y la metida de pata
                  La sangre sabe lo que sabe.
Se habla a sí misma toda la noche, como un mar deslizándose
    bajo la luz de la luna.

                Por supuesto, está hablando de ti.
    Al amanecer, donde el océano ha atrapado su pesca de luces,
                  El sol planta un pie ligero
        En ese derrame de espejos, pero la sangre atraviesa lenta
            a través de
                  Sus cálidas noches árabes,
Nombrando tu nombre latiente de nuevo en la raíz oscura del
    corazón.

                Quien existirá, por supuesto, sin nombre.
    De todos modos, quiero que sepas que hice cuanto pude,
                  Como estoy seguro de que tú, también.
        Otros están atados a nosotros, los gentiles e inocentes
                  Cuyos nombres no son confesados
En la palabrería incesante. Mi muy querido, el claro indiscutible
    azul

                De esas profundidades es todo menos lo que
                  enceguece.
    Puedes recordar que una vez trajiste a mis hijos
                Dos pequeños pájaros lanudos.

Ayer el más grande preguntó por usted al encontrar
Tu tordo entre sus juguetes.
Y las mareas se apoderaron de mí y no pude encontrar palabras.

No hay mucho más que decir.
Uno intenta lo mejor para continuar como antes,
Haciendo un poco de bien.
Pero quiero que sepas que no todo está bien
Con un hombre empecinado en ignorar
Las interminables repeticiones de su propia sangre murmurada.


**Curriculum vitae**


Como si fuera reacia a ser de día,
La mañana despliega una balanza
De rarezas en gris,
Y el invierno se establece en su armadura metálica,

Victorioso sobre legiones de oro y rojo.
Las almas ahumadas de piedras,
Lapizadas cortantes de plomo,
Reducen al mínimo al mundo con monótonos sin brillo

De clima de cementerio, vapores de un pantano
Nosotros enfrentamos a través de nuestros poros.
Excepto por los basureros,
Nuestros niños son los primeros en salirse.

Encuadernados y acolchados, en la boca y la nariz
    Ellos fabrican fantasmas
    De George Washington y de Poe,
De Banquo, de la Unión y los anfitriones confederados,

Y ellos mismos son los fantasmas, archivador gris
    De algunos de nosotros idos,
    Firmando nuestras vidas
En las ventanas del autobús escarchadas de hojas que semejan
    perejil.



**Muerte al pintor**


Desdeño-olfateado, tocado con dedos de huesos, diestro con
    herramientas de grabado,
        Sólo yo he recibido
Los poderes de Josué, quien detuvo el sol
        En su travesía del cielo.
Aquí en este Gotham de tontos innumerables
He buscado y arrestado a todos.

Bajo mi atenta mirada todas las criaturas humanas
        Se convierten en una *naturaleza muerta*,
Mientras que con precisión única aplico
        Plomo blanco y cuchillo de paleta.
Un estudiante modelo de características remodeladas,
El último barbero, el último esteticista, Yo.

Para ustedes, señores, ¿qué es el hombre, su sangre y sus signos
    vitales
        Cuando todo se ha dicho y hecho?
Un pobre animal bifurcado, un nido de moscas.
        Cuéntennos, ¿qué es esto
Una vez despojado de todas sus dignidades y títulos,
Despojado de sus testículos y ojos?

1984-1985:
ROBERT FITZGERALD
[1910-1985]

Robert Fitzgerald nació el 12 de octubre de 1910 en Geneva, Nueva York pero creció en Springfield, Illinois. Su infancia y su adolescencia estuvieron marcadas por pérdidas muy significativas: su madre murió cuando Fitzgerald tenía apenas tres años de edad, su único hermano cinco años más tarde, y su padre cuando cumplió diecisiete años. A pesar de estas tragedias, Fitzgerald sobresalió académicamente, graduándose en 1928 de la secundaria en la Springfield High School, para acudir luego durante un año a la Choate School, en Connecticut. En 1929 ingresó en la Universidad de Harvard, donde estudió inglés, griego, latín y literatura clásica. En 1931 aparecieron sus primeros poemas en la revista *Poetry*. Después de graduarse en Harvard en 1933, empezó a traducir poesía griega y se hizo famoso por su capacidad como traductor. Con posterioridad, se trasladó a Nueva York, donde trabajó como periodista para el *New York Herald Tribune* hasta 1935 y, entre 1936 y 1949, en la conocida revista *Time*. Publicó su primer poemario, *Poems*, en 1935, y, en 1943, *A Wreath for the Sea*. Durante la Segunda Guerra Mundial, Fitzgerald hizo su servicio militar en la Marina Estadounidense, en Guam y Pearl Harbor.

Al finalizar la guerra, Fitzgerald regresó a Nueva York y empezó a enseñar inglés en el Sarah Lawrence College. Después enseñó en las universidades Notre Dame, Mount Holyoke College y Princeton. Fue editor de poesía de la revista *New Republic*.

Con respecto a su destacada producción como traductor, cabe señalar sus versiones publicadas de *La Odisea* (1961), por la que recibió el primer Premio de Traducción Bollingen, y *La Ilíada* (1974), galardonada con el primer Premio de Traducción de la Academia de Poetas Estadounidenses en 1976, amén del Premio de Traducción Harold Morton Landon. Además, fue cotraductor con Dudley Fitts de *Alcestis* de Eurípides (1936) y *Edipo* de Sófocles (1949). También publicó en 1983 su traducción de *La Eneida* de Virgilio.

Desde 1965 hasta 1981, Fitzgerald se desempeñó como Profesor Boylston de Retórica y Oratoria en la Universidad de Harvard, donde sucedió al reconocido director de la Biblioteca del Congreso Archibald MacLeish. Con sus características de lírico puro y su fuerte vivencia clásica del Renacimiento inglés, durante este periodo influenció a numerosos poetas jóvenes más tarde reconocidos como los Nuevos Formalistas. Algunas de sus colecciones poéticas, además de las citadas anteriormente, son *In the Rose of Time: Poems, 1939-1956* (1956) y *Spring Shade: Poems, 1931-1970* (1971).

Fitzgerald sirvió como Canciller de la Academia de Poetas Estadounidenses desde 1968 hasta 1985. Entre 1984 y 1985 ejerció el cargo de Consultor de Poesía en la Biblioteca del Congreso (Poeta Laureado), pese a su precario estado de salud. Recibió otros reconocimientos, entre los que se incluyen el Premio Shelley Memorial Award de la Sociedad de Poesía de Estados Unidos, así como las becas de la Fundación Ford, el National Endowment for the Arts, la Academia Estadounidense de Artes y Ciencias, la Fundación Guggenheim y el Instituto Nacional de Artes y Letras. Robert Fitzgerald falleció en Hamden, Connecticut, el 16 de enero de 1985.

## Canción inspirada en Campion

Laúd embelesado, canta a sus oídos vírgenes
Suaves notas que repiten tus cuerdas;
Arpa punteada, cuya canción amorosa ella oye,
Dile que el tiempo es fugaz;
Marea nocturna y mi angustia de amor
Oh hablen, dulces números,
Que compadezca su corazón y se pueda conmover
Antes de que ella se duerma.

Polilla pálida que desde la luna vuela
Tejiendo encantos caprichosos,
Hadas nocturnas, vengan cerca de mi señora
Cuando las máscaras ricas se están yendo;
Díganle a ella que yace aún sola
El amor es un tesoro
Bello como el tono frágil del laúd
Y una métrica muerta.

## Ligereza en otoño

El rastrillo es como un ventilador y una varita,
Con bambú saltando en un lapso
Para atrapar las hojas que acumulo
En recipientes durante la hierba de la tarde.

Calculo cómo se comporta el viento
Y las rastrillo ligeramente en olas
Y rastrillo las olas sobre una pila,
Entonces detengo mi rastrillaje por un tiempo.

El sol está abajo, el aire es azul
Y pronto los dedos lo serán también
Pero hay niños que apaciguar
Zambulléndose en esos mares frondosos.

Revolviendo tan ruidosamente su cama
En las nubes secas de los muertos,
No son advertidos a los cuatro y tres años
De la mortalidad natural.

Antes de su cena requieren
Un campo de dragón de fuego amarillo
Para encenderlos y tirarlos en la penumbra.
Suficiente para la condenación cenicienta de la vieja tierra.


**Metamorfosis**


Un cuerpo hecho de lluvia de febrero,
Delincuencia insípida, llana y sensata
Sin alcohol, fría, perfectamente casta,
Es por lo que siento mi propio ser reemplazado.

Patrum Propositum

*Para W. M.*

Confundido en nuestra multitud de compras,
    Lo que salió de ello muy bien lo sabemos,
De Santa Fe y Oregón,
    De Adams, Jefferson, Monroe.

La influencia del Padre disminuye;
    Y, sin embargo, viven en el ojo de la mente,
Su antigua búsqueda y oficio de estado
    Esencias por encima de la historia.

Eufóricos, prácticos y orgullosos;
    Como niño pequeño por lo alto en el aire,
En agosto, carretas de trenes de nube
    Viran hacia el oeste sobre Illinois.


La prioridad del amor de Borges

Ni la intimidad de tu frente; justo como
    un día de fiesta,
Ni el favor de tu cuerpo, aún misterioso,
    reservado e infantil,
Ni lo que me viene de tu vida, asentándose en palabras
    o silencio,
Será una gracia tan provocativa de pensamientos
Como la vista de tu dormir, envuelta

En la vigilia de mis brazos codiciosos.
Virgen de nuevo, milagrosamente, por el poder absolvente
    del Dormir,
Tranquila y luminosa como una cosa feliz recuperada
    por la memoria,
Tú me darás la escritura de esa orilla de tu vida
    que tú misma no posees.
Lanzado al silencio,
Voy a discernir esa última playa de tu ser
Y te veré por primera vez como, tal vez,
Dios debe verte,
La ficción del tiempo destruida,
    Libre del amor, de mí.

# 1985-1986:
## Gwendolyn Brooks
[1917-2000]

Gwendolyn Brooks nació en Topeka, Kansas, el 7 de junio de 1917, y creció en Chicago. Se le considera una de las poetas más reconocidas, influyentes y leídas del siglo xx, y fue la primera entre las afroamericanas en ganar un Premio Pulitzer. También fue la primera mujer negra nombrada Consultora de Poesía para la Biblioteca del Congreso (Poeta Laureada), en concreto para el periodo 1985-1986. Anteriormente había sido distinguida con la designación de Poeta Laureada para el estado de Illinois, en 1968. Muchos de los textos de Brooks expresan una conciencia y una militancia política, reflejando su activismo en el movimiento por los derechos civiles de los años sesenta y las décadas siguientes. Según el crítico George E. Kent, la obra de Brooks la colocó «en una posición única en las letras estadounidenses. No sólo fue capaz de expresar su fuerte compromiso con la identidad y la igualdad étnica con/mediante un dominio magistral de las técnicas poéticas, sino que también se las ingenió para establecer un puente entre los poetas académicos de su generación en la década de los cuarenta y los jóvenes militantes negros de los años sesenta».

Brooks tenía trece años cuando apareció su primer poema, «Eventide», publicado en *American Childhood*; a los diecisiete años publicaba frecuentemente poemas en *Chicago Defender*, un periódico de la comunidad afroamericana local. Luego ingresó en la universidad, trabajó en la Asociación Nacional para el Desarrollo del Pueblo de Color y desarrolló su arte poético atendiendo seminarios y talleres de poesía, así como dirigiendo el foco temático hacia los perfiles pobres de afroamericanos urbanos, lo cual se aprecia... en su primer poemario *A Street in Bronzeville* (1945) y en el poemario *Annie Allen* (1949), ganador el Premio Pulitzer.

En su estilo «narrativo folklórico», como ella misma lo describiese, pero combinando verso libre, sonetos y otras formas con una voz nueva en la poesía (como afirmó, entre otros, Langston Hughes), Brooks publicó más de veinte libros de poesía, entre ellos *Bronzeville Boys and Girls* (1956), *The Bean Eaters* (1960), *Selected Poems* (1963), *We Real Cool* (1966), *The Wall* (1967), *In the Mecca* (1968), *Riot* (1969), *Family Pictures* (1970), *The World of Gwendolyn Brooks* (1971), *Aloneness* (1971), *Aurora* (1972), *Beckonings* (1975), *To Disembark* (1981), *The Near-Johannesburg Boy and Other Poems* (1986), *Blacks* (1987), *Winnie* (1988), *Children Coming Home* (1991).

También escribió varios libros en prosa, incluyendo su única novela *Maud Martha* (1953), en la que resalta el desafío de ser humano, la autobiografía *Report from Part One: An Autobiography* (1972), *A Capsule Course in Black Poetry Writing* (1975), *Primer for Blacks* (1981), *Young Poet's Primer* (1981); además de editar las antologías *A Broadside Treasury* y *Jump Bad: A New Chicago Anthology* (1971).

Entre los reconocimientos que recibió, cabe destacar el Premio de la Academia Estadounidense de las Artes y las Letras, la Medalla Frost, el Premio del National Endowment for the Arts, el Premio Shelley Memorial, así como becas de la Academia de Poetas Estadounidenses y de la Fundación Guggenheim. Gwendolyn Brooks vivió en Chicago hasta su muerte, acaecida el 3 de diciembre de 2000. Fue honrada por la Universidad de Western Illinois con la creación del Centro Gwendolyn Brooks de Literatura Afroamericana.

Somos fantásticos de verdad


JUGADORES DE BILLAR.
LAS SIETE EN EL BAR THE GOLDEN SHOVEL.

Somos fantásticos de verdad. Nosotros
Dejamos la escuela. Nosotros

Merodeamos de noche. Nosotros
Damos en el blanco sin vueltas. Nosotros

Cantamos al pecado. Nosotros
Consumimos ginebra. Nosotros

Alegramos junio. Nosotros
Morimos pronto.



construcción de cocineta


Estamos hechas de horas secas y un plan involuntario,
Envejecidas y canosas. «Sueño» suena vertiginoso, sin la fuerza
De «renta», «alimentar a una esposa», «satisfacer a un hombre».

Pero podría un sueño enviar a través de los humos de cebolla
Su blanca y violeta lucha con patatas fritas
Y la basura de ayer madurando en la sala,
Revolotear o cantar un aria por estas habitaciones

Incluso si estuviéramos dispuestas a que esto entrara,
Tener tiempo de calentarlo, mantenerlo muy limpio,
Anticipar un mensaje, ¿empezamos?

Fantaseamos. ¡Pero no bien! ¡Ni por un minuto!
Como el Número Cinco ya está fuera del baño,
Pensamos en agua tibia, esperamos meternos en ella.


una canción en el jardín delantero


Me he quedado en el jardín delantero toda mi vida.
Quiero echar un vistazo a la parte de atrás
Agreste y desatendida donde crece la mala hierba hambrienta.
Una niña hastiada de una rosa.

Hoy ir al jardín de atrás
Y tal vez por el callejón,
Donde juegan los niños necesitados.
Quiero pasar un buen día hoy.

Ellos hacen algunas cosas maravillosas.
Tienen un entretenimiento maravilloso.
Mi madre se burla, pero yo digo que está bien
Como no tiene que irse a las nueve menos cuarto.
Mi madre dice que Johnnie Mae
Será una mala mujer de mayor.
Que tarde o temprano se llevarán a George a la Cárcel
(Era invierno y vendió nuestra puerta trasera).

Pero está bien. Honestamente lo digo.
Y también me gustaría ser una mala mujer,
Y usar las provocadoras medias de encaje negro nocturno
Y pasear por las calles con pintura en la cara.



## La balada de Rudolph Reed


Rudolph Reed era de roble.
Su esposa también era de roble.
Y sus dos buenas chicas y su buen hombrecito
Se volvieron de roble mientras crecían.

«No tengo hambre de bayas.
No tengo hambre de pan.
Pero tengo hambre, mucha hambre de una casa
Donde en la noche un hombre en la cama

»Nunca pueda oír el yeso
Revolviéndolo como si sintiera dolor.
Nunca pueda escuchar las cucarachas
Cayendo como lluvia gruesa.

»Donde nunca la esposa y los niños necesiten
Ir parpadeando a través de la oscuridad.
Donde cada habitación de muchas habitaciones
Esté llena de espacio.

»Oh, que mi casa pueda tener este u oeste,
O norte o sur detrás de ella.

Todo lo que sé es que la descubriré,
Y lucharé por ella cuando la encuentre».

Llenó su solicitud
en una calle de una blancura amarga.
Pues Rudolph Reed era más de roble
Que otros en la nación.

La mirada fija y firme del agente
Corroída en una sonrisa.
*¿Por qué tú, viejo negro, maldito viejo pesado,*
*Mueves a tu familia aquí?*

Rudolph Reed apenas esbozó una sonrisa,
Apenas articuló una maldición,
Pero se mudó a su casa. Con su pequeña y oscura esposa,
Y sus pequeños tres hijos oscuros.

Un vecino *miraría* con ojo de bostezo
Apretujado contra una rendija.
Pero los Rudolph Reed y sus tres niños
Estaban demasiado contentos para darse cuenta.

¿Por qué no estaban seguros en su propio hogar
Con ventanas por todas partes
Y una hermosa escalera
Y un patio en frente para flores y un patio atrás para pasto?

En la primera noche, una roca, grande como dos puños.
En la segunda, una roca tan grande como tres.
Pero Rudolph Reed apenas articuló una maldición.
(Pues como hombre podía ser de roble).

La tercera noche, un estallido plateado de vidrio.
La paciencia sufría por aguantar.
Pero él miró y ¡he aquí! Un poco de sangre de la pequeña Mabel
Manchaba su mirada tan pura.

Entonces subió nuestro Rudolph Reed
Y apretó la mano de su esposa,
Y fue a la puerta con un treinta y cuatro
Y un cuchillo de carnicero bestial.

Corrió como un loco por la noche.
Y las palabras en su boca apestaban.
En el momento de herir al primer hombre blanco
Ya había dejado de pensar.

En el momento en que hirió al cuarto hombre blanco
Rudolph Reed estaba muerto.
Sus vecinos se reunieron y patearon su cadáver.
«*Nigger*» dijeron sus vecinos.

La pequeña Mabel gimió toda la noche
Por culparse a sí misma de ser la causa.
Su madre con ojos de roble no hizo nada
Salvo cambiar la gasa ensangrentada.

### Niño rompiendo vidrio

*Para Marc Crawford*
*quien lo encargó.*

Cuya ventana rota es un grito de arte
(éxito, que guiña un ojo consciente
como elegancia, como una fe traidora)
es natural, es sónica, es un estreno de ojos viejos.
Nuestro hermoso defecto y terrible ornamento.
Nuestro pequeño hombre bárbaro y metálico.

«¡Crearé! Si no una nota, un hoyo.
Si no una propuesta, una profanación».

Lleno de pimienta y luz
y Sal y noche y cargamentos.

«No bajes por el tablón
si ves que no se prolonga.
Cada uno con su dolor, cada uno con
su soledad e inquieta venganza.
Nadie sabía dónde yo estaba y ahora ya no estoy allí».

La única cordura es una taza de té.
La música está en las notas menores.

Entre el uno y el otro
existe un clima diferente.

«Fuiste tú, ¡fuiste tú quien tiró mi nombre!
Y esto es todo lo que tengo para mí».

Quien no tiene Congreso, langosta, amor, luau,
la Sala de Regencia, la Estatua de la Libertad,
corre. Una amalgama descuidada.
Un error.
Un acantilado.
Un himno, una trampa y un sol exagerado.



**Langston Hughes**


                                   es pura gloria.
Es hospitalario.
Sin embargo, se agarra a su derecho de girar libremente.

Tiene un largo alcance,
Un discurso fuerte,
Miedos remediadores
Lágrimas musculares.

Sostiene la horticultura
En el ojo del buitre,
Enfermiza profesión.
En la Compresión,
En lodo y sangre y muerte súbita,
En la respiración
Del holocausto él
Es timonel, hacha, faro.
¡Observa
A uno inquieto en el tiempo exótico! Siempre,
Hasta que el aire se cure de su fiebre.

1944-1945 | 1986-1987:
Robert Penn Warren
[1905-1989]

Robert Penn Warren nació el 24 de abril de 1905 en Guthrie, Kentucky, un pueblo cercano al límite estatal con Tennessee. Ganó el Premio Pulitzer tres veces en un periodo de treinta años. Uno de ellos le fue entregado en 1947 por su novela *All the King's Men* y otros dos por los siguientes poemarios: el primero, en 1958, por *Promises: Poems 1954-1956* (ganador asimismo de los premios Sidney Hillman, Edna St. Vincent Millay Memorial Award y Premio Nacional del Libro); y el otro, en 1979, por *Now and Then: Poems 1976-1978*.

Además de su obra creativa, fue altamente respetado como crítico literario, siendo uno de los miembros fundadores del movimiento de mediados del siglo xx denominado New Criticism (Nueva Crítica). Su excelente educación comenzó en la escuela secundaria de Clarksville, graduándose luego en Letras (BA) *summa cum laude*, en 1925, en la Universidad de Vanderbilt. Su interés por la escritura poética surgió precisamente en Vanderbilt, al integrarse al grupo de los Fugitivos en 1922. Posteriormente, fue uno de los miembros fundadores del grupo literario Agricultores del Sur, que incluyó a escritores sureños como Allen Tate y John Crowe Ransom, hecho reflejado en su libro *I'll Take My Stand: The South and the Agrarian Tradition* (1930). En 1926 obtuvo una maestría de la Universidad de California, en Berkeley. Siguió estudiando en la Universidad de Yale y después en el New College de Oxford.

Además de Inglaterra, sus viajes por Europa lo llevaron a Italia, donde continuó sus estudios en los años treinta gracias al patrocinio de una beca Guggenheim. En 1934 partió a la Universidad Estatal de Louisiana, donde, con su colega el profesor Cleanth Brooks, escribió una serie de influyentes y muy exitosos manuales de literatura y ensayos, entre los que se incluyen *An Approach to Literature, Understanding Poetry* (1938), *Understanding Fiction* (1943), *Modern Rhetoric* (1949), *Fundamentals of Good Writing* (1950) y *Selected Essays* (1958), además de numerosos textos de estilo epistolar, desde *Night Rider* (1938) y *At Heaven's Gate* (1943) hasta *A Place to Come to* (1977).

Warren se opuso a la segregación racial, actitud no siempre compartida por sus contemporáneos, como lo documenta en su volumen *Segregation: The Inner Conflict in the South* (1956). Dedicó mucho tiempo a reunirse con líderes en el área de los derechos civiles, como Martin Luther King; y, en 1965, publicó una recopilación de entrevistas bajo el sugerente título de *Who Speaks for the Negro?* Según Harold Bloom, Warren «en lo que respecta a los escritores vivos, se establece entre los más destacados poetas del siglo: Frost, Stevens, Hart Crane, Williams, Pound, Eliot. ... [Él] es el tipo más raro de poeta mayor: nunca ha parado de desarrollarse desde sus orígenes, siendo su trabajo un continuo proceso». Y la crítica Annalyn Swan añade: «el progreso es impactante, desde el tono impersonal, inspirado por Eliot, de los primeros poemas [...] al más personal, verso libre más intenso, que comenzó con *Promises: Poems, 1954-1956* [...] hasta el ensueño majestuoso de los últimos poemas».

Warren tenía un estilo lírico y coloquial, histórico y actual, autobiográfico y ecológico (como en *Audubon: A Vision*, 1969), sagrado y profano, tal cual se advierte en su última compilación de 1985 *New and Selected Poems 1923-1985*. Su novela *All The King's Men*, con la que obtuvo el Pulitzer, se adaptó como libreto de una película que ganó la presea de Mejor Película de la Academia

Estadounidense de Cine en 1949. Fue designado Consultor de Poesía para la Biblioteca del Congreso para el periodo 1944-1945 y Poeta Laureado en 1986-1987. Enseñó en varias universidades, aunque la mayor parte de su tiempo transcurrió en Yale, donde trabajó de 1950 a 1973. Pasó los últimos días de su vida en Stratton, Vermont, donde falleció el 15 de septiembre de 1989 debido a las complicaciones ocasionadas por un cáncer en los huesos. Póstumamente apareció el volumen *The Collected Poems of Robert Penn Warren* (1998).

## Tour patriótico y postulado de la alegría

Una vez, una vez en Washington
D.C., en junio,
Toda la noche, lo juro, un solo ruiseñor
Cantó.
Le cantó al oído presidencial,
Donde se derramó
Tal crítica y consejo como ese oído
Raramente había tenido el privilegio de escuchar.

Y cantó a cada senador
Y, como si predicara
Subversión y todo desastre brillante,
Despertó;
Se levantaron con un gusto en la garganta como de bilis,
Para el baño huyeron
Y escupieron, y se miraron al espejo allí, todo mientras
El bicarbonato burbujeaba, se contemplaron fijamente, con los
      pies fríos sobre el azulejo.

Y cantó a Edgar Hoover, también,
Y como si predicara
Subversión y todo desastre brillante,
Despertó;
Despertó, luego miró la foto de mamá, así escuchó
No más. Pero lejos,
Lejos, en Arlington, los héroes se agitaron
Y meditaron sobre el mensaje de ese pájaro.

Y cantó ¡oh, despiadados!, para mí,
Quien a ese lugar

Y a esa hora masiva se había movido, y ahora
Se levantaba,
Se levantaba desnudo y se estremecía a la luz de la luna y lloraba
Por la necesidad
De conocer qué postulado de alegría los hombres probaron
Para vivir, a la luz del sol y de la luna, hasta que murieron.


**Padres Fundadores, estilo del siglo XIX,
sureste de Estados Unidos**


Eran humanos, sufrían, vestían un largo abrigo negro y una
 cadena para el reloj de oro.
Miran desde el daguerrotipo con una severa reprimenda,
O desde el aceite genuino, y nunca adivinarías ningún dolor
En esos ojos despiadados que ahora observan la triste declinación
 de nuestro propio tiempo.

Algunos compusieron declaraciones recordando el lenguaje de
 Jefferson.
Conocían la pose del patriota, la mano izquierda en la curva
 lumbar o
Con el dedo en la mesa, mientras que la derecha invocaba la ira
 justa del Señor.
Siempre había un abuelo, o primo al menos, que había sido, por
 supuesto, un verdadero Firmante.

Algunos se dedicaron a estudiar, leyeron griego en el bosque, y
Anhelaron una epopeya para hacer sus propias obras de honor:

Fueron Néstor por el chiquero, en alguna pelea de taberna se hicieron pasar por Aquiles.
En el anillo de Sam Houston encontraron, cuando él murió, una palabra grabada: *Honor.*

Sus hijos fueron esparcidos, como semillas de mijo lanzadas en una llamarada.
Las esposas murieron, fueron arrojadas como camisas viejas en algún rincón del país.
Decían «Señor», en la cama, la niña-novia; no sabían qué encontrar allí;
Lloraron toda la mañana siguiente de vergüenza; se complacían con la seda; llevaban las llaves de la despensa.

«Moriré en estas zanjas si es necesario», escribió Bowie en El Álamo.
Y lo hizo, él cuyo pie izquierdo, de suave estallido, avanzó y cuya respiración siseó:
la cabeza hacia atrás, los ojos grises estrechos, el pulgar plano a lo largo de la hoja del cuchillo, la hoja baja.
«Gran caballero», dijo Henry Clay, «y un patriota». Retrato de Benjamin West.

O tomemos a aquéllos, los sin nombre, de los que no quedan retratos,
Sin relicario o anillo de sello, aunque en algún lugar, roto y oxidado,
En el ático o en la tierra, el largo Decherd, inventario putrefacto, ha permanecido;
O la Biblia amarilla de moho, la Palabra de Dios, en la cual, en su fortaleza, ellos también habían confiado.

Algunos lucharon contra el ángel y cayeron junto a la cuna de maíz.
Lucharon contra el salvaje, cuerpo a cuerpo, pero sabían que estaban condenados en esa gloria.
Toda la noche, en sudor, gimieron, hasta caer finalmente con saliva roja y una costilla rota.
¡Qué dulces fueron las lágrimas! Así gentiles, recorrieron la tierra oscura con su vieja historia.

Algunos prosperaron, tenían hombres negros y tierras, y plata en la mesa,
Pero recordaban la llamada del búho, el olor a manteca de oso quemado en el atardecer.
Amaron la familia y los amigos, y los soportaron tanto tiempo como pudieron,
«Pero el dinero y las mujeres, en exceso es la ruina, rumbo a Arkansas». Así que allá fui.

Uno de los míos era un tiburón terrestre; o al menos el libro, con escaso halago,
Lo denomina «un hombre grande y sin forma,
Como una bolsa de patatas en una montura» y dice:
«Con poco aprendizaje pero astuto, no muy confiable». Se escapa así de la historia, cuello grueso y sin nuca.

Uno veía a Shiloh y demás, se ponía irritable, jugueteaba toda la noche.
Los chicos fastidiaban por Texas. «Maldita sea, no hay nada. Maldita sea,
En Texas», pero tomó los carros, se fue, y para demostrar que tenía razón,
Se quedó un año y un día, «diablos, nada en Texas», lo había demostrado, volvió al vómito negro,

Y murieron, y murieron, y están muertos, y ahora sus voces
Se adelgazan, como el último grillo en la oscuridad helada, en la
 hierba perdida,
Sin nada que decirnos sobre nuestra complejidad de opciones,
Pero para pedirnos una sola palabra con que justificar su propio
 costo de vida.

Así que vamos a acercarles nuestros oídos en esta hora de tardanza,
Y a lo que están tratando de decir, tratar de entender,
Y tratar de perdonarles sus defectos, incluso su grandeza,
Porque somos sus hijos en la luz de la humanidad y bajo la sombra
 de la mano final de Dios.



Halcón nocturno

Desde el plano de la luz al plano, las alas sumergiéndose a través de
Geometrías y orquídeas que construye la puesta del sol,
Desde la negra angulosidad de sombra de la cima, montando
La última avalancha tumultuosa de
Luz sobre los pinos y la garganta gutural,
El halcón viene.

        Su ala
Guadaña abajo otro día, su movimiento
Es el de un borde afilado de acero, escuchamos
La caída ininterrumpida de los tallos del Tiempo.

La cabeza de cada tallo se aploma con el oro de nuestro error.

¡Mira! ¡Mira! Él escala la última luz
Quién sabe ni tiempo ni error, y bajo
El ojo de quién, implacable, el mundo, sin perdonar, se da vuelta
Hacia la sombra.

           Desde hace tiempo,
El último tordo permanece, el último murciélago
Ahora vuela en sus perspicaces jeroglíficos. Su sabiduría
Es antigua, también, e inmensa. La estrella
Es estable, como Platón, sobre la montaña.

Si no hubiera viento podríamos, quizás, escuchar
A la tierra rechinar sobre su eje o la historia
Gotear en la oscuridad como una tubería con fugas en el sótano.

## Límite mortal

Vi al halcón subir la corriente ascendente en la caída del sol sobre
    Wyoming.
Se levantó de la oscuridad conífera, más allá de las púas grises
de la impiedad, más allá de la blancura, al anochecer
De la luz espectral de los sueños sobre la indolente pureza de las
    cumbres nevadas.

Allí –al oeste– estaban los Tetons. Los picos de nieve pronto
    estarían
En perfil oscuro para romper constelaciones. ¿Más allá de qué
    altura

Cuelga ahora la mancha negra? ¿Más allá de qué rango verán los
 ojos de oro
Los nuevos rangos que se levantan para marcar un último
 garabato de luz?

O, habiendo probado aquella delgadez de la atmósfera, pende
inmóvil en la visión moribunda antes de
saber que aceptará el límite mortal
girando en la gran caída circular que restaurará

¿El aliento de la tierra? ¿De la roca? ¿De la putrefacción? ¿O de
 otros de tales
Objetos y la oscuridad de cualquier sueño al que nos agarramos?

1987-1988:
RICHARD WILBUR
[1921-2017]

Richard Purdy Wilbur nació en Nueva York el 1 de marzo de 1921. Publicó su primer poema a los ocho años en la revista de cuentos y poemas para niños *John Martin's Magazine*. En una entrevista con *The Paris Review*, este poeta precoz describió aquel poema, por el que ganó un dólar, como «un poemita horrible sobre ruiseñores», aclarando que él nunca había escuchado ni visto un pájaro de esa especie. En 1942 se graduó en el prestigioso Amherst College, donde desempeñó el cargo de redactor jefe del periódico de la institución. Posteriormente hizo su servicio militar, y, en el frente de batalla durante la Segunda Guerra Mundial, escribió poemas «para calmar sus nervios». Finalizada su estancia en el ejército, ingresó en la Universidad de Harvard, donde obtuvo su maestría en Literatura Inglesa, haciendo amistades en el campo literario con poetas como André du Bouchet. Así nació de lleno su carrera de escritor y su interés por las letras, pues quedó especialmente fascinado con la literatura europea.

En 1947 apareció su primer libro de poemas, *The Beautiful Changes and Other Poems*. Más tarde salieron *Ceremony and Other Poems* (1950), *A Bestiary* (1955), *Things of This World* (1957), por el que recibió el Premio Nacional del Libro y su primer Premio Pulitzer de Poesía. A partir de ese momento y hasta el final de su vida, siguió publicando libros tanto de prosa como de poesía, entre los cuales cabe destacar *New and Collected Poems* (1988), obra por la que ganó su segundo Premio Pulitzer en 1989, *Advice to a Prophet and Other Poems* (1961), *Walking to Sleep: New Poems and Translations* (1969), *The Mind-Reader: New Poems* (1976); *Mayflies:*

*New Poems and Translations* (2000), *Collected Poems, 1943-2004* (2004) y *Anterooms: New Poems and Translations* (2010).

Apasionado por la traducción, Wilbur también publicó numerosas traducciones de obras de teatro francesas –específicamente de los dramaturgos del siglo XVII Molière, Racine y Corneille; de hecho, con *The Theatre of Illusion*, de este último, obtuvo el Premio Nacional de Traducción; así como traducciones de poemas de Valéry, Villon, Baudelaire, Ajmátova, Brodsky, Vinicius de Moraes, Borges y Mallarmé, entre otros. Wilbur también es el autor de varios libros de literatura infantil (*Opposites*, 1973; *More Opposites*, 1991; *Runaway Opposites*, 1995; *A Game of Catch*, 1994; *The Disappearing Alphabet*, 1998; y *The Pig in the Spigot*, 2000) y de algunas colecciones de textos en prosa (*Responses: Prose Pieces, 1953-1976*, 2000; *The Catbird's Song: Prose Pieces 1963-1995*, 1997); además de haber editado libros como *The Complete Poems of Poe* (1959) y *Poems of Shakespeare* (1966). Su poesía ha sido calificada de formalista y personal, con una diversidad envidiable dentro del perímetro de su clasicismo y su invitación a una constante reflexión.

Entre los reconocimientos recibidos por Richard Wilbur resaltan el Premio Wallace Stevens, el Premio Aiken Taylor de Poesía Estadounidense Moderna, la Medalla Frost, la Medalla de Oro por su poesía de la Academia Estadounidense de las Artes y las Letras, dos Premios Bollingen, el Premio T. S. Eliot, el Premio de Poesía Ruth Lilly, el Premio de la Fundación Ford, dos becas Guggenheim, el Premio Edna St. Vincent Millay Memorial, el Premio Shelley Memorial, el Premio Harriet Monroe Memorial, la Medalla de Honor de Literatura del Club Nacional de Arte, dos Premios del PEN por su traducciones, así como la beca Prix de Rome. Nombrado *Chevalier de l'Ordre des Palmes Académiques* en Francia, fue designado Poeta Laureado de Estados Unidos para el periodo 1987-1988. Richard Wilbur también fungió como Canciller de la Academia de Poetas Estadounidenses de 1961 a 1995. Falleció en Belmont, Massachusetts, el 14 de octubre de 2017.

Un símil para su sonrisa


Tu sonrisa, o la esperanza, el pensamiento de eso,
Produce en mi mente tal pausa y abrupta tranquilidad
Como cuando las barras de la autopista caen,
Obstaculizando el tráfico apresurado, que debe detenerse
A cada extremo, en masa, con la mirada atenta, mientras
Comienza a subir deliberadamente el puente levadizo:

Entonces las bocinas se silencian, el humo de aceite se enrarece,
Por encima de los motores parados uno puede predecir
El acercamiento suave del paquete, el deslizamiento,
Deslizamiento del río de seda más allá de las orillas,
El sonido de campanas claras, la zambullida
Y lenta cascada de la rueda del remo.



El amor nos llama a las cosas de este mundo


      Los ojos se abren a un grito de poleas,
Y arrebatada al sueño, el alma atónita
Pende por un momento incorpórea
Como falso amanecer.
                Fuera de la ventana abierta
El aire de la mañana está repleto de ángeles.

      Algunos están con sábanas, algunos están con blusas,
Algunos están con batas, pero verdaderamente allí están.
Ahora se están levantando juntos en olas tranquilas

Con sensación de felicidad, llenando lo que sea que usan
Con el júbilo profundo de su respiración impersonal;

    Ahora están volando en su lugar, transmitiendo
La terrible velocidad de su omnipresencia, moviéndose
Y quedando como agua blanca; y ahora de repente
Bajan en picado a tal éxtasis de quietud
Que nadie parece estar allí.
                      El alma se encoge

    De todo lo que está por recordar,
Desde la violación puntual de cada bendito día,
Y llora:
       «Oh, que no haya nada en la tierra excepto ropa,
Nada más que manos rosadas en el vapor ascendente
Y claras danzas hechas a la vista del cielo».

    Sin embargo, como el sol reconoce
Con una mirada cálida los pedazos y colores del mundo,
El alma desciende una vez más en amargo amor
Para aceptar el cuerpo que despierta, diciendo ahora
En una voz cambiada mientras el hombre bosteza y se levanta:
      «Tráiganlos de su horca rubicunda;
Que haya lino limpio para las espaldas de los ladrones;
Dejen que los amantes se vayan frescos y dulces a su perdición,
Y que las monjas más pesadas caminen en un puro flotar
De hábitos oscuros,
               manteniendo su difícil equilibrio».

## Todas estas aves

                Convengamos que todas estas aves,
Halcón o alondra celestial o conocido ruiseñor,
      Actúan sobre las cuerdas de barrilete de nuestra vista,
      En una falsa distancia, que el día y la noche
      Estén llenos de palabras aladas
                          que huyen sin dejarse atrapar,
         Que nada esté tan gastado
         Como la espina del pecho de Filomela,

         Que es, de hecho, el macho
Ruiseñor el que canta, y que todas estas criaturas usan
      Una armadura invisible como Hébert contemplaba
      Su mirlo de agua a través, como, envuelto o pelado
      En un velo transparente de barriga
                          o burbuja de aire,
         Desafió a la inundación para alimentarse
         En el fondo de la corriente. Convengamos

         Que el cielo es un claro enorme
En el que la gaviota, a pesar de las apariencias, no está
      Menos enclaustrada que la ostra en su pico
      Y se zambulle como algo no humano; que en vano
         buscamos
      Conocer a la garza
                      (pero puede tramar
         Qué ángulo de la luz
         Provoque su vuelo hacia el norte).

         Deja que sean políglotas
Y no tener palabras, entonces, estas ramas que hablaban con

Salomón
　　　　En los cánticos hebreos, y lo hicieron sabio;
　　　　Y deja que surja un viento claro y amargo
　　　　Para asaltar los semilleros
　　　　　　　　　　　　　　del sol,
　　　　　　Y allí, más allá de toda duda,
　　　　　　Derrotar al Fénix.

　　　　　　Vamos, con vidrio o pistola,
A observar (desde nuestras ingeniosas persianas) a los monstruos
　　　del cielo
　　　　　Reducirse a hábito, hábitat y canción,
　　　　　Y a decir a la imaginación que está mal
　　　　　Hasta, a no ser que se deshaga,
　　　　　　　　　　　　　　que teje una mentira
　　　　　　Tan fresca, tan pura, tan rara
　　　　　　Como para poseer el aire.

　　　　　¿Por qué debería ser más tímida
Que esas cigüeñas que anidan en la chimenea o los gorriones de la
　　　pared?
　　　　　Oh, deja que suba donde pueda aferrarse
　　　　　Como una gran enredadera de trompeta, algo natural
　　　　　A lo que todas las aves que vuelan
　　　　　　　　　　　　　　　llegan por instinto.
　　　　　Vengan, forastero, hermana, paloma:
　　　　　Pónganse las riendas del amor.

## Un gusano como medida

Esta oruga amarilla con rayas verdes,
Gusano que trepa
La empinada mosquitera,

Constantemente (por falta
De un conjunto completo de patas) se mantiene
Galopando por su espalda.

Es como si enviara
Mediante una especie de semáforo
Oscuras omegas destinadas

A alertar sobre las últimas cosas.
Aunque no lo sabe,
Pronto tendrá alas,

Y yo tampoco sé
Hacia qué condición inimaginable
Pulgada por pulgada voy.


## Terza Rima

En esta gran forma, como Dante probó en el infierno,
No hay cosa terrible que no se pueda decir
De paso. Aquí, por ejemplo, uno podría decir

Cómo nuestro jeep patinó de lado hacia el
Soldado enemigo muerto con la mirada fija,
Dando tumbos cuando le golpeó su cabeza,

Y luego voló, como si se dirigiera al Paraíso.

1990-1991:
MARK STRAND
[1934-2014]

Mark Strand nació en Summerside, en la Isla Prince Edward, Canadá, el 11 de abril de 1934. Creció en varias ciudades de Estados Unidos y en Colombia, México y Perú. Recibió su primer título universitario (BA) en el Antioch College, Ohio, en 1957, y luego estudió en la Universidad de Yale, donde recibió los premios Cook y Bergin, además de obtener su grado en Bellas Artes (BFA) en 1959, tras lo cual estudió durante un año poesía italiana del siglo XIX en la Universidad de Florencia con una beca Fulbright. En 1962 recibió su maestría en la Universidad de Iowa. Desde entonces enseñó a lo largo de su vida en varias universidades, incluyendo Yale, Princeton, Harvard y, más tarde, la Universidad Johns Hopkins, la Universidad de Chicago y la Universidad de Columbia. Pasó un año en Brasil, en 1965, como profesor Fulbright.

Fue autor de numerosas colecciones de poesía, desde su primer poemario *Sleeping with One Eye Open* (1964), que introdujo su aproximación peculiar a la poesía y su característico eje temático de la ansiedad. Luego aparecieron sus colecciones *Reasons for Moving* (1968), *The Story of Our Lives* (1973) y *The Late Hour* (1978), cuya oscuridad y preocupación por la muerte también marcaron un rumbo rilkiano entre la belleza y el terror. Éste quedó igualmente reflejado en sus posteriores publicaciones poéticas: *Selected Poems* (1980), una década después *The Continuous Life* (1990), *Dark Harbor* (1993), *Blizzard of One* (1998), con el que ganó el Premio Pulitzer, *Man and Camel* (2006), *New Selected Poems* (2007), *Almost Invisible* (2012), *Collected Poems* (2014), todos ellos con su modalidad de lenguaje preciso, imágenes surrealistas al estilo de Robert Bly (o Max Ernst, Giorgio de Chirico, René Magritte) y el tema recurrente de la ausencia y la negación. De acuerdo con los críticos, en sus últimas colecciones Strand se dedicó particularmente a investigar ideas de sí mismo con agudeza e ingenio urbano.

También publicó varios volúmenes de traducción (con obras de Rafael Alberti y Carlos Drummond de Andrade, entre otras), algunos libros en prosa (*The Weather of Words*, 2000), monografías sobre artistas contemporáneos y libros de crítica de arte, entre ellos *The Art of the Real* (1983) y *William Bailey* (1987), así como tres libros de literatura infantil: *The Planet of Lost Things* (1982), *The Night Book* (1985) y *Rembrandt Takes a Walk* (1986). Asimismo editó una serie de volúmenes bajo el título *Another Republic: Seventeen European and South American Writers* (con Charles Simic, en 1976), *The Best American Poetry* (1991), *The Golden Ecco Anthology* (1994), *100 Great Poems of the Twentieth Century* (W. W. Norton, 2005). Coeditó con Eavan Boland la antología *The Making of a Poem: A Norton Anthology of Poetic Forms* (2000).

Entre sus reconocimientos figuran el Premio Bollingen, el Premio de la Fundación Rockefeller, tres becas del National Endowment for the Arts, el Premio de la Academia Estadounidense de las Artes y las Letras, el Premio Wallace Stevens, la beca de la Academia de Poetas Estadounidenses, el Premio Edgar Allen Poe de dicha academia, así como becas de las fundaciones MacArthur e Ingram Merrill. Fue nombrado Poeta Laureado de Estados Unidos para el periodo 1990-1991 y Canciller de la Academia de Poetas Estadounidenses entre 1995 y 2000. En sus últimos años, Strand se dedicó más al arte y a la pintura que a la poesía. Falleció el 29 de noviembre de 2014 en Nueva York.

## Mantener las cosas íntegras

En un campo
yo soy la ausencia
del campo.
Siempre
es así.
En donde sea que esté
yo soy lo que falta.

Cuando camino
corto el aire
y siempre
el aire se mueve hacia mí
para llenar los espacios
en donde mi cuerpo ha estado.

Todos tenemos razones
para movernos.
Yo me muevo
para mantener las cosas íntegras.

## Comiendo poesía

La tinta corre por las comisuras de mi boca.
No hay felicidad como la mía.
He estado comiendo poesía.

La bibliotecaria no puede creer lo que ve.
Sus ojos están tristes
y camina con las manos en su vestido.

Los poemas se han ido.
La luz es débil.
Los perros están subiendo por las escaleras del sótano.

Sus ojos dan vueltas,
sus patas rubias arden como rastrojos.
La pobre bibliotecaria comienza a patalear y solloza.

No entiende.
Cuando me arrodillo y lamo su mano,
ella grita.

Soy un hombre nuevo.
Le gruño y ladro.
Retozo con júbilo en la oscuridad libresca.



**Los vestigios**


Me deshago de los nombres de otros. Vacío mis bolsillos.
Vacío mis zapatos y los dejo al lado del camino.
Por la noche atraso los relojes;
abro el álbum de familia y me veo de niño.

¿Deja algo bueno esto? Las horas han hecho su trabajo.
Digo mi propio nombre. Digo adiós.

Las palabras una tras otra se van con el viento.
Quiero a mi esposa pero le digo que se vaya.

Mis padres se levantan de sus tronos
en las habitaciones lechosas de nubes. ¿Cómo puedo yo cantar?
El tiempo me dice lo que soy. Cambio y soy el mismo.
Me vacío de mi vida y mi vida permanece.


**La llegada de la luz**


Incluso así de tarde, esto sucede:
la llegada del amor, la llegada de la luz.
Te despiertas y las velas están encendidas como por sí mismas,
los astros se juntan, los sueños se vuelcan en tus almohadas
enviando cálidos ramilletes de aire.
Incluso así de tarde los huesos del cuerpo resplandecen
y el polvo del mañana destella en el aliento.

1991-1992:
JOSEPH BRODSKY
[1940-1996]

Iosif Alexandrovich Brodsky, mejor conocido como Joseph Brodsky, nació en Leningrado, en la URSS, el 24 de mayo de 1940. Autodidacta desde que abandonó sus estudios de secundaria, cuando tenía veinticuatro años fue condenado a un campo de trabajo soviético, acusado de parasitismo social, y perseguido por ser judío, aunque no se identificaba con dicho origen.

En 1972, siete años después de ser liberado, emprendió el camino al exilio y se mudó a Michigan, donde, con la ayuda del poeta W.H. Auden, se instaló en la Universidad de Michigan, en Ann Arbor, como Poeta Residente. De allí surge su primer poemario en inglés, *Poems* (1972). Enseñó luego en varias universidades, incluyendo el Queens College de Nueva York, Yale, Columbia, Cambridge y el Mount Holyoke College de Massachusetts. En 1977 obtuvo la nacionalidad estadounidense. Con anterioridad había aprendido inglés y polaco para así poder traducir los poemas de dos de sus autores favoritos, John Donne (como lo demuestra en su *Elegy for John Donne and Other Poems*, 1967) y Czeslaw Milosz, además de traducir sus propios poemas y los de otros poetas rusos.

Su poesía, caracterizada por su independencia y una mordaz originalidad, fue admirada por numerosos poetas, entre ellos su compatriota soviética Anna Ajmátova. Sus *Selected Poems*, publicados en versión inglesa en 1973, reúnen una importante colección de su poesía. Posteriormente aparecieron sus *Selected Poems* (1992) y *Collected Poems in English* (2000). El volumen de ensayos titulado *Less than One: Selected Essays* recibió el Premio de la Crítica en 1986; ese mismo año publicó un libro de poemas que llevaba por título *History of the Twentieth Century*, mientras que en 1988 vio la luz *To Urania*. Acerca de la traducción de George L. Kline de *Selected Poems, Joseph Brodsky*, Stephen Spender dice: «estos poemas son impresionantes en inglés, aunque a uno lo dejan imaginándose el virtuosismo técnico de la rima brillante de los originales...».

En *A Part of Speech*, publicado en 1980, Brodsky recogió el trabajo de varios traductores, corrigiendo algunas de las versiones en inglés a efectos de recuperar el carácter de la versión original. En prosa también publicó *Watermark* en 1992 y *On Grief and Reason: Essays* en 1995. En el género dramático creó en 1989 la pieza *Marbles* y en 1991 *Democracy!*

Brodsky vivió en Nueva York y durante parte del año daba clases de literatura en el Mount Holyoke College. En 1981 obtuvo una beca de la Fundación MacArthur. En 1987 fue galardonado con el Premio Nobel de Literatura y fue nombrado Poeta Laureado de Estados Unidos para el periodo 1991-1992.

Precisan los críticos que, entre sus principales influencias, destacan los clásicos rusos, los metafísicos ingleses y los poetas polacos modernos, además de escritores como Marcel Proust, Auden y Herman Melville. Un poco antes de su muerte, Brodsky completó *So Forth*, una colección de poemas que escribió en inglés o tradujo de los que había escrito en ruso. Falleció en Nueva York el 28 de enero de 1996, a los cincuenta y cinco años de edad. Póstumamente se publicaron: en 1999, *Discovery;* en 2000, *Collected Poems in English, 1972-1999*, editado por Ann Kjellberg; y, en 2001, *Nativity Poems*. Según la reseña publicada en el *Times Literary Supplement*, la poesía de Brodsky «es religiosa, íntima, deprimida, a veces confusa, otras con conciencia de mártir, en ocasiones elitista, pero nunca constituye una ofensa a la Unión Soviética ni a su ideología, a no ser que se considere el retiro y el aislamiento como un ataque; por supuesto, pueden serlo y evidentemente lo fueron».

Seis años después

Tanto tiempo la vida había transcurrido juntos que ya
el dos de enero volvió a caer
en martes, haciendo que su ceja, asombrada,
se levantara como un limpiaparabrisas en la lluvia
      para que su neblinosa tristeza despejara y mostrara
      el camino hacia delante esperando.

Tanto tiempo la vida había transcurrido juntos que una vez
la nieve comenzó a caer, parecía interminable;
a fin de evitar que los copos cerraran sus párpados,
los protegí con mi mano aunque ellos, pretendiendo
      no creer que aprecio los ojos,
      golpetearan mi palma como mariposas.

Era tan extraña que toda novedad parecía lejana
que los enredos del sueño avergonzarían
cualquier profundidad que un analista interpretase
y cuando mis labios soplaban la vela,
      sus labios, aleteando desde mi hombro, buscaban
      unirse con los míos, sin más pensamiento.

Tanto tiempo la vida había transcurrido juntos que toda
esa camada harapienta de rosas tapizadas se había ido
y un bosquecillo de abedules creció en la pared,
y teníamos dinero, por casualidad,
      y como lenguas en el mar, durante treinta días,
      el ocaso amenazaba a Turquía con su incendio.

Tanto tiempo la vida había transcurrido juntos sin
libros, sillas, utensilios –sólo esa cama vieja–

que el triángulo, antes de que se produjera,
había sido una perpendicular, la cabeza
    de algún conocido rondando sobre
    dos puntos a los que el amor había unido.

Tanto tiempo la vida había transcurrido juntos que ella
y yo, con nuestras sombras conjuntas, habíamos compuesto
una puerta doble, una puerta que, incluso si nosotros
nos hubiésemos perdido en el trabajo o en el sueño, estaba
    siempre cerrada:
    de alguna manera sus hojas se abrieron e íbamos derecho
    a través de ellas hacia el futuro, hacia la noche.


**Anno Domini**


Las provincias están celebrando la Navidad.
La mansión del gobernador general está adornada
con muérdago, las antorchas humean junto a la entrada.
En las calles, empujones y diversión.
Una alegre, ociosa, sucia, bulliciosa
multitud se amontona en la parte trasera de la mansión.

El gobernador general está enfermo. Yace
en un sofá, envuelto en un chal de Alcázar,
donde una vez sirvió, y sus pensamientos se vuelven
a su esposa y a su secretaria,
que reciben a invitados abajo en el salón.
No está realmente celoso. En este momento

es más importante para él retirarse
a su caparazón de enfermedad, sueños, el aplazamiento de
su transferencia a la capital. Y dado que
él sabe que la multitud no precisa en absoluto
de libertad para celebrar su fiesta
por esta misma razón permite

incluso que su esposa sea infiel. ¿Qué
pensaría de ello si los ataques del tedio
no lo acosaran o si amara?
Un frío temblor recorre sus hombros,
se saca de encima estos pensamientos alarmantes.
En el salón, el jolgorio amaina

pero no termina. Liados con bebida,
los líderes de las tribus miran vidriosos
hacia una distancia ahora desprovista de enemigos.
Sus dientes, expresivos de su furia,
fijos en una sonrisa que es como una rueda
detenida por frenos; y un sirviente

los está cargando de comida. En su sueño
clama un comerciante. A retazos se escucha una canción.
La esposa y el secretario del gobernador general
se deslizan hasta el jardín. Y en la pared
el águila imperial, como un murciélago, mira hacia abajo,
atiborrándose con el hígado del gobernador general.

Y yo, un escritor que ha visto mundo,
que ha cruzado el ecuador en un asno,
miro por la ventana a las colinas dormidas
y pienso en la identidad de nuestras tribulaciones:

el emperador no lo verá. Yo no seré
visto por mi hijo ni Cynthia... Y nosotros

aquí pereceremos. La arrogancia no aumentará
nuestro amargo destino al nivel de probar
que estamos hechos a imagen del Creador.
La tumba nos volverá a todos iguales.
Así que, mientras estemos vivos, ¡seamos diferentes!
Por qué razón debemos apresurarnos desde la mansión,

no podemos juzgar a nuestra patria. La espada de la justicia
se mantendrá firme en nuestra desgracia personal:
los herederos, el poder, están en manos más fuertes...
¡Qué bueno que los barcos no navegan!
¡Qué bueno que el mar se está congelando!
¡Qué bueno que los pájaros en las nubes

sean demasiado frágiles para esos marcos tan confusos!
Por eso, nadie tiene la culpa.
Pero tal vez nuestros pesos serán
exactamente proporcionales a sus voces.
Por consiguiente, déjenlos volar a nuestra tierra natal.
Por lo tanto, déjenlos que nos griten a nosotros.

Mi país... señores extranjeros,
que visitan a Cynthia, se inclinan
sobre la cuna como magos de los últimos días.
El bebé duerme. Una estrella brilla
como un carbón bajo una fuente fría.
Y los visitantes, sin tocar su cabeza,

reemplazan el halo con una aureola de mentiras,
y el Nacimiento Virginal por chismes,

por el fallecimiento del padre en silencio...
La mansión se vacía. Las luces en cada piso mueren.
Primero una, luego otra. Finalmente, la última.
Y sólo dos ventanas en todo el palacio

están encendidas: la mía, donde, de espaldas a la luz de las
      antorchas,
miro cómo se desliza el disco de la luna
sobre los árboles que crecen esparcidos, y veo
a Cynthia, la nieve; la mansión del gobernador general, donde
él lucha silenciosamente toda la noche con su enfermedad
y mantiene el fuego ardiente para ver a su enemigo.

El enemigo se retira. La tenue luz del día,
apenas saliendo en el Este del mundo,
se desliza por la ventana, esforzándose
para ver lo que está sucediendo dentro,
y, encontrándose con los restos de la fiesta,
titubea. Pero prosigue su camino.


**Canción de amor**


Si te estuvieras ahogando, acudiría a salvarte,
      a cubrirte con mi manta y servirte té caliente.
Si yo fuera comisario, te arrestaría
      y retendría en una celda con candado y llave.

Si tú fueras un pájaro, grabaría un disco
      y escucharía durante toda la noche tu trino agudo.

Si yo fuera sargento, tú serías mi recluta
    y, vaya, sé que te encantaría la rutina.

Si tú fueras china, aprendería tu idioma,
    quemaría mucho incienso, vestiría ropas divertidas.
Si tú fueras un espejo, asaltaría el baño de señoras,
    te daría mi lápiz rojo de labios y soplaría tu nariz.

Si te gustaran los volcanes, yo sería lava
    en constante erupción desde mi oculto origen.
Y si tú fueras mi esposa, yo sería tu amante
    porque la iglesia está firmemente en contra del divorcio.

## 1992-1993:
## Mona Van Duyn
[1921-2004]

Mona Van Duyn nació el 9 de mayo de 1921 en Waterloo, Iowa, y creció en el pueblo de Eldora, Iowa. Se graduó en Letras (BA) en el Iowa State Teachers College y obtuvo una maestría en la Universidad de Iowa. En esta última conoció a Jarvis Thurston, con quien se casó en 1943. Juntos fundaron en 1947 *Perspective: A Quarterly of Literature and the Arts*, que coeditó hasta 1975. Fue conferencista por mucho tiempo en la Universidad de Washington en St. Louis, Missouri, en el marco del programa de educación para adultos, siendo nombrada en 1987 Hurst Professor.

En 1959, apareció la primera publicación de poemas de Mona Van Duyn, *Valentines to the Wide World*, a la que siguió *A Time of Bees*, publicada en 1964 como parte de la Serie de Poetas Contemporáneos de la Universidad de Carolina del Norte. Estableció una estrecha amistad con el poeta James Merrill y mantuvieron entre 1964 y 1981 una correspondencia regular que incluyó el intercambio de poemas por correo.

En 1970, Van Duyn publicó *To See, To Take*, que recibió el Premio Nacional del Libro en 1971, seguido por *Bedtime Stories* (1972), una serie de recuerdos relatados desde la perspectiva de la abuela de la autora y relacionados con el dialecto germánico de la narradora, textos caracterizados por Lorrie Goldensohn como de «domesticidad agraria». Los volúmenes posteriores de Mona Van Duyn son *Merciful Disguises: Poems Published and Unpublished* (1973), que incorpora la mayor parte de sus primeros cuatro libros, *Letters from a Father, and Other Poems* (1982), una serie de seis poemas estructurados como cartas de padre a hija, *Near Changes* (1990), por el que ganó el Premio Pulitzer y en el que sobresale el poema celebratorio de sus cincuenta años de matrimonio con Thurston, titulado «Late Loving».

Sus colecciones posteriores incluyen *If It Be Not I: Collected Poems, 1959-1982* (1994), *Firefall* (1994), con sonetos minimalistas, y *Selected Poems* (2003). Elizabeth Frank describió a Mona Van Duyn como «una poeta que, en general, trata más arduamente que todos sus contemporáneos de sonsacar una afirmación del desperdicio y el agotamiento de la vida moderna». La misma Van Duyn ha afirmado: «Yo creo que la buena poesía puede ser tan ornamentada como una catedral o tan sobria como el cobertizo de un jardín, siempre que afronte el propio yo con honestidad y plenitud. Nadie nace con la capacidad de hacer frente a este desafío, ya sea desde la poesía o desde cualquier otro lugar; el oficio de la escritura íntima es simplemente un esfuerzo continuo por incrementar nuestra pericia en esto».

Se le otorgaron a Van Duyn los Premios Bollingen, Hart Crane Memorial Award, Ruth Lilly Prize, el Premio Loines del Instituto Nacional de Artes y Letras, el Premio Shelley Memorial, el Premio Harriet Monroe Memorial y el Eunice Tietjens, además de diversas becas procedentes de la Academia de Poetas Estadounidenses, la Academia Estadounidense de las Artes y las Letras, la Fundación Guggenheim y el National Endowment for the Arts. Fue elegida Canciller de la Academia de Poetas Estadounidenses en 1985, y nombrada Poeta Laureada de Estados Unidos para el periodo 1992-1993, año en que también fue incluida en el Camino de la Fama de St. Louis. Mona Van Duyn falleció el 1 de diciembre de 2004 en St. Louis, donde residía desde 1950.

## Muerte por estética

Aquí está el doctor, un amante abstraído,
vestido como una virgen, viniendo a cumplir con la cita.
La paciente había llegado temprano; es encantadora, pero así y
    todo
está enferma, sus instrumentos estarán de acuerdo en esto.

¿Es éste el lugar, se pregunta, y es él el indicado?
Sí, el amor es el sanador, la desnudará,
y toda su maquinaria de definición
le dice que su experiencia es aquí costosa,

así que se tranquiliza. El doctor se acerca
y se inclina hacia su corazón. Pero ella lo ve brotar como un árbol
con ramitas metálicas en sus dedos y brotes de cromo
en su ojo y oído para la ceremonia estéril.

Oh aprieta y aprieta el engomado apretujón de su brazo.
«Ahhh» ella suspira con un toque frío en la lengua.
De los tubos sube su aliento, llorando, mientras sobre ella,
espalda y pecho, él mueve su pulgar plateado.

Su fluoroscopio la abraza. Blanda, desmedida,
desordenada. Yace tendida mientras él desvela
su enfermedad, pero un tallo de vidrio protege las yemas de los
    dedos
de su calor, ni él se contagiará de su resfrío.

La pela. Debajo de la envoltura epidérmica
su cuerpo es el mismo arbusto azul. Hermosos canales

fluyen como una escena de tarjeta postal que se le envía a
 menudo.
Él cuenta los *tiptup*, *tiptup* de sus obedientes válvulas.

El dolor se esconde como un pecador en su malla de nervios.
¡Pero sus síntomas constelan! Rápidamente él se calienta
hasta su consumación, mientras que la fiebre de ella se enciende
en su mecha de vena, su malvada sangre arde.

Él le da un papel. «Adiós. Vive quietamente,
haz algunos nuevos amigos. He visto estos casos obstinados
curarse con el tiempo. Mi factura llegará. Querida señora,
ha sido un diagnóstico muy agradable».

Ella se aferra, pero sus dedos se deslizan sobre su bata
 almidonada.
«¡No me dejes! ¡Apréndeme! Si esto es todo, has estafado
a todo mi botín de significado, ¿dónde está mi cariño?
Poro contra poro, los delicados pelos se mezclaron,

con células y ligamentos, tejido doblado en hueso,
encuéntrame, siente cómo se siente mi cuerpo,
y en mi abundancia de rocíos, flujos y estaciones,
orificios, en mis desechos y olores

mira mi propio yo. El yo en las piedras secretas que irrité
para formar en mi vejiga. En un sueño yo pesqué
el dolor que se alimenta en el débil lodazal de mi estómago.
Esta tierna hinchazón es el brote de mi deseo helado.

Busca el tejido de cicatrices de mi mente.
El icor corre tan súbitamente hacia la muerte,

escupe tu texto y prueba mi textura viviente.
Suda para cazarme con amor y quemarte conmigo».

Pero él se ha ido. «No me toques» fue todo lo que respondió.
«Separación», dice el periódico. El mundo, nosotros suplicamos,
la mantendrá aunque ella está atrapada en sus sentidos
     palpitantes,
los insectos todavía nadan en su aliento, ella brilla con su plaga.


## Amor tardío

> Lo que Cristo estaba diciendo, a lo que se refería [en la historia de María y de Marta], era que los placeres de aquel cabello, de aquel perfume, deben ser tomados. Porque los accidentes de la muerte nos privarán de ellos demasiado pronto. No debemos privarnos nosotros mismos, ni nuestros amados, del lujo de nuestros extravagantes afectos. No debemos tratar de dudar por segunda vez la muerte, privándonos de amar a aquellos a quienes amamos...
> 
> MARY GORDON, *Final Payments*

Si en mi mente me caso contigo cada año
es para calmar una extravagancia del amor
con costumbre apagada, pues él se enciende feroz
y salvaje cuando olvido que vivimos
en habitaciones dobles cuya temperatura es controlada
por el termostato apagado del matrimonio.
Necesito la mnemotecnia, ahora que somos viejos,
de juramento y ley para recordarlo.
Nuestros perros están muertos, nuestro hijo nunca se hizo
     realidad.
Yo podría utilizar, en mi falta de juicio,

todo el suministro humano de calor sobre ti
antes de poder pensar en los otros y desviarme.
«El amor» es encontrar el familiar querido.
«Enamorado» es que te tomen de sorpresa.
A veces en la sospechosa cara que utilizas
y otras en la apreciación de tus ojos,
tú cambias, y con una nueva palabra, dulce o hiriente,
encuentras nuevas entradas a mi más íntimo nervio.
Cuando te paras frente a la estufa, soy yo quien más se excita.
Cuando terminas de trabajar yo descanso sin reservas.
En el día, algunas veces, nuestra carrera con tres piernas parece
    lenta.
Discusión adelante, nos fastidiamos por estar tan cerca.
Pero durante toda la noche nos recostamos como cuartos
    crecientes de velcro,
volteándonos juntos hasta que nos re-adherimos.
A partir de ti, con pasos largos y una mejor visión,
veo más claramente la línea final, avivo
mi yo apresurado para mantenerlo en condiciones,
con luz y renunciando de por vida a comidas de humo.
Como cuando un coleccionista atrapa dos monarcas de una
sola vez, cuyos frescos vuelos de ida y vuelta de uno hacia el otro
quedan enrejados, así en nuestros votos yo re-imagino,
yo re-invoco aquello que nos mantiene mutuamente estancados.
Lo que intentas dar es más de lo que yo quiero recibir,
aun así cada mes cuando recoges las tijeras para nuestra cita
y mi cabello recortado cae y cubre tus pies, creo
que la casa se ha llenado de nuevo con el olor del perfume.

Para William Clinton, presidente electo

I.

En un pequeño museo de Florencia, un gran creador,
Miguel Ángel, ha dejado su imagen de David.
Por encima de una plataforma de mármol, su blanca, pura,
desnuda belleza de mármol resplandece con una luz brillante.
Él se eleva y brilla frente a nosotros, perfecto en cuerpo,
de rostro claro, perfecto en espíritu también,
porque sabemos quién es él: el héroe, joven y solo,
que destruye un mal gigantesco con una piedra tirachinas.
El tiempo no puede manchar su forma ni borrar su historia.
El aliento atrapado en su primera vista, la lágrima
que su ser sin fallas perfecto trae al ojo exaltado
durará mientras los hombres respiren y vean. Esto no puede morir.

II.

A cierta distancia de «David», iluminado sólo por la luz del día,
se encuentra el otro trabajo del maestro en este museo.
Intrigado, uno se vuelve hacia él, un gran y opaco peñasco
de cuyo lado más ancho, acuñadas hombro a hombro,
un grupo de personas surge de la roca.
Parecen escurrirse hacia el «David», pero están detenidas,
parte de sus cuerpos permanecen en la piedra sin forma.
¿Un trabajo sin terminar? ¿Punto cerrado? ¿Sus intenciones son
    desconocidas?
Pero espera. Son hombres y mujeres como nosotros.
Sus líderes están incrustados entre ellos, presionando con fuerza

hacia la libertad y la luz de su frente, mas atrapados como el
    resto
en la masa dura, la masa de la falta de forma,
que contiene, sin duda, más atrás, muchos otros
profundamente escondidos o con sólo un brazo o mano
extendidos. Es la masa de la necesidad, de los errores,
de los accidentes, del amor defectuoso, de los terremotos,
de la devastación del espíritu, de las pérdidas, las necesidades
    terribles,
la falta de empatía, la soledad, la avaricia, la envidia, el duro
    anti-arte de la condición humana.


III.

Que nuestros líderes contengan en sus corazones un pequeño
    museo
que conserve para todos nosotros la doble verdad de El Gran
    Creador,
a medida que nos esforzamos juntos, imperfectos en acto y plan,
hacia la libertad, hacia la luz, hacia la idea perfecta del hombre.


**Temblores de tierra se sintieron en Missouri**

El terremoto de anoche no fue nada personal,
me dijiste esta mañana. Creo que uno siempre se pregunta,
a menos que, por supuesto, algo sea visible: los temblores
que nos suceden, privados y queramos o no, son habituales.

Pero la tierra dijo anoche que lo que yo siento,
tú sientes; que lo que te mueve en secreto, me mueve a mí.
Una pequeña y sensual catástrofe
hace letras de suposiciones, deletreadas en un temblor mundano.

La tierra, con otros en ella, gira a su ritmo
mientras nos volvemos el uno hacia el otro, menos que nosotros
     mismos, groseros,
desconsiderados, más de lo que fuimos. Piedrecitas, hacemos crecer
a los planetas, acercando el retumbo universal,
en nuestro engreimiento que incluso abarca al sol,
cuya brillante experiencia deja a los hombres fríos, desconsolados.

## 1993-1995:
## Rita Dove
[1952-]

Rita Dove nació el 28 de agosto de 1952 en Akron, Ohio. Sus padres, profesionistas destacados, la animaron a leer desde niña y Dove sobresalió en la escuela. Fue elegida «Presidential Scholar», un honor reservado para los cien mejores estudiantes de secundaria en el país, e ingresó en la Universidad de Miami, en Ohio, donde se graduó en Letras (BA) con *summa cum laude*. Tras su graduación, con una beca Fulbright estudió en la Universidad de Tubinga, Alemania, y luego obtuvo una maestría en Bellas Artes (MFA) en el Taller de Escritores de Iowa, donde conoció a su esposo, el escritor alemán Fred Viebahn.

Dove debutó literariamente en 1980 con la publicación de su poemario *The Yellow House on the Corner*, que exhibe su peculiaridad de combinar la historia y los eventos sociopolíticos con detalles individuales y familiares, lo cual se observa a lo largo de su larga producción literaria y puede comprobarse en algunas de sus obras: la novela en verso *Thomas and Beulah* (1986), que ganó el Premio Pulitzer y fue convertida en ópera, estrenada en el Museo de Arte Contemporáneo de Chicago en 2001, así como *On the Bus with Rosa Parks* (1999), finalista del Premio Nacional del Círculo de Críticos Literarios, y *Sonata Mulattica* (2009). El acervo de libros de poesía que Dove nos ha legado incluye, asimismo, *Grace Notes* (1989), *Selected Poems* (1993), *Mother Love* (1995), *American Smooth* (2004), en el que refleja sus experiencias sobre el baile de salón (al respecto, Emily Nussbaum dijo acerca de la autora: «Para Dove, el baile es un paralelo explícito de la poesía»), y *Collected Poems 1974-2004* (2016), finalista del Premio Nacional del Libro.

Además de poesía, Rita Dove ha publicado el libro de cuentos *Fifth Sunday* (1985), la novela *Through the Ivory Gate* (1992), ensayos en *The Poet's World* y la obra de teatro en verso *The Darker Face of the Earth* (1994-1996), montada en el Centro John F. Kennedy para las Artes Escénicas de Washington D.C. También editó las antologías *The Best American Poetry 2000* y *The Penguin Anthology of Twentieth-Century American Poetry* (2011).

Dove fue nombrada Poeta Laureada para el periodo 1993-1995, cuando tenía cuarenta años, por lo que fue la poeta más joven en recibir esta distinción, así como la primera afroamericana en desempeñarse en el puesto (Gwendolyn Brooks había sido la primera afroamericana en una posición equivalente cuando ésta aún era denominada Consultora de Poesía para la Biblioteca del Congreso). Luego, en 1999-2000, Dove fue nombrada Consultora Especial para el Bicentenario, en compañía de Louise Glück y W.S. Merwin. También fue designada Poeta Laureada de Virginia para el periodo 2004 y 2006.

Entre sus numerosos reconocimientos, además de los ya mencionados, vale la pena citar el Premio Heinz de Artes y Humanidades en 1996, el Emily Couric Leadership Award en 2003, el Premio de Servicio Distinguido de la Common Wealth en 2006, el Premio (por su trayectoria) de la Biblioteca de Virginia en 2008, la Medalla Fulbright en 2009 y, ese mismo año, el Premio Internacional Capri, así como veinticinco doctorados *honoris causa*, el más reciente de ellos en la Universidad de Yale en 2014. Es Miembro de la Academia Estadounidense de las Artes y las Letras y de la Sociedad Filosófica Estadounidense. El presidente Bill Clinton le otorgó la Medalla Nacional de las Humanidades en 1996 y el presidente Barack Obama la Medalla Nacional de las Artes en 2011. Se desempeñó como Canciller de la Academia de Poetas Estadounidenses entre 2005 y 2011. Actualmente es profesora de inglés en la Universidad de Virginia, donde enseña desde 1989.

«Enséñanos a numerar nuestros días»


En el antiguo barrio, cada salón funerario
es más sofisticado que el anterior.
Los callejones huelen a policías, las pistolas chocando contra sus
    muslos,
cada cámara acerada con una delgada bala azul.

Balcones de alquiler barato apilados hasta el cielo.
Un niño juega al tres en raya en una luna
atravesada por antenas de televisión, sueña

que se ha tragado un poroto azul.
Se enraíza en su intestino, brota
y se enrama hacia arriba, las enredaderas ondulándose
alrededor de las tomas y cerrándolas.

¿Y este cielo, anudándose como una corbata oscura?
El patrullero, desinteresado, sostiene todos los porotos.

Agosto. Las mamás asienten con la cabeza, cada una con un
    corazón espinoso en la manga.



El esclavo de la casa


La primera bocina alza su brazo sobre la hierba con luz de rocío
y en los barrios de esclavos hay un susurro;
los niños están aglutinados en delantales, pan de maíz

y se agarraron las calabazas de agua, se tomaron unas chuletas de
 cerdo con sal.
Los veo conducidos a lo impreciso antes del amanecer
mientras su amante duerme como un escarbadientes de marfil

y Massa sueña con culos, ron y *funk* de esclavos.
No puedo dormirme de nuevo. En el segundo bocinazo,
el látigo se riza en la espalda de los rezagados;

a veces la voz de mi hermana, inconfundible, entre ellos.
«¡Oh! reza», llora, «¡Oh, reza!». En esos días
yo me acuesto en mi cama, temblando en el calor temprano,

y así como los campos se abren hasta la blancura,
y se derraman como abejas entre las gruesas flores,
yo lloro. Todavía no es de día.


**Canario**

*para Michael S. Harper*

La voz ronca de Billie Holiday
poseía tantas sombras como luces,
un candelabro afligido contra un piano elegante,
la gardenia era su firma bajo esa cara arruinada.

(Ahora estás guisando, de la batería al bajo,
cuchara mágica, aguja mágica.
Toma todo el día, si te hace falta,
con tu espejo y tu pulsera de canto).

El hecho es que el invento de las mujeres acorraladas
ha servido para agudizar el amor al servicio del mito.

Si no puedes ser libre, sé un misterio.

### Perséfone cayéndose

Un narcisista en medio de ordinarias y hermosas
flores... ¡Una flor como ninguna otra! Ella jaló,
se inclinó para jalar con más fuerza...
cuando, saliendo fuera de la tierra
en su reluciente y terrible
carruaje, él exigió su pago.
Se acabó. Nadie la oyó.
¡Nadie! Se había desviado de la manada.

(Recuerda: ve derecho a la escuela.
¡Esto es importante, déjate de tonterías!
No contestes a extraños. Pégate
a tus compañeros de juegos. Mantén tus ojos hacia abajo).
Así de fácil el abismo
se abre. Es así como un pie se hunde en la tierra.

## Dorada y exitosa vieja canción

Llegué temprano a casa, sólo para
estancarme en el camino de entrada, meciéndome
al volante como una pianista ciega atrapada por una canción
diseñada para que más de dos manos la toquen.

La letra era fácil, canturreada
por una muchacha que se moría por vivir, por hallar
un sufrimiento suficientemente majestuoso
para sobrevivir. Apagué el aire acondicionado,

me recliné para flotar en una capa de sudor,
y escuché su sentimiento:
*Chico, ¿adónde fue nuestro amor?* Un lamento
que digerí con apetito,

sin la menor idea de quién pudiera ser
mi amante, o dónde empezar a buscarlo.

1995-1997:
ROBERT HASS
[1941-]

Robert Hass nació el 1 de marzo de 1941 en San Francisco, California. Los críticos lo consideran uno de los poetas estadounidenses más interesantes y comprometidos de los últimos tiempos. Durante la década de los cincuenta se acercó a las figuras de Gary Snyder y Allen Ginsberg, hecho que causó su aproximación a la poética *beatnik*. Después de graduarse (BA) en el Saint Mary's College de Moraga, California, en 1963, comenzó a interesarse por el orientalismo y a prestar atención a expresiones literarias como el haiku. Documentó este interés en 1994, año de publicación de *The Essential Haiku: Versions of Basho, Buson, and Issa*. Recibió su maestría y su doctorado en Inglés de la Universidad de Stanford, donde estudió con el poeta y crítico Yvor Winters, quien influyó en su escritura y modo de pensar. Los poetas Robert Pinsky, John Matthias y James McMichael fueron, asimismo, compañeros suyos de estudio.

Tras desempeñarse como profesor en la Universidad de Buffalo en 1967, enseñó en su *alma mater*, el St. Mary's College, de 1971 a 1989, para luego desempeñarse como profesor distinguido de Poesía y Poéticas en la Universidad de California, en Berkeley, donde vive en la actualidad con su esposa, la poeta y activista antibélica Brenda Hillman, profesora del Saint Mary's College of California.

Sus libros de poesía incluyen *Field Guide* (1973), premiado y seleccionado por Stanley Kunitz para la Serie de Poetas Jóvenes de la Universidad de Yale; *Praise* (1979), ganador del Premio William Carlos Williams; *Human Wishes* (1989) y *Sun Under Wood: New*

*Poems* (1996), con el que obtuvo el Premio del Círculo Nacional de Críticos Literarios, siendo el alcoholismo de su madre uno de los temas más relevantes de este poemario; *Time and Materials: Poems 1997-2005* (2007), merecedor del Premio Nacional del Libro y del Premio Pulitzer, así como *The Apple Trees at Olema: New and Selected Poems* (2010). Robert Hass también tradujo, con Czeslaw Milosz, varios volúmenes de poesía, más recientemente *Facing the River* (1995); y es autor o editor de varias colecciones de ensayos y traducciones, incluyendo *Twentieth Century Pleasures: Prose on Poetry* (1984), en el que analiza a escritores estadounidenses como Robert Lowell y James Wright, así como a poetas europeos y japoneses; y *What Light Can Do: Essays on Art, Imagination, and the Natural World* (2012), obra con la que recibió el Premio PEN/Diamonstein-Spielvogel por el Arte del Ensayo.

Robert Hass fue nombrado Poeta Laureado de Estados Unidos para el periodo de 1995 a 1997, desarrollándose como uno de los más activos en la historia de este cargo. Fue Canciller de la Academia de Poetas Estadounidenses desde 2001 hasta 2007. Además de los antes mencionados, recibió en 2014 el Premio Wallace Stevens de la Academia de Poetas Estadounidenses por su maestría en el arte de la poesía, la Beca MacArthur y el Premio Manhae, este último en 2009. Acerca de Hass, la poeta Anne Waldman ha escrito: «Robert Hass es uno de nuestros poetas más humanitarios. Su poesía fluye en el corazón y el intelecto de nuestra conciencia colectiva, recordándonos lo que más importa en este mundo, particularmente en estos momentos tan oscuros y desafiantes».

## Meditación en Lagunitas

Todo el pensar nuevo es acerca de la pérdida.
En eso se parece al antiguo pensamiento.
La idea, por ejemplo, de que cada detalle borra
la luminosa claridad de una idea general.
Que el pájaro carpintero cara de payaso
que está horadando escudriña la corteza muerta tallada
de aquel abedul que es, por su sola presencia,
algún desprendimiento trágico de un mundo primigenio
de luz indivisa. O la otra noción de que,
porque no hay en este mundo una sola cosa
que equivalga a la zarza de la *zarzamora*,
toda palabra es elegía de lo que significa.
De esto hablamos anoche ya tarde y en la voz
de mi amigo había un delgado hilo de pena, un tono
casi de queja. Después de un rato entendí
que, al hablar así, todo se disuelve: *justicia,
pino, cabello, mujer, tú y yo*. Había una mujer
con quien hice el amor y recordé cómo, al tomar
sus pequeños hombros entre mis manos a veces,
sentía un violento asombro ante su presencia,
como una sed de sal, del río de mi niñez
con sus islas de sauces, la tonta música del barco del placer,
zonas pantanosas donde atrapábamos aquel pececillo color
     naranja y plata
llamado *semilla de calabaza*. Apenas si tenía que ver con ella.
Anhelamos, decimos, porque el deseo está lleno
de distancias infinitas. Yo debí ser lo mismo para ella.
Pero cómo recuerdo la manera en que sus manos partían el pan,
lo que su padre le dijo que la había herido, lo que

ella soñaba. Hay momentos en que el cuerpo es tan numinoso
como las palabras, días que son la carne buena prolongándose.
Tal ternura, aquellas tardes y noches
repitiendo *zarzamora, zarzamora, zarzamora.*


Miseria y esplendor


Convocada por un recuerdo consciente, ella
estaría sonriendo, ellos podrían estar en la cocina hablando,
antes o después de la cena. Pero están en esta otra habitación,
la ventana tiene muchos paneles pequeños, y en un sofá
se abrazan. Él la retiene tan fuertemente
como puede, ella se entierra en su cuerpo.
A la mañana, tal vez sea la tarde, la luz
fluye a través de la habitación. Afuera,
el día es lentamente seguido por la noche,
seguido por el día. El proceso se tambalea salvajemente
y acelera: semanas, meses, años. La luz en la habitación
no cambia, entonces está claro lo que está sucediendo.
Están tratando de convertirse en una sola criatura,
y algo no lo permitirá. Ellos son tiernos
entre sí, temen
que sus breves y agudos gritos los reconcilien al momento
cuando se aparten de nuevo. Entonces se frotan el uno contra el
    otro,
sus bocas secas, luego húmedas, luego secas.
Se sienten en el centro de un poderoso
y desconcertado deseo. Sienten

que son casi un animal,
arrastrado a la orilla de un mundo,
o acurrucado contra la puerta de un jardín
al que no pueden aceptar el que nunca puedan ser aceptados.

Tiempo y materiales

GERHARD RICHTER: *Abstrakte Bilder*

1.

Hacer capas,
Como si fueran la regularidad de los días:

Nevaba; hice los recados en un escritorio;
Una ráfaga blanca por la ventana se espesaba; mi lengua
Probaba el pegamento en sobres.

En este día la luz del sol sobre ladrillos rojos, árboles desnudos,
Nada revolviéndose en el aire helado.

En este día una mancha de color se mueve en el gimnasio
Donde el calor de los cuerpos
Se encuentra con la superficie acuosa y fría del vidrio.

Hice el amor, hice curry, hablé por teléfono
A amigos, con uno cuyo hermano murió
Estaba llorando y pensando alternativamente,
Como alguien que se cayese y se levantase
Y corriese y cayese y se levantase.

2.

El objetivo de este poema es no aniquil

Para no aniq

El objeto de este poema es reportar un robo,
    En progreso, de todo

Eso es, no estas palabras
    Y su disposición en la página.

El objetivo d   e este poema es reportar un robo,
    En progres   o de todo lo que existe
Eso es no es   tas palabras
    Y su d   isposición en la página.

El objeto de su poe   es in form   un robo
    En   rogres   d   to   do   qu   xiste
Es   es   no   es   stas   pal bras
    Y su disp   sic   ión e   la pág


3.

Anotar, marcar, manchar, rayar,
Borronear, desdibujar, rasgar, raspar.

«Pintura en acción», esto es,
El pintor consigue comportarse como el tiempo.

4.

El error tipográfico sería «doloroso».

(Erosionar)


5.

O para dar tiempo y pararse afuera
De la prisa horizontal de eso, por un momento
Tener la sensación de estar parado afuera
De la avalancha verdosa de eso.


6.

Un gesto vertical entonces, la forma en que la ira
O el deseo pueden destrozar una vida,

Alguna herida de color.

## 1997-2000:
## Robert Pinsky
[1940-]

Robert Pinsky nació el 20 de octubre de 1940 en Long Branch, New Jersey. Recibió su grado universitario en la Universidad de Rutgers, en New Brunswick, y luego una maestría y un doctorado en Filosofía en la Universidad de Stanford, donde fue Becario Stegner en Escritura Creativa y estudió bajo el tutelaje del poeta y crítico Yvor Winters. Pinsky ha sido considerado uno de los poetas y, a su vez, críticos estadounidenses más destacados. Para Paul Breslin, es uno de los mejores desde Randall Jarrell. Frecuentemente se le conoce como el último de los «cívicos» o poetas públicos, pues su crítica y su poesía reflejan preocupación por la dicción poética contemporánea, a la vez evocadora de una experiencia más vasta con compromiso sociopolítico.

Robert Pinsky es autor de numerosas colecciones de poesía, entre ellas *Sadness and Happiness* (1975), que los críticos comparan con la obra de Rainer Maria Rilke, James Wright y Robert Lowell, *An Explanation of America* (1980), *History of My Heart* (1984), *The Want Bone* (1990), *The Figured Wheel: New and Collected Poems 1966-1996* (1996), ganadora del Premio de Poesía Lenore Marshall de 1997 y nominada para el Premio Pulitzer; *Jersey Rain* (2000), *Gulf Music: Poems* (2007), *Selected Poems* (2011) y la edición bilingüe en inglés y español *Ginza Samba*, a cargo de Luis Alberto Ambroggio.

También es autor de varios libros de prosa, como la novela computarizada *Mindwheel* (1985), *The Situation of Poetry* (1977), *Poetry and the World* (1988), *The Sounds of Poetry* (1998), pequeño volumen que el crítico y poeta James Longenbach califica como «tratado sobre las funciones sociales de la poesía», finalista a su vez del Premio del Círculo Nacional de Críticos Literarios; *Democracy, Culture, and the Voice of Poetry* (2002), en el que resume su análisis sobre la necesidad de la poesía en la cultura democrática actual, uno de los ejes temáticos prevalentes de su obra; *The Life of David* (2006) y *Singing School: Learning to Write (and Read) Poetry by Studying with the Masters* (2014).

Robert Pinsky ha publicado asimismo dos famosas traducciones: *The Separate Notebooks* (1984) de Czeslaw Milosz (con Renata Gorczynski y Robert Hass) y El *Inferno de Dante* (1994), elegido Libro del Mes por el Club de Editores, Premio del Libro del *Los Angeles Times* y Premio de Traducción Harold Morton Landon. En 1999, coeditó la antología *Americans' Favorite Poems: The Favorite Poem Project Anthology* con la poeta y editora Maggie Dietz. Editó además las antologías *Handbook of Heartbreak* (1998), *Poems to Read* (2002) y *An Invitation to Poetry* (2004). Louise Glück afirmó: «Robert Pinsky tiene lo que pienso que Shakespeare debe haber tenido: una destreza combinada con mundanalidad, la rapidez asombrosa del mago fusionada con una inteligencia sutil, más un gusto por las tareas y asignaciones para las que desarrolla soluciones ingeniosas».

De 1997 a 2000, fungió a lo largo de tres mandatos consecutivos como Poeta Laureado de Estados Unidos y Consultor de Poesía para la Biblioteca del Congreso. Sus reconocimientos incluyen el Premio de la Academia Estadounidense de las Artes y las Letras, los Premios William Carlos Williams y Shelley Memorial de la Sociedad de Poesía de Estados Unidos, el Premio de Poesía PEN/ Voelcker Award, así como becas de la Fundación Guggenheim y del National Endowment for the Arts.

Actualmente es editor de poesía de la revista digital *Slate*. Ha enseñado en el Wellesley College y en la Universidad de California, Berkeley, y ahora es en la Universidad de Boston. También fue Canciller de la Academia de Poetas Estadounidenses de 2004 a 2010. Reside en Cambridge, Massachusetts.

**Canto samurái**

Cuando no tuve techo hice
De la audacia mi techo. Cuando no tuve
Cena mis ojos cenaron.

Cuando no tuve ojos escuché.
Cuando no tuve oídos pensé.
Cuando no tuve pensamiento esperé.

Cuando no tuve padre hice
Del cuidado mi padre. Cuando no tuve
Madre abracé el orden.

Cuando no tuve amigo hice
Del silencio mi amigo. Cuando no tuve
Enemigo me opuse a mi cuerpo.

Cuando no tuve templo hice
De mi voz mi templo. No tengo
Sacerdote, mi voz es mi coro.

Cuando no tengo recursos la fortuna
Es mi recurso. Cuando no tenga
Nada, la muerte será mi fortuna.

La necesidad es mi táctica, el desapego
Mi estrategia. Cuando no tuve
Amante cortejé mi sueño.

**Camisa**

La espalda, el canesú, la tela. Costuras dobladas,
Las puntadas casi invisibles a lo largo del cuello
Cosidos en una fábrica clandestina por coreanos o malayos.

Chismoseando en su receso para consumir té o fideos
O hablando de dinero o política mientras uno encajaba
Esta manga con su tejido extra en la banda

Del puño que abotono en mi muñeca. La prensadora, el que corta,
La escurridora, el planchador, la aguja, la unión,
El pedal, el carrete. El código. El infame incendio

En la Fábrica del Triángulo en 1911.
Ciento cuarenta y seis murieron en llamas
En el noveno piso, sin matafuegos, sin escaleras de incendio.

El testigo, en un edificio al otro lado de la calle,
Que observó cómo un muchacho le ayudó a una chica a subirse
Al alféizar de la ventana, y entonces la sostuvo fuera

Lejos de la pared de ladrillos y la dejó caer
Y luego a otra. Como si estuviese ayudándolas
A entrar a un tranvía y no a la eternidad.

Una tercera antes de que él la soltara le puso los brazos
Alrededor del cuello y lo besó. Entonces él la sostuvo
En el espacio y la dejó caer. Casi al mismo instante.

Él mismo se subió al alféizar, su chaqueta en llamas
Y se zafó de su camisa a medida que caía
Con el aire llenándole las piernas de sus pantalones grises

Cual la Bedlamita de Hart Crane, «camisa chillona que se hincha».
Maravilloso cómo el diseño combina perfectamente
A lo ancho de la solapa y sobre los remates gemelos bordados

De las esquinas de ambos bolsillos, como una rima estricta
O un acorde mayor. Estampados, telas escocesas, cuadros,
Diseño pata de gallo, *Tattersall*, Madrás. Los tartanes de los clanes

Inventados por los dueños de los telares inspirados por el engaño
    de Ossian
Para controlar a sus salvajes obreros escoceses, domesticados
Por una heraldía inventada: MacGregor,

Bailey, MacMartin. La falda escocesa, diseñada para que los
    obreros
La vistieran entre los ruidosos y polvorientos telares.
Tejedores, cardadores, hilanderos. El cargador,

El estibador, el peón. El sembrador, el recolector, el clasificador
Sudando en su máquina sobre un basurero de algodón
Como los esclavos con paños calicós sudaban en los campos:

George Herbert, tu descendiente es una Mujer
Negra de Carolina del Sur, su nombre es Irma
Y ella inspeccionó mi camisa. Su color y ajuste

Y su textura y su olor a limpio nos ha satisfecho
Tanto a ella como a mí. Hemos seleccionado el costo y la calidad
Hasta de los botones de hueso simulado,

Los ojales, la talla, la entretela, los caracteres
Impresos en negro en la banda del cuello y abajo. La forma,
La etiqueta, el trabajo, el color, el tono. La camisa.

## A la televisión

No «una ventana al mundo»
Sino, como te llamamos,
Una caja, un tubo,

Terrario de sueños y asombros.
Cofre de sombras,
Coalición ordenada de fósforos
O cristales líquidos.

Milagro casero, tubo
De consentimiento, vena de desafío.
Tu patrón en el panteón sería Hermes.

Danza cuadriculada,
Rápida, pequeño ladrón, acompañante
Del agonizante y consuelo del enfermo,

En un resplandor azul mi padre y hermanita se sentaron
Acurrucados en la misma silla mirándote
Su esposa y madre enferma de la cabeza
Yo os desdeñé a ti y a ellos tanto como podía.

Ahora te prefiero en una habitación de hotel,
Acaso minutos
Antes de enfrentarme a una audiencia, detrás
De las puertas del armario, caja
Dentro de una caja –Tom & Jerry, o también la brillante
Y reconfortante Oprah Winfrey–.

Gracias, porque vi, vi
A Sid César hablando francés y japonés, no

Por el conocimiento sino por la imaginación,
Su rapidez; y Gracias, miré en vivo
A Jackie Robinson robando

La base, la imagen –¡Oh, caparazón encordado!– que captaba
Más veloz que la luz como estas palabras en que nos
Recordamos; ellos también están alados
En el casco y los tobillos.


## El olvido

El olvido que más noto a medida de que envejezco es realmente
    una forma de memoria:
La maleza de cosas desconocidas por el joven, que ya he olvidado.

La memoria de tanta basura, mezclada con otro tanto que
    pareciera importar.
Teniente Calley, el Capitán Fácil de las historietas, Mayling Soong,
    Sibby Sisti.

Y todos los olvidos que precedieron los míos: Bagdad, Egipto,
    Grecia,
Las llanuras, siglos de robo de antigüedades. Oscuras atrocidades.

¡Imagínense! Una gran carpa llena principalmente de niños
    pidiendo a gritos poesía. De hecho
Ocurrió. Yo estaba allí en Nueva Jersey en el famoso *show* de
    poesía.

Me solía preguntar, ¿qué pasaría si el Salón de la Fama del Béisbol
    se llenase
Con miles de grandes todos camino al olvido con el correr del
    tiempo?

Difícilmente puede uno nombrar a cada uno de sus ocho
    bisabuelos.
¿Puedes tú? ¿Los nietos de tus hijos recordarán tu nombre?

Ya verán, ustedes jovencitos gilipollas: su música favorita y sus
    furias
Políticas, también, necesitarán ser acomodadas en polvorientos
    pasillos electrónicos.

En 1972, a Zhou Enlai le preguntaron sobre los efectos de la
    Revolución
Francesa: «Demasiado pronto para dilucidar». ¿Recuerdan? ¿O fue
    Mao Tse-Tung?

La poesía hecha de aire se esfuerza por regresar a los progenitores y,
Suspirando aire hacia adelante, gruñe a fin de engendrar al
    hambriento o sobrealimentar el Futuro.

Ezra Pound alaba al emperador que nombró un comité de
    académicos
Para seleccionar las 450 mejores obras de Noh y destruir todas las
    restantes, el fascista.

El maestro de la comedia Stephen Wright dice que piensa sufrir
A la vez de amnesia y de *déjà vu*: «Siento como si hubiera olvidado
    esto antes».

¿Quién recuerda los argumentos cuando el jurado le dio a Pound
    el único premio
De poesía otorgado por el Gobierno de Estados Unidos? Hasta
    entonces.

Yo estaba en la carpa grande cuando el tipo leyó su poema sobre
    cómo los judíos
Fueron advertidos de que evacuasen las Torres Gemelas
    previamente a que los aviones las chocaran.

La muchedumbre aplaudía y gritaba, estaban felices; no es
Que fueran antisemitas, o algo así. Simplemente no estaban
    escuchando. O

No; estaban escuchando, pero de ese cierto modo. Así llega. Lo
    escuchas y,
En ese mismito segundo, te lo tragas o lo escupes: un éxtasis de
    olvido.

## 2001-2003:
## Billy Collins
[1941-]

William James Collins nació en la ciudad de Nueva York el 22 de marzo de 1941. Es un poeta de reconocido prestigio y popularidad en Estados Unidos, partidario de la claridad formal y constructiva, de una poesía fácilmente comprensible a nivel lingüístico y elusiva de cualquier tipo de sujeción métrica o estrófica. Obtuvo el grado en Letras (BA) en el College of the Holy Cross, así como una maestría y un doctorado de la Universidad de California-Riverside. En 1975 cofundó con Michael Shannon la revista *Mid-Atlantic Review*. Ha dirigido talleres de poesía en la Universidad College Galway, Irlanda, y ha enseñado en las universidades de Columbia, Sarah Lawrence, Lehman College y City University de Nueva York, donde es Profesor Distinguido. También es miembro superior distinguido del Instituto Winter Park de Florida y profesor de la Universidad Estatal de Nueva York en Stony Brook, Southampton.

Es autor de numerosos poemarios, entre ellos *Pokerface* (1977), *Video Poems* (1980), *The Apple That Astonished Paris* (1988), *Questions About Angels* (1999), seleccionado por Edward Hirsch para la Serie Nacional de Poesía, *The Art of Drowning* (1995), finalista del Premio de Poesía Lenore Marshall, *Picnic, Lightning* (1998), *Sailing Alone Around the Room: New and Selected Poems* (2001), *Nine Horses* (2002), *The Trouble with Poetry* (2005), *She Was Just Seventeen* (2006), *Ballistics: Poems* (2008), *Horoscopes for the Dead: Poems* (2012) y *Aimless Love: New and Selected Poems* (2013).

En 1997 Billy Collins realizó una serie de lecturas de treinta y tres de sus poemas, *The Best Cigarette*. Su poesía ha aparecido en antologías, manuales y diversas revistas, incluyendo *Poetry*, *American Poetry Review*, *American Scholar*, *Harper's*, *Paris Review* y *The New Yorker*. La primera colección de poemas de Collins se publicada fuera de Estados Unidos se tituló *Taking Off Emily Dickinson's Clothes* (2000). Su obra ha sido destacada en la antología del Premio Pushcart y elegida varias veces para la series anuales de la Mejor Poesía Estadounidense. Collins ha editado *Poetry 180: A Turning Back to Poetry* (2003), una antología de poemas contemporáneos para leer en las escuelas, y fue el editor del volumen de 2006 de la Mejor Poesía Estadounidense (*The Best American Poetry*). Según Stephen Dunn, «parece que nosotros siempre sabemos donde estamos en un poema de Billy Collins, pero no necesariamente adonde él está yendo. Yo amo llegar con él a sus destinos. Él no nos esconde nada, como pienso que hacen los poetas menores. Él nos permite oír claramente lo que él mismo ha descubierto».

Collins sirvió como Poeta Laureado de Estados Unidos entre 2001 y 2003 y como Poeta Laureado del estado de Nueva York desde 2004 hasta 2006. Sus otros reconocimientos y premios incluyen el Premio Mark Twain de Humor en la Poesía 2005, así como becas de la New York Foundation for the Arts, del National Endowment for the Arts y de la Fundación Guggenheim. Fue elegido «León Literario» por la Biblioteca Pública de Nueva York en 1992 y pertenece a la Academia Estadounidense de las Artes y las Letras desde 2016.

## Consejo para escritores

Aunque te mantenga despierto toda la noche,
lava las paredes y friega el piso
de tu estudio antes de componer una sílaba.

Limpia tu espacio como si el Papa estuviese por llegar.
La pulcritud es sobrina de la inspiración.

Cuanto más limpies, más brillará
tu escritura, así que no dudes en salir
al campo abierto y restregar la parte oculta
de las rocas y ordenar en las ramas más altas
del oscuro bosque los nidos llenos de huevos.

Cuando encuentres el camino de regreso a casa
y guardes esponjas y cepillos bajo el fregadero,
observarás, en la luz del alba,
el inmaculado altar de tu escritorio,
una superficie limpia en medio de un mundo ordenado.

De un pequeño florero, azul brillante, toma
un lápiz amarillo, el más afilado del ramo,
y llena páginas con frases diminutas
como largas hileras de hormigas devotas
siguiendo tu huella a lo largo del bosque.

## Introducción a la poesía

Les pido que tomen un poema
y lo sostengan contra la luz
como una diapositiva de colores

o que apoyen una oreja contra su enjambre.

Les digo suelten un ratón en el poema
y observen cómo busca su salida,

o caminen dentro de la habitación del poema
palpando los muros hacia el interruptor de luz.

Quiero que hagan esquí acuático
sobre la superficie del poema
saludando el nombre del autor en el margen.

Pero todo lo que ellos desean hacer es
atar el poema a una silla con una cuerda
y torturarlo hasta obtener una confesión.

Empiezan por golpearlo con una manguera
y averiguar qué es eso que quiere decir.

**Otra razón por la cual no tengo una pistola en casa**

El perro del vecino no deja de ladrar.
Ladra con el mismo tono alto, ladrido rítmico,
que utiliza cada vez que salen de casa.
Quizá es otro ya de camino a la salida.

El perro del vecino no deja de ladrar.
Cierro todas las ventanas de casa
y pongo una sinfonía de Beethoven a todo volumen
pero aun así lo escucho, retraido bajo la música,
ladrando, ladrando, ladrando,

y ahora lo puedo ver sentado en la orquesta,
con su cabeza alzada, confiado, como si Beethoven
hubiese incluido un solo para el perro que ladra.

Cuando el disco finalmente termina, él sigue ladrando,
sentado allí en la sección del oboe, ladrando
con sus ojos fijos en el director que
lo va guiando con su batuta
mientras los otros músicos escuchan con respetuoso
silencio el famoso solo del ladrido del perro,
esa coda interminable que reconoció primeramente
a Beethoven como un genio innovador.

**Pornografía**

En este cuadro sentimental de la vida campestre,
un compañero de mejillas sonrojadas
con sombrero ancho y pantalones bombachos verdes

hace girar a la chica campesina con vestido rojo
mientras un niño está tocando un acordeón
cerca de un barril invertido

sobre el cual descansan cuchillo, jarra y un pequeño vaso.
Dos hombres con burdas chaquetas
juegan a las cartas en una mesa de madera.

Y en el fondo, una mujer con una gorra
está de pie detrás de la puerta holandesa entreabierta
habla con un vendedor o un mendigo apoyado en un bastón.

Es todo lo que necesito para insuflarme de deseo,
para insuflarme de ganas por yacer contigo,
o con alguien que se parezca a ti,

en un piso de mármol frío o superficie plana
mientras las nubes pasan volando
y el crujido de altos árboles tupidos

se mezcla con las notas del canto del ave,
con cuánta claridad narra la obra habla el tiempo que huye,
instrumentos musicales obsoletos,

fantasías pasajeras y el cadáver
del casi olvidado pintor desmoronándose
en algún lugar bajo la superficie de la Francia actual.

## 2003-2004:
## Louise Glück
[1943-]

Louise Glück nació en Nueva York el 22 de abril de 1943 y creció en Long Island. Se graduó en 1961 en la Escuela de Educación Secundaria George W. Hewlett de Nueva York y posteriormente pasó al Sarah Lawrence College y la Universidad de Columbia. Es considerada una de las figuras más relevantes y talentosas de la poesía lírica contemporánea estadounidense.

Es autora de múltiples e importantes poemarios, como *Firstborn* (1968), por el que recibió la Medalla al Mérito del Massachusetts Institute of Technology (MIT) y el Premio de la Academia de Poetas Estadounidenses, *The House on Marshland* (1975), *The Garden* (1976), *Descending Figure* (1980), *The Triumph of Achilles* (1985), con el que obtuvo el Premio del Círculo Nacional de Críticos Literarios, el Premio Literario del periódico *The Boston Globe* y el Premio Melville Kane de la Sociedad de Poesía de Estados Unidos; *Ararat* (1990), por el que se le otorgó el Premio Nacional de Poesía Rebekah Johnson Bobbitt de la Biblioteca del Congreso; *The Wild Iris* (1992), que mereció el Premio Pulitzer y el Premio William Carlos Williams de la Sociedad de Poesía de Estados Unidos; *The First Four Books of Poems* (1995), *Meadowlands* (1996), *Vita Nova* (1999), ganador del Premio de Poesía Bingham de la *Boston Book Review* y el Premio de Poesía *The New Yorker*; *The Seven Ages* (2001), *October* (2004), *Averno* (2006), finalista del Premio Nacional del Libro en 2006; *A Village Life: Poems* (2009), *Poems 1962-2012* (2012), *Faithful and Virtuous Night* (2014), Premio Nacional del Libro de Poesía en el mismo año. Glück también publicó una colección de ensayos titulada *Proofs and Theories: Essays on Poetry* (1994), Premio PEN/Martha Albrand de No Ficción.

Los críticos resaltan que Louise Glück aborda con mucha eficacia los temas de la decepción, el rechazo, la pérdida y el aislamiento, y frecuentemente se refieren a su poesía como «lúgubre» y «oscura». La crítica literaria Helen Vendler afirma: «Louise Glück es una poeta con una fuerte y evocadora presencia. Sus poemas, publicados en una serie de libros memorables durante los últimos veinte años, han logrado la distinción poco común de no ser ni "confesionales" ni "intelectuales" en el sentido usual de dichas palabras».

Sus reconocimientos incluyen el Premio Bollingen de Poesía, el Premio de Poesía Lannan Literary Award, el Sara Teasdale Memorial, además de diversas becas de las fundaciones Guggenheim y Rockefeller, así como del National Endowment for the Arts. En 1999, Glück fue elegida Canciller de la Academia de Poetas Estadounidenses. En el otoño de 2003 fue nombrada Poeta Laureada número doce de la Biblioteca del Congreso. Sirvió como juez en la Serie de Poetas Jóvenes de Yale de 2003 a 2010. En 2008, Glück formó parte de la selección de aspirantes al Premio Wallace Stevens por su maestría en el arte de la poesía. Su colección *Poems 1962-2012* fue galardonada en 2013 con el Premio de Libro del Año por el periódico *Los Angeles Times*. En 2015, la Academia Estadounidense de las Artes y las Letras le otorgó la Medalla de Oro por su poesía. Actualmente ocupa la cátedra de Literatura en la Universidad de Yale. Reside en Cambridge, Massachusetts.

## Una novela

Nadie podría escribir una novela sobre esta familia:
demasiados personajes similares. Además, todas son mujeres;
había solamente un héroe.

El héroe ha muerto. Como ecos, las mujeres duran más;
todas son fuertes por su propio bien.

De ahora en adelante, nada cambia:
no existe trama sin héroe.
En esta casa, cuando hablas de *trama* aludes a una *historia de amor*.

Las mujeres no consiguen moverse.
Ay, ellas se visten, ellas comen, ellas cuidan su apariencia.
Pero no hay acción, no hay un desarrollo del personaje.

Están todas decididas a suprimir
la crítica del héroe. El problema es
que es débil; sus escenas especifican
su función pero no su naturaleza.

Acaso esto explique por qué pasó desapercibida su muerte.
Primero, él sentado en la cabecera de la mesa,
donde el testaferro es más útil.
Después muere, a unos metros, su mujer sostiene un espejo
bajo la boca.

Es asombroso cómo se mantienen ocupadas las mujeres.
Esposa e hijas, ponen la mesa, recogen los platos.
Cada corazón atravesado por una espada.

### Música celestial

Tengo una amiga que todavía cree en el cielo.
No es tonta, y a pesar de sus conocimientos, literalmente habla
    con Dios.
Piensa que alguien la escucha en el cielo.
En la tierra es inusualmente competente.
Valiente también, capaz de enfrentar lo desagradable.

Encontramos una oruga agonizando en el lodo, codiciosas
    hormigas encima.
Siempre me conmueve el desastre, siempre ansiosa por actuar
    contra lo vital.
Pero tímida también, ágil para cerrar los ojos.
Mientras que mi amiga podía ver, dejar que los eventos
    transcurrieran
de acuerdo a la naturaleza. Por mi bien, ella intervino
eliminando algunas hormigas de la cosa despedazada para
regresarlas al otro lado de la calle.

Mi amiga dice que cierro los ojos a Dios, que nada más explica
mi aversión a la realidad. Dice que soy como la niña
que entierra su cabeza en la almohada
para no ver la realidad, la niña convencida de que
la luz produce tristeza.
Mi amiga es como la madre. Paciente, me impulsa
a despertar adulta como ella, una persona con arrojo.

En mis sueños mi amiga me reprende. Caminamos
por la misma calle, excepto que ahora es invierno;
me dice que si amas el mundo oyes una música celestial:
mira hacia arriba, dice. Cuando miro, nada.

Sólo nubes, nieve, un blanco acontecer en los árboles
como novias dando enormes saltos.
Entonces temo por ella, la veo
atrapada en una red colocada a propósito sobre la tierra.

En realidad, estamos a la orilla del camino, viendo caer el sol;
de vez en cuando, el canto de un pájaro perfora el silencio.
Es el momento en que ambas intentamos explicar el hecho
de que nos sentimos a gusto con la muerte, con la soledad.
Mi amiga traza un círculo en el barro; dentro, la oruga, inmóvil.
Siempre busca hacer algo pleno, algo hermoso, una imagen
capaz de sobrevivirla.
Estamos muy calladas, nos tranquiliza estar aquí, sin hablar. La
    composición
fija, el camino de pronto tornándose oscuro, el aire
enfriándose, aquí y allá las rocas brillan y refulgen.
Es la quietud que ambas amamos.
El amor a la forma es el amor a los finales.

**Primer recuerdo**

Hace tiempo, fui herida. He vivido
para vengarme
contra mi padre, no
por lo que él era,
sino por lo que yo era: desde el comienzo del tiempo,
en la infancia, yo pensaba
que dolor significaba
no ser amada.
Significaba que yo amaba.

## Memoria

Nací cautelosa, bajo el signo de Tauro.
Crecí en una isla próspera,
durante la segunda mitad del siglo veinte;
la sombra del Holocausto
apenas nos afectó.

Crecí bajo la filosofía del amor, una filosofía
de religión, ambas basadas en
mi experiencia temprana dentro de la familia.

Y si al escribir utilicé sólo unas cuantas palabras
pues el tiempo siempre me ha parecido breve,
lo hice como si pudiese dejar de existir
en cualquier momento.

Y mi historia, en todo caso, no era única
aunque como sucede siempre, yo tenía una historia,
un punto de vista.

Unas cuantas palabras fueron todo lo que necesité:
nutrir, sostener, atacar.

## 2004-2006:
## TED KOOSER
[1939-]

Ted Kooser nació en Ames, Iowa, el 25 de abril de 1939. Recibió su grado universitario (BA) de la Universidad Estatal de Iowa y su maestría en Inglés de la Universidad de Nebraska-Lincoln, donde actualmente se desempeña como profesor de inglés. Es autor de más de una docena de poemarios, entre los cuales están *Grass County* (1971), *Twenty Poems* (1973), *A Local Habitation and a Name* (1974), *Not Coming to Be Barked At* (1976), *Sure Signs: New and Selected Poems* (1980), *One World at a Time* (1985), *The Blizzard Voices* (1986), *Weather Central* (1994), *Winter Morning Walks: One Hundred Postcards to Jim Harrison* (2001), que obtuvo el Premio del Libro de Poesía de Nebraska aquel mismo año; *Delights & Shadows* (2004), ganador del Premio Pulitzer en 2005; *Flying At Night: Poems 1965-1985* (2005), *Valentines* (2008), *Bag in the Wind* (2010), *The House Held Up by Trees* (2012), *Splitting an Order* (2014) y *The Bell in the Bridge* (2016).

Sus libros de ficción y no ficción incluyen *Seasons in the Bohemian Alps* (2002), Premio del Libro de Nebraska por el género de no ficción en 2003. Esta se ha considerado como un diario ameno, delicioso, excelente y mágico que nos enseña el mundo que rodea al poeta; y brinda pistas y claves sobre el proceso creativo de algunos poemas, la vida del autor, sus seres queridos, animales, amigos, su casa. Mencionemos también *Braided Creek: A Conversation in Poetry* (2003), escrito con su amigo y colega el poeta Jim Harrison, después de luchar contra el cáncer; *Writing Brave and Free* (2006); *The Poetry Home Repair Manual: Practical Advice for Beginning*

*Poets* (2007), un manual que, al igual que la poesía de Kooser, está lleno de sentido común, ironía y realidad, además de paisajes, metáforas vivas, campesinos, antepasados y reliquias familiares; así como, finalmente, *Ground of Darkness* (2009).

Los poemas de Kooser han sido comparados con los cuentos de Chéjov por su ambientación espacial, los personajes y el sentido del tiempo. Algunos de sus lectores piensan que, por su estilo coloquial y accesible, la poesía de Kooser es fácil, pero más allá de esta impresión, en su escritura un poema pueda pasar por cuarenta o cincuenta borradores. En «Seleccionando un lector», aquí incluido, uno de sus poemas más conocidos del libro *Sure Signs* (1980), Kooser describe el tipo de lector que a él le gustaría tener.

Ted Kooser, como Wallace Stevens, trabajó durante muchos años en una empresa de seguros, la Lincoln Bankers Life, de la que llegó a ser vicepresidente. Sus reconocimientos y premios incluyen dos becas del National Endowment for the Arts en poesía, un Premio Pushcart, el Premio Stanley Kunitz de la Universidad de Columbia y un Premio al Mérito del Consejo de Artes de Nebraska. Fue designado Poeta Laureado número trece de la Biblioteca del Congreso para el periodo 2004-2006, siendo el primero de ellos en proceder de la región estadounidense de los *Great Plains* (área central de las Grandes Llanuras). Vive en el campo, cerca de Garland, Nebraska, con su esposa Kathleen Rutledge, ex editora del periódico *Lincoln Journal Star*.

## Así que esto es Nebraska

El camino de grava se extiende a lento galope
sobre los campos, los cables de teléfono
en hileras por detrás, su ola de polvo
se inunda con chispas de mirlos alirrojos.

Por ambos lados, las entrañables ancianas,
los graneros en paz, sus pequeñas ventanas
tras un cúmulo de cascadas de heno y telarañas
esconden tractores destrozados bajo su falda.

Así que esto es Nebraska. Un domingo
por la tarde; julio. Conduces con tu brazo
por fuera asido al viento,
una alondra aguarda en cada poste.

Detrás de un cortavientos de cedros,
coronada de arbórea malva, polen y abejas,
una furgoneta arranca sus paragolpes
y se detiene para leer las nubes.

Te sientes así; con ganas de dejar
que tus neumáticos se desinflen, de dejar a los ratones
construír un nido en tu silenciador, como si fuera
no más que un camión en la maleza,

cacareando con pollos o pegajoso con miel
o sosteniendo a un frágil anciano en tu regazo
mientras contempla el camino, esperando
a alguien para saludarlo. Tienes ganas

de saludar. Tienes ganas de detener el auto
y bailar alrededor del camino. En cambio,
saludas y dejas fuera tu mano deslizándose
como alondra en el trigal, sobre las casas.


**Eligiendo un lector**


En primer lugar, quisiera que fuera hermosa,
y que caminase delicadamente por mi poesía
en la hora más solitaria de la tarde,
el cabello aún húmedo en los hombros,
luego del champú. Llevaría
un impermeable raído, sucio
sin dinero suficiente para la tintorería.
Ella sacará sus lentes, y allí
en la librería, ella pasará el dedo
sobre mis poemas, luego regresaá el libro
al estante. Ella se dirá a sí misma:
«Por esa cantidad de dinero, puedo hacer
que limpien mi impermeable». Y lo hará.


**Carrie**


«Nunca hay un final para el polvo,
tampoco para desempolvar», solía decir mi tía
mientras su trapo, como nube negra,

se deslizaba veloz sobre el roble amarillo
de su pequeña casa. Allí vivió
setenta años con una pelota
de compulsión cerrada en el puño,
y un codo que crujía y estallaba
como rama en la tormenta. Ahora polvo
son sus manos y polvo su corazón.
Nunca hay un final para eso.


Vuelo nocturno


Encima de nosotros, estrellas. Debajo de nosotros, constelaciones.
A cinco mil millones de millas de distancia, una galaxia muere
como un copo de nieve sobre el agua. Debajo nuestro,
algún granjero, al sentir el frío de esa muerte lejana,
enciende la luz de su patio, desenfundando cobertizos y establo,
de vuelta al pequeño sistema de mantenimiento.
Toda la noche, las ciudades, como novas relucientes,
atraen con calles brillantes las luces solitarias, como la suya.


En la clínica oncológica


Dos chicas jóvenes que parecen ser sus hermanas
la ayudan a caminar
hacia la puerta que conduce a la sala de revisión.
Cada una se dobla bajo el peso de un brazo,

y avanza con el firme y duro talante
del coraje. En lo que pareciera
un gran recorrido, una enfermera aferra la puerta
sonriendo y animando en voz alta.
Cuánta paciencia en las almidonadas velas blancas
de su ropa. La mujer enferma
escudriña el gracioso tejido de su gorro
y estudia el molleo de cada pie
apuntando hacia delante
mientras resiste bajo su peso.
No hay inquietud ni impaciencia
ni ira por ningún lugar. La Gracia
colma el molde limpio del momento
y todas las revistas desordenadas crecen en quietud.

**Saltamontes**

Este año son exactamente del tamaño
del trozo de lápiz que mi abuelo usaba
para señalar los días en que no llovía,

y precisamente del color del polvo, de los caminos
que conducen de nuevo, a través de los campos agónicos,
a los años treinta. Mientras recorres el agrietado sendero

que pasa frente al granero vacío, el silo vacío,
tú los escuchas entre el jugueteo irónico
que golpea la hierba como gotas de lluvia.

## 2006-2007:
## Donald Hall
[1928-2018]

Donald Hall nació en Hamden, Connecticut, el 20 de septiembre de 1928. Es considerado uno de los poetas más importantes de su generación. Asistió a la Conferencia de Escritores Bread Loaf a los dieciséis años, edad en que publicó su primer poema. Ha escrito después más de medio centenar de libros, incluyendo veintidós volúmenes de poesía.

En 1951, se graduó en la Universidad de Harvard, donde estudió con Archibald MacLeish y tuvo compañeros como Adrienne Rich, Robert Bly, Frank O'Hara y John Ashbery. Posteriormente amplió sus estudios en Oxford hasta 1953. También pasó un año en la Universidad de Stanford con el poeta y crítico Yvor Winters.

Entre sus poemarios destacan *Exiles and Marriages* (1955), con el que obtuvo el Premio Lamont de Poesía en 1956; *To the Loud Wind and Other Poems* (1955), *The Dark Houses* (1958), *A Roof of Tiger Lilies* (1964), *The Alligator Bride: Poems, New and Selected* (1969), *The Yellow Room: Love Poems* (1971), *A Blue Wing Tilts at the Edge of the Sea: Selected Poems, 1964-1974* (1975), *The Town of Hill* (1975), *Kicking the Leaves: Poems* (1978), *The Happy Man* (1986), merecedor del Premio de Poesía Lenore Marshall; *The One Day* (1988), ganador del Premio del Círculo Nacional de Críticos Literarios y del Premio del Libro del *Los Angeles Times,* así como nominado para el Premio Pulitzer; *Old and New Poems* (1990), *The Museum of Clear Ideas* (1993), *The Old Life* (1996), *Without: Poems* (1998), publicado en el tercer aniversario de la muerte por leucemia de su esposa, la poeta Jane Kenyon, protagonista en la poesía de Hall, con quien se casó mientras enseñaba en la

Universidad de Michigan; *The Painted Bed* (2002); *White Apples and the Taste of Stone: Selected Poems 1946-2006* (2006), acerca del cual Billy Collins comentó: «Hall ha sido colocado hace tiempo dentro de la tradición frostiana del poeta rural y franco. Su confianza en una dicción simple y concreta [...] con un tono de autoridad sincera. Es un tipo de sinceridad que logra comprometer al lector desde sus primeros versos»; *The Back Chamber* (2011) y *The Selected Poems of Donald Hall* (2015).

Además de poesía, Donald Hall ha escrito libros de ensayo (entre otros *Remembering Poets: Reminiscences and Opinions: Dylan Thomas, Robert Frost, T. S. Eliot, Ezra Pound*, en 1978, y *Essays After Eighty*, 2014), teatro, manuales (*Death to the Death of Poetry*, 1994), estudios, autobiografías (*The Best Day the Worst Day: Life with Jane Kenyon*, 2005; *Life Work*, en 1993, con la que ganó el Premio del Libro de Nueva Inglaterra en la categoría de no ficción, y *Unpacking the Boxes: A Memoir of a Life in Poetry*, 2008), narraciones (como *Willow Temple: New and Selected Stories*, 2003), libros sobre el béisbol, el escultor Henry Moore, la poeta Marianne Moore, y un número considerable de obras para niños, incluyendo *Ox-Cart Man* (1979), merecedora de la Medalla Caldecott; además de antologías como *Contemporary American Poetry* (1962) y *The Oxford Book of Children's Verse in America* (1985). Fue también el editor de *The Paris Review* entre 1953 y 1962.

En 2006 fue nombrado Poeta Laureado número catorce de Estados Unidos. En 2010, el presidente Barack Obama le hizo entrega de la Medalla Nacional de las Artes. Otros reconocimientos incluyen dos becas Guggenheim, la Medalla de Plata Robert Frost de la Sociedad de Poesía de Estados Unidos, un Premio por su Trayectoria del Proyecto de Escritores y Editores de New Hampshire, así como el Premio de Poesía Ruth Lilly. También sirvió como Poeta Laureado de New Hampshire de 1984 a 1989. En diciembre de 1993, Donald Hall y Jane Kenyon fueron los protagonistas del documental de Bill Moyers *A Life Together*, ganador del

Premio Emmy. Falleció el 23 de junio de 2018 en Wilmot, New Hampshire, unos días tras la publicación de su último libro *A Carnival of Losses: Essays Nearing Ninety*.

## Manzanas blancas

Una semana después de la muerte de mi padre
desperté
con su voz en mis oídos
                            me senté en la cama
contuve mi respiración
y clavé los ojos en la puerta pálida, cerrada

manzanas blancas y un sabor a piedra

si él volviese a llamar
me pondría un abrigo y los zapatos.


## Ardor

Al cuidarla me sentí vivo
en el momento animal,
olfateando al depredador.
Su muerte fue lo peor
que pudo suceder,
y cuidarla, lo mejor.

Después de su muerte, grité,
molestando al perro deprimido.
Ahora ya no cubro
la pared tapizada
con fotografías,

ni la llamo «tú»
en un poema. Ella retrocede
hacia el museo de granito
JANE KENYON 1947-1995.

Añoro la presencia de
la mujer de mil rostros
que hace
metáforas
y pica cebolla, bebiendo
una copa de Chardonnay,
engrasando la sartén, tarareando
en voz baja, tal vez pensando
cómo cerrar un poema.
Ahora, al hacer el amor,
algo va mal.
El otoño pasado, una mujer me dijo:
«Desconfío de tu ardor».

Este invierno en Florida
me daban en cara las parejas
de mi edad que paseaban
con sus carnes flojas
tomados de la mano. Miré
a las mujeres jóvenes con rencor
y deseo, incapaz de amar
o de trabajar o de morir.

Las horas son lentas y las semanas
veloces en su vacío.
Cada día transcurre mientras recito
mis quejas. La lujuria es un dolor
que se giró en el lecho
para mirar hacia el otro lado.

## Afirmación

Hacerse viejo es perderlo todo.
Envejecer, lo sabemos.
Incluso cuando somos jóvenes,
a veces lo vislumbramos, y lo afirmamos
al morir el abuelo.
Luego remamos durante años en el estanque
de la mitad de la vida, ingenuos y contentos. Pero un matrimonio,
que había comenzado sano, se dispersa
en los escombros de la orilla,
y un amigo de la escuela
muere en la playa rocosa.
Si un nuevo amor carga con nosotros
ya pasada la madurez, nuestra esposa morirá
en su etapa más fuerte y más hermosa.
Nuevas mujeres vienen y van. Y todas se van.
Si el bello amante anuncia
que ella es pasajera es pasajera. La mujer audaz,
de mediana edad contra nuestra vejez,
se hunde en una ansiedad incapaz de soportarlo.
Otro amigo de hace décadas se distancia
con palabras que contaminan treinta años.
Ahoguémonos bajo el barro en el borde del estanque
y afirmemos que es apropiado
y gustoso perderlo todo.

**Sexo sin riesgo**

Si ni él ni ella se conocen, ni se sienten seguros de sí mismos
no se unirán otra vez; si él evita las palabras afectuosas;

si ella ha cultivado una piel insensible bajo su piel; si ambos desean
tan sólo el tributo del llanto ajeno; si se utilizan uno al otro

para vengar viejos amantes o familias de derecho y acero;
entonces no habrá traiciones, cartas devueltas sin leer,

sin frenesí, sin palabras proferidas de humillación constante,
sin días de temblor, sin vómitos a medianoche, sin la repetida

aparición de un cuerpo flotando boca abajo en la orilla del
    estanque.


**Después del amor**

Cuando el amor se vacía de sí mismo,
nuestros cuerpos se colman totalmente.

Durante una hora yacemos trenzando
el pulso y la piel,

como bebés que suspiran
y dormitan, ensoñados con leche.

## 2007-2008:
## CHARLES SIMIC
[1938-]

Charles Simic nació en Belgrado, Yugoslavia, el 9 de mayo de 1938. Es uno de los poetas más viscerales y originales de nuestra época. El propio Simic dice haber recibido una típica educación de Europa del Este «en la cual Hitler y Stalin (sus agentes de viaje) nos enseñaron lo elemental». En 1943, su padre logró emigrar a Estados Unidos –era ingeniero y su profesión le había generado muchos contactos–, pero el resto de la familia –Charles, su madre y un hermano menor– no pudieron reunirse con él hasta 1954, luego de pasar un año en París. Se instalaron en Chicago. Charles terminó el colegio secundario, pero no ingresó en la universidad, sino que comenzó a trabajar... y a escribir poesía.

Sus primeros poemas aparecieron a comienzos de 1959 en la *Chicago Review*, cuando tenía veintiún años. Fue reclutado para el servicio en las Fuerzas Armadas en 1961, siendo enviado a Alemania y Francia como policía militar. Se casó con Helen Dubin en 1964 y obtuvo su grado en la Universidad de Nueva York en 1966. Un año más tarde publicó su primer libro, *What the Grass Says*. Enseñó literatura en la Universidad de California y luego, desde 1973, en la de New Hampshire, donde actualmente es profesor emérito de Lengua Inglesa.

Prolífico, Simic es autor de un sinnúmero de libros de poemas, más diez libros de ensayo, así como traductor de una docena de obras de otros tantos poetas de lengua serbia. Entre sus publicaciones de poesía vale la pena mencionar *Selected Poems: 1963-1983* (1985), *Unending Blues* (1986), *The World Doesn't End: Prose*

*Poems* (1989), ganador del Premio Pulitzer de Poesía en 1990; *The Book of Gods and Devils* (1990), *Hotel Insomnia* (1992), *A Wedding in Hell* (1994), *Walking the Black Cat* (1996), finalista del Premio Nacional del Libro; *Jackstraws* (1999), nombrado Libro Notable del Año por *The New York Times*; *Night Picnic* (2001), *The Voice at 3:00 AM: Selected Late and New Poems* (2003), *Selected Poems: 1963-2003* (2004), por el que recibió el Premio Internacional de Poesía Griffin en 2005; *My Noiseless Entourage* (2005), *That Little Something* (2008), *Master of Disguises* (2010), *New and Selected Poems: 1962-2012* (2013) y *The Lunatic* (2015).

Entre sus libros de ensayo cabe mencionar *The Uncertain Certainty: Interviews, Essays, and Notes on Poetry* (1985), *Wonderful Words, Silent Truth* (1990), *Dime-Store Alchemy: The Art of Joseph Cornell* (1992), *The Unemployed Fortune-Teller: Essays and Memoirs* (1994), *Orphan Factory: Essays and Memoirs* (1997), *A Fly in the Soup: Memoirs* (2000), *The Metaphysician in the Dark* (2003), *The Renegade* (2008), *The Life of Images* (2015). Entre sus libros de traducción y otros figuran *Four Modern Yugoslav Poets: Ivan V. Lalić, Branko Miljkovic, Milorad Pavić, Ljubomir Simović* (1970) y *The Günter Grass Reader* (2004).

Simic ha recibido numerosos premios por su obra y en 2007 fue nombrado decimoquinto Poeta Laureado de Estados Unidos. Otros reconocimientos, además de los mencionados incluyen, «la Beca del Genio» de la Fundación MacArthur, las becas de la Fundación Guggenheim y del National Endowment for the Arts, el Premio Wallace Stevens, la Medalla Frost, así como una selección en la Academia Estadounidense de las Artes y las Letras en 1995. Se le otorgó la beca de la Academia de Poetas Estadounidenses en 1998 y fue elegido Canciller de dicha academia en 2000.

Los críticos afirman que la obra de Simic desafía una categorización fácil. Algunos de sus poemas reflejan una tendencia realista, metafísica y otros ofrecen sombríos retratos de violencia y desesperación. Adam Kirsch se expresa así acerca de las influencias que se congregan en el estilo de Simic: «Extrae de la sátira oscura de Europa Central, de la rapsodia sensual de América Latina y de las cargadas yuxtaposiciones del surrealismo francés para crear un estilo sin comparación en la literatura estadounidense. Sin embargo, el verso de Simic permanece reconocidamente estadounidense, no sólo en sus granulosas y duramente cocidas texturas, directamente del film *noir* de los años cuarenta, sino en la mera confianza de su eclecticismo». Hasta la fecha, Simic lleva publicados más de sesenta libros. Tiene dos hijos y vive con su esposa en Stafford, New Hampshire.

*De* **El mundo no se acaba**

Me robaron los gitanos. Mis padres me rescataron. Luego los gitanos volvieron a robarme. Esto duró por un tiempo. Un minuto estaba en la caravana, mamando de la oscura teta de mi nueva madre, y acto seguido me encontraba sentado en la inmensa mesa del comedor, tomando mi desayuno con una cuchara de plata.

Era el primer día de la primavera. Uno de mis padres cantaba en la bañera; el otro pintaba un gorrión vivo con los colores de un pájaro tropical.

---

Mi padre amaba los extraños libros de André Breton. Solía alzar su copa de vino y brindar por aquellas remotas veladas en las que «las mariposas formaban una sola cinta sin corte». O salíamos a orinar al callejón de atrás y él decía: «Aquí hay unos binoculares para ojos vendados». Vivíamos en un edificio destartalado que olía a gente vieja y a mascotas.

«Flotando al borde del abismo, impregnados del perfume de lo prohibido», tomábamos turnos para cortar la salchicha ahumada en la mesa. «Me encanta América», nos decía. Íbamos a ganar un millón de dólares fabricando objetos que habíamos visto en sueños aquella noche.

## Charla vespertina

Aquello que no has comprendido
Deviene lo que eres. Extraños
Cuya mirada has visto por la calle,
Estudiándote. ¿Tal vez los que todo lo ven, como
Iluminados? Ellos sabían lo que tú no sabías,
Y te dejaron traumatizado como un sueño extraño.

Ni siquiera la luz se mantuvo igual.
¿De dónde viene toda esa mirada dura?
Y el aroma, como si seres míticos
Fuesen preparados y alimentados con tallos de heno
Bajo estos techos a la deriva en tardes nubosas.

¡No entendiste nada!
Te encantaban las multitudes que al final del día
Traían tantos misterios.
Siempre había alguien a quien estabas destinado a encontrar
Y que por alguna razón no te estaba esperando.
¿O tal vez sí? Pero no aquí, amigo.

Deberías haber cruzado la calle
Y seguido a esa mujer demente, como es obvio,
Con largas mechas de cabello rojo ensangrentado
Que el cielo tomaba como llanto lejano.

En la biblioteca

*para Octavio*

Hay un libro llamado
«Diccionario de Ángeles».
Nadie lo ha abierto en cincuenta años,
Lo sé, pues al abrirlo
Las tapas crujieron, las páginas
Se desmoronaron. Allí descubrí

Que alguna vez los ángeles fueron tan numerosos
Como especies hay de moscas.
El cielo del atardecer
Solía llenarse de ellos.
Era necesario agitar ambos brazos
Para mantenerlos alejados.

Ahora la luz del sol atraviesa
Las altas ventanas.
La biblioteca es un lugar tranquilo.
Ángeles y dioses se apilaban
En libros oscuros nunca abiertos.
El gran secreto está
En algún estante que la señorita Jones
recorre todos los días en sus rondas.

Es muy alta, de modo que mantiene
la cabeza inclinada como si escuchara.
Los libros susurran.
No oigo nada, pero ella sí.

**Prodigio**

Crecí frente a
un tablero de ajedrez.

Me gustaban las palabras *final de la partida*.

Todos mis primos parecían preocupados.

Era una casa pequeña
cerca de un cementerio romano.
Aviones y tanques
sacudían los cristales de las ventanas.

Un profesor de astronomía retirado
me enseñó a jugar.

Debe haber sido en 1944.

En el tablero que usábamos
la pintura se estaba desprendiendo
de las piezas negras.

El Rey blanco se había perdido
y había que sustituirlo.

Me han dicho pero no lo creo
que ese verano fui testigo
de hombres colgados de los postes de teléfono.

Recuerdo a mi madre
vendándome los ojos con frecuencia.

Tenía una manera de meter mi cabeza
por debajo de su abrigo.

En ajedrez, también, me dijo el profesor:
los profesionales juegan con los ojos vendados,
los muy buenos en varios tableros
a la vez.

2008-2010:
KAY RYAN
[1945-]

Kay Ryan nació en San José, California, el 21 de septiembre de 1945. Creció en pequeños pueblos del valle de San Joaquín y en el desierto de Mojave. Recibió su grado universitario y una maestría de la Universidad de California, UCLA. Combina la escritura poética con la labor docente. Ha publicado los libros de poemas *Dragon Acts to Dragon Ends* (1983), *Strangely Marked Metal* (1985), *Flamingo Watching* (1994), finalista en los premios de Selección de Poesía Lamont y el Premio Lenore Marshall; *Elephant Rocks* (1996), *Say Uncle* (2000), *The Niagara River* (2005), *Jam Jar Lifeboat & Other Novelties Exposed* (2008) y *Erratic Facts* (2015). Su recopilación *The Best of It: New and Selected Poems* (2010) obtuvo el Premio Pulitzer en la modalidad de poesía.

Los poemas y ensayos de Kay Ryan han aparecido en *The New Yorker, The Atlantic, Poetry, The Yale Review, The Paris Review, The American Scholar, The Threepenny Review, Parnassus*, entre otras revistas y antologías. La poesía rítmicamente densa y concentrada de Ryan se compara con frecuencia a la de Emily Dickinson, Robert Frost y Marianne Moore. Sin embargo, su ingenio y su facilidad peculiar, con una combinación de rima, han hecho de ella una de las grandes poetas estadounidenses aún vivas. Su poesía filosófica, perpleja y mordaz es el producto de años de reflexión. La propia Kay Ryan ha afirmado que sus poemas no comienzan con imágenes o sonido, sino que se desarrollan «del modo en que lo hace una ostra, con irritación». Como señalan los reseñadores de su obra, en su estilo introspectivo y contemplativo, los ejes temáticos y los textos de Ryan abarcan las mutaciones del paisaje, el paso del tiempo o el proceso creativo con una aparente levedad no exenta de ironía. Planteadas como viñetas elípticas o fábulas sin corolario, las composiciones de Ryan aspiran a un reto mayor en nuestros días: volver a hacer de la poesía un lugar habitable.

Kay Ryan fue nombrada Poeta Laureada número dieciséis de Estados Unidos y sirvió durante dos términos, entre 2008 y 2010. En 2013 recibió la Medalla Nacional de las Humanidades de manos del presidente Barack Obama. Ha recibido numerosos reconocimientos y premios, entre ellos becas de las fundaciones John D. y Catherine T. MacArthur, del National Endowment for the Arts, Ingram Merrill, y Guggenheim. También recibió el Premio de Poesía de la Union League, el Maurice English, el Ruth Lilly, así como tres premios Pushcart. Su obra ha sido seleccionada cuatro veces para la colección de *The Best American Poetry* y ha sido incluida en *The Best of the Best American Poetry 1988-1997*. Desde 2006 se desempeña como Canciller de la Academia de Poetas Estadounidenses. Fue nombrada en la *It List* de la publicación *Entertainment Weekly* y uno de sus poemas ha sido colocado de forma permanente en el Parque Central de Nueva York. Desde 1971, Kay Ryan vive en el condado de Marin, en California.

## Las cosas no deberían ser tan duras

Una vida debería dejar
huellas profundas:
surcos donde ella
iba y volvía
de buscar la correspondencia
o de cambiar la manguera
por todo el jardín;
donde ella acostumbraba
a ponerse frente el lavabo,
un lugar desgastado;
bajo su mano,
los picaportes de porcelana
frotados hasta convertirse
en pastillas blancas;
el interruptor de luz que
solía buscar tanteando
a oscuras,
casi desaparecido.
Sus cosas tendrían
que conservar sus marcas.
El paso
de una vida debería mostrarse,
debería corroerse.
Y cuando la vida se interrumpe,
cierto espacio
–por pequeño que sea–
tendría que exhibir las cicatrices
de esa grandiosa
y dañina procesión.
Las cosas no tendrían
que ser tan duras.

**Cosas emparejadas**

¿Quién que sólo haya visto alas
podría inferir
los debiluchos palos
que las aves usan para aterrizar,
su manera de doblarse hacia atrás,
la manera inútil en que se paran?
¿Y quién estudiando sólo
huellas de pájaros en la arena
podría pensar que esos pequeños tenedores
han salido pitando con el viento?
Tantas cosas emparejadas parecen extrañas.
¿Quién hubiera soñado alguna vez
que el extendido cuervo de la desesperación
abandonaría el aire y caminaría
arqueado sobre el suelo,
un cuervo común?


**Duda**

Un pollito tiene tanto tiempo
para abrirse camino, tanta
energía del huevo para aplicarse en el punto más débil
o en cualquier lugar donde comenzó.
No puede permitirse la duda. ¿Quién puede?
La duda usa albúmina
al doble de ritmo que el trabajo.

Cualquiera de nosotros que mire hacia atrás
tendrá que pagar lo que Orfeo.
Tampoco puedes responder
a la llamada del extraño;
bien sabes que el hombre de Porlock
es el que toma sueños para cenar.
Su servilleta manchó los colores más delicados.[1]


## Tortuga

¿Quién elegiría ser una tortuga de poder evitarlo?
Una lata que apenas se mueve, un casco con cuatro remos,
difícilmente puede permitirse los riesgos que debe enfrentar
cuando rema hacia las hierbas que son su alimento.
Su rastro carece de gracia, como el que arrastra
un pesado fardo, y casi cualquier pendiente
derrota sus más humildes esperanzas. A pesar de ser práctica,
su eje con frecuencia se atora en su marcha
hacia algo comestible. En las mejores circunstancias,
logra eludir la zanja que podría convertir
su caparazón en un plato de comida. Vive
por debajo del nivel de la suerte, sin imaginar jamás que el azar
podría convertir su cargamento de alfarería en alas.
Su única liviandad es la paciencia,
la evasión de las cosas verdaderamente subyugadas.

---

[1] En referencia al mítico personaje de Kubla Khan en el poema del mismo nombre de Samuel Taylor Coleridge (1772-1834).

**Una ordinaria aguja de acero puede flotar en agua pura**

De Ripley, *¡Aunque usted no lo crea!*

¿Quién no ha visto
una simple y ordinaria
aguja de acero flotar serena
en el agua como si estuviera recostada sobre una almohada?
El agua envuelve como gelatina.
Es un placer ver un agua
tan gomosa, una aguja
tan pacífica, el punto encerrado
en el hoyuelo más tierno.
Parece tan *simple*
cuando las cosas o las personas
han modificado unas a otras las cualidades
de cierto modo;
casi nos olvidamos de la rareza
de eso.



**Dientes de tiburón**

Todo contiene algo
de silencio. El ruido tiene
el sabor de los
pequeños fragmentos
de diente de tiburón
con forma de calma
clavados en él. Una hora

en la ciudad retiene quizás
un minuto de estos
vestigios de un tiempo
en que el silencio reinaba,
compacto y peligroso
como un tiburón. A veces
un trozo de cola
o de aleta puede todavía
sentirse en los parques.

2010-2011:
# W. S. Merwin
[1927-]

William Stanley Merwin nació en Nueva York el 30 de septiembre de 1927, hijo de un pastor presbiteriano. Creció en Nueva Jersey y Scranton, Pennsylvania. Estudió en la Universidad de Princeton con una beca, siendo allí compañero de Galway Kinnell, y cursó poesía con el crítico literario R. P. Blackmur y su asistente John Berryman. Tras graduarse en 1948, permaneció un año más en Princeton, aprendiendo idiomas romances, algo que lo preparó para proseguir con su prolífica obra de traductor de poesía del latín, el portugués, el español y el francés. Comenzó a escribir obras dramáticas en verso y a trabajar como tutor de niños de familias pudientes. Viajó por Europa y, en 1950 en Mallorca, consiguió un empleo como instructor del hijo de Robert Graves. Allí conoció a Dido Milroy, con quien se casó luego de divorciarse de su primera esposa. Esta relación con Dido tuvo mucho que ver con la dedicación de Merwin a su trabajo de traductor y a su presencia en los círculos literarios. Fueron amigos de Sylvia Plath y Ted Hughes, así como testigos del final brutal de su matrimonio y el suicidio de Plath. Merwin y Dido se separaron en 1968.

En 1952 Merwin publicó su primer poemario, *A Mask for Janus*, que fue elegido por W. H. Auden para la Serie de Poetas Jóvenes de Yale, el propio Auden destacó de él su virtuosismo técnico, la influencia de Graves y la poesía provenzal que Merwin solía traducir, en cuanto a la concentración en el imaginario clásico y la mitología. Después de Mallorca, Merwin permaneció en Europa, viviendo durante varios años en Londres y en el sur de Francia. En

1956 recibió una beca del Teatro de Poetas de Cambridge, Massachusetts, y regresó a Estados Unidos. En Boston, formó parte de varios colectivos de escritores alrededor de Robert Lowell y decidió concentrarse en la poesía con un enfoque más vernáculo e introspectivo, y un estilo prosódico carente de puntuación. En esa época escribió, entre otros, *Green with Beasts* (1956) y *The Drunk in the Furnace* (1960).

En 1967 Merwin publicó el aclamado volumen *The Lice*, seguido por *The Carrier of Ladders* (1970), que recibió el Premio Pulitzer en 1971. En 1976 Merwin se mudó a Hawái para estudiar con el maestro budista zen Robert Aitken, y se casó en una ceremonia budista con Paula Schwartz. En las décadas de los ochenta y noventa, su escritura fue influenciada por la filosofía budista y la ecología, como lo demuestran sus obras *The Compass Flower* (1977), *Opening the Hand* (1983), *The Rain in the Trees* (1988) y la novela en verso sobre la historia y leyendas de Hawái *The Folding Cliffs* (1998). Con varias decenas de poemarios publicados vale la pena destacar *Travels* (1993), que recibió el Premio de Poesía Lenore Marshall; *Flower and Hand: Poems 1977-1983* (1997), *The River Sound* (1999), seleccionado como el Libro Más Destacable del año por *The New York Times*; *Migration: New & Selected Poems* (2005), que ganó el Premio Nacional del Libro en 2005; *Cuatro Salmos* (2007), *The Shadow of Sirius* (2008), ganador del Premio Pulitzer en 2009; *The Moon Before Morning* (2014) y *Garden Time* (2016).

Conviene agregar a éstos las numerosas traducciones publicadas, entre ellas *Dante's Purgatorio* (2000), *Sir Gawain and the Green Knight* (2004), *Collected Haiku of Yosa Buson* (2013), con Takako Lento; *Poema del Mio Cid*, *El Lazarillo de Tormes*, así como diversos volúmenes de Federico García Lorca y Pablo Neruda. En 2014 recibió el Premio de Traducción Harold Morton Landon por sus *Selected Translations* (2013). En los géneros dramático y prosístico, citemos *The Lost Uplands* (1992), memorias sobre su vida en el sur de Francia; *Summer Doorways: A Memoir* (2006), acerca de su infancia, además de la colección de cuentos *The Book of Fables* (2007), *Unchopping a Tree* (2014) y el recién aparecido *The Essential W.S. Merwin* (2017).

Entre sus reconocimientos y premios, además de los mencionados, W. S. Merwin cuenta con la beca de la Academia de Poetas Estadounidenses, de las fundaciones Guggenheim y Rockefeller, más la del National Endowment for the Arts, el Premio Aiken Taylor, el Premio Bollingen, el Premio de Literatura del Gobernador de Hawái, el Premio de Literatura Lannan por su trayectoria, el Premio Lila Wallace-Reader's Digest Writers', el Premio de Traducción PEN, el Premio Ruth Lilly, el Premio Shelley Memorial, el Premio Wallace Stevens y el Premio Literario Internacional Zbigniew Herbert (2013). Fue Canciller de la Academia de Poetas Estadounidenses y fungió como Poeta Laureado de Estados Unidos durante el periodo 2010-2011.

A las palabras

Cuando sucede no están allí

Oh ustedes más allá de los números
más allá del recuerdo
transferido de hálito en hálito
de nuevo entregado
día tras día edad
tras edad
cargado de conocimiento
sin saber nada

ancianas indiferentes
indispensables e insomnes

guardianas de nuestros nombres
mucho antes de nuestra llegada
para ser nombrados por ellas

ustedes que fueron
formadas para comenzar
ustedes que fueron llamadas a gritos
ustedes que fueron expresadas
para comenzar
para decir lo que no podía ser dicho

antiguas preciosuras
e indefensas unas

díganlo

17 de septiembre de 2001

## Separación

Tu ausencia me atravesó
como un hilo a una aguja.
Todo lo que hago está bordado con su color.


## Antes de la inundación

Por qué me prometió
que nos construiríamos nosotros mismos
un arca sólo nosotros
en la parte trasera de la casa
en Nueva York Avenue
en Union City Nueva Jersey
al canto de los tranvías
siguiendo la historia
de Noé a quien nadie
le creía lo de las aguas
que se subirían sobre todo
cuando le dije a mi padre
yo quería que construyéramos
un arca propia allí
en el patio trasero bajo
la cocina podríamos hacer eso
él me dijo que podríamos
yo quiero dije y lo haremos
él me prometió que lo haríamos
por qué prometió eso

que yo quería que comenzáramos entonces
nadie nos creerá
dije que estamos construyendo
un arca porque las lluvias
están llegando y eso era verdad
nadie nunca creyó
que nosotros construiríamos un arca allí
nadie creería
que las aguas estaban viniendo

## A las consolaciones de la filosofía[1]

Gracias pero
no en este momento

sé que dirás
que he dicho esto antes
sé que has estado
allí todo este tiempo en algún lugar
en otra zona horaria

estudié una vez
esas bellas instrucciones
cuando era joven y
lejos de aquí
parecían distantes entonces

---

1 *De consolatione philosophiae* es un tratado filosófico escrito por Boecio en el año 524 d. C., el último texto clásico de la Edad Media sobre el bien sin una referencia concreta a Dios o Jesús.

parecen lejanas ahora
de todo lo que recuerdo

espero que hayan permanecido contigo
cuando el lazo comenzó a tensarse
y no podías decir más
y después de la sabiduría
y después de los días de hierro
los ojos se sobresaltaron desde tu cabeza

sé que las palabras
deben haber sido establecidas
en parte para ti
injustamente condenado luego
de una buena vida
sé que el diseño
del mundo está más allá
de nuestra comprensión
gracias
pero el dolor es egoísta y en
el presente cuando
las estrellas no parecen moverse
yo no estaba escuchando

sé que no es
sensato esperar
una fortuna para darle a ella
regalos para siempre
lo sé

## Luz de lluvia

Todo el día las estrellas contemplan desde hace mucho
mi madre me decía me estoy yendo
cuando tú estés solo estarás bien
sepas o no lo sepas lo vas a saber
mira la vieja casa bajo la lluvia de madrugada
todas las flores son formas de agua
el sol les recuerda a través de una nube blanca
toca el mosaico esparcido en la colina
los colores lavados de la vida después de la muerte
que han vivido allí por mucho tiempo antes de que tú nacieras
mira cómo se despiertan sin preguntar
aunque el mundo entero esté en llamas

2011-2012:
PHILIP LEVINE
[1928-2015]

Philip Levine nació en Detroit, Michigan, el 10 de enero de 1928, hijo de inmigrantes rusos judíos. Creció en esta ciudad industrial, donde comenzó a trabajar en fábricas de automóviles cuando tenía apenas catorce años. Desde joven le llamaron la atención los eventos de la Guerra Civil española; y honró a la clase trabajadora de Detroit, así como al movimiento de los revolucionarios españoles, en su libro *The Names of the Lost* (1976), ganador en 1977 del Premio de Poesía Lenore Marshall de la Academia de Poetas Estadounidenses. Al respecto, el autor Charles Molesworth explica en *The Fierce Embrace: A Study of Contemporary American Poetry* que Levine conectó a ambos grupos durante una estadía inquietante en Barcelona: «Ambas ciudades están edificadas sobre la espalda de trabajadores silenciosos, explotados, y la revolución olvidada de una arde tal cual el cortante miedo racista de la otra». Como Leibowitz lo resume, «El "yo español" del poeta, como él lo llama, está emparentado con su "yo de Detroit", ambos testigos del ideal visionario destruido».

Levine obtuvo su grado universitario (BA) en la Universidad Estatal de Wayne en 1950 y empezó a asistir a talleres de escritura en la Universidad de Iowa en 1953. Allí tomó clases con Robert Lowell y John Berryman, a quien luego homenajearía por su influencia en su propio desarrollo como poeta. Levine recibió una maestría de la Universidad de Iowa en 1957 y ese mismo año se le becó con la Jones Fellowship de Poesía en la Universidad de Stanford. Seguidamente empezó a enseñar en la Universidad Estatal de California, en Fresno, donde permaneció hasta 1992. También enseñó en las Universidades de Columbia, Princeton, Nueva York, Brown y en la Universidad de California en Berkeley, así como en Tufts.

Levine publicó su primera colección de poemas, *On the Edge*, en 1961, seguido por *Not This Pig* (1968). En 1980 recibió el Premio Nacional del Libro y el Premio del Círculo Nacional de Críticos Literarios, además del primer Premio del Libro Estadounidense de Poesía por su poemario *Ashes: Poems New and Old*. También obtuvo el Premio Nacional del Libro en 1991 con *What Work Is*. Levine recibió además, asimismo, el Premio Pulitzer de Poesía en 1995 por su libro *The Simple Truth*. Según los críticos, una de las virtudes más grandes de este libro se encuentra en el descubrimiento de elementos cotidianos desde una sencillez deslumbrante. También vale la pena mencionar al jurado que le otorgó el Pulitzer: Louise Glück, Mark Strand y Charles Wright.

A lo largo de su carrera, Levine publicó numerosos libros de poesía, además de los mencionados, incluyendo *They Feed They Lion* (1972), *7 Years From Somewhere* (1979), que ganó el Premio del Círculo Nacional de Críticos Literarios; *One for the Rose* (1981), *Sweet Will* (1985), *A Walk with Tom Jefferson* (1988), *New Selected Poems* (1991), *The Simple Truth* (1994), *Unselected Poems* (1997), *The Mercy* (1999), *Breath* (2004), acerca del cual *Publishers Weekly* comentó: «Levine escribe un desencarnado y ferozmente modesto verso libre sobre la masculinidad estadounidense, la labor física, los placeres físicos y la pena profunda, frecuentemente ubicados en la clase trabajadora de Detroit (donde creció Levine) o en California central (donde residía), algunas veces teñido con su herencia judía o la de los poetas españoles de simplicidad extasiada (Machado, Lorca), que permanecen como su influencia más visible»; *News of the World* (2009) y *The Last Shift* (2016).

También fue autor de libros de ensayos, entrevistas y autobiografías, como los recogidos en *Don't Ask* (1981), *The Bread of Time: Toward an Autobiography* (1994), *So Ask: Essays, Conversations, and*

*Interviews* (2002) o *My Lost Poets: A Life in Poetry* (2016). Como editor publicó *The Essential Keats* (1987) y coeditó dos libros de traducciones: *Off the Map: Selected Poems of Gloria Fuertes* (con Ada Long, 1984) y *Tarumba: The Selected Poems of Jaime Sabines* (con Ernesto Trejo, 2007).

Levine recibió los Premios Frank O'Hara, Harriet Monroe Memorial y Ruth Lilly, así como dos becas de la Fundación Guggenheim. Durante dos años sirvió como presidente del panel de literatura del National Endowment for the Arts. Fue elegido Canciller de la Academia de Poetas Estadounidenses en 2000, y en 2011 fue nombrado décimo octavo Poeta Laureado de Estados Unidos por la Biblioteca del Congreso. En 2013 recibió el Premio Wallace Stevens de la Academia de Poetas Estadounidenses. Luego de retirarse del profesorado, Levine vivió entre Brooklyn, Nueva York, y Fresno, California, hasta su muerte, acaecida el 14 de febrero de 2015. Su ultimo poemario, *The Last Shift*, y la colección de ensayos y otros escritos *My Lost Poets: A Life in Poetry* fueron publicados póstumamente en 2016.

## Una historia

Todos aman las historias. Empecemos con una casa.
Podemos llenarla con habitaciones prolijas y llenar las habitaciones
de cosas: mesas, sillas, armarios, gavetas
cerradas para esconder pequeñas camas donde los niños
    durmieron alguna vez
o grandes cajones que bostezan abiertos para revelar
prendas dobladas con precisión lavadas a morir,
impolutas, anquilosadas y a la espera de ser desgastadas.
Debe haber una cocina, y la cocina
debe tener un horno, acaso uno grande de hierro
con un tubo negro grueso que desaparezca en el techo
para alcanzar el cielo y exhalar sus olores y connivencias.
Éste era el centro del tipo de vida familiar
que existió aquí; éste y el lavabo ahora amarillento
alrededor del desagüe donde el agua, sucia o pura,
huía sin explicación, algo así como el punto
de esto, la historia que prometimos y aún estamos por cumplir.
Sin duda alguna, una familia estuvo aquí. Puedes ver
la senda raída en el linóleo donde la madera,
grisácea, de pino –ciertamente– lo muestra.
El padre se paraba allí en la mitad de su vida
para llamar a los cielos imaginando que sobre el techo
seguramente lo estarían escuchando. Cuando nadie le contestó
puedes ver dónde su tacón golpeó una
y otra vez, aun cuando se le había enseñado
a no exigir nunca. No es que la vida fuera especialmente cruel:
tenían agua del pozo que bombeaban primero,
una estufa que proveía calor, una madre que permanecía
ante el lavabo a todas horas y miraba añorante
a donde los bosques alguna vez retenían las voces

de pequeños osos –ellos también una familia– y las canciones
de aves hace tanto emigradas cuando los bosques se rindieron,
un árbol a la vez, después de que llegaron los obreros
con jarras de café caliente. El lugar desgastado en el alféizar
es donde la madre descansaba su cabeza cuando nadie veía,
esas dos crestas manchadas eran los asideros
con los que contaba; nunca la decepcionaron.
¿Dónde está ella ahora? ¿Crees que tienes el derecho
de saberlo todo? ¿Los niños bastante pequeños como
para caber en los armarios, bastante grandes como para tener
    dormitorios
propios y abandonarlos, el padre
con su mano derecha alzada contra el cielo?
Si esas preguntas son demasiado personales, entonces dinos
¿dónde están los bosques? Debieron haber existido
porque el continente estaba vestido de árboles.
Todos leímos eso en la escuela y sabíamos que era verdad.
Pero todo lo que vemos son casas, filas y filas
de casas hasta donde alcanza la vista, y donde la vista desaparece
hasta la nada, hasta el nuevo mundo que nadie ha visto,
donde tiene que haber más que polvo, partículas al viento
de tierra ardiente, la tierra que perdimos, y nada más.


**Nuestro valle**


No vemos el océano, nunca, pero en julio y agosto,
cuando el peor calor parece elevarse desde la dura arcilla
de este valle, podrías estar caminando a través de un huerto de
    higos

cuando de repente el viento enfría, y por un momento
recibes un tufillo de sal, y en ese instante casi puedes
creer que algo está esperando más allá del Paso Pacheco,
algo enorme, irracional y tan poderoso que incluso
las montañas que se alzan al este de aquí carecen de palabra para
    ello.

Probablemente pienses que estoy loco al decir que las montañas
no tienen palabra para «océano», pero si tú vives aquí
comienzas a creer que ellas lo saben todo.
Ellas mantienen ese gran silencio que pensamos divino,
un silencio que crece en otoño, cuando la nieve cae
lentamente entre los pinos y el viento decae
hasta ser menos que un susurro, y difícilmente puedes
mantener tu aliento porque estás encantado y aterrado.

Debes recordar que ésta no es tu tierra.
No pertenece a nadie, como el mar junto al que una vez viviste
y pensaste que era tuyo. Recuerda los pequeños botes
emergiendo mientras las olas cabalgaban de regreso, y los
    hombres
esculpían una vivencia con ello, sólo para hallarse al fin
tallados hasta volverse nada. Ahora dices que ésta es tu casa,
así que adelante, ríndele culto a las montañas mientras se
    disuelven en el polvo,
espera en el viento, atrapa un sabor a sal, llámalo nuestra vida.

**Ritos funerarios**

Todo el mundo vuelve aquí a morir
como haré yo pronto. El lugar parece apropiado
dado que está medio muerto, para empezar.
Incluso en una rara mañana de lluvia
como esta mañana, con el cielo tan bajo
acaparando sus riquezas, excepto por
algunas lágrimas falsas, la tierra dura
no acepta nada. Seis años atrás
enterré las cenizas de mi madre
al lado de una joven lila que está ahora
más alta que yo, y constreñida al tocón
de un rosal entre tierra
donde, como todo lo demás que no
es humano, florece. Las pequeñas flores
nunca se abren; lo que sea que sepan
lo guardan para sí mismas hasta
que una mañana lluviosa o un viento nocturno
regrese los pétalos nuevamente a la nada.
Incluso el gato del vecino que caga
diariamente en los senderos y se esconde
en la profundidad de la jungla de maleza
se niega a ronronear. Lo que está aquí,
aquí está y en ningún otro lado,
así que está bien terminar al lado
de la mujer que me tuvo, cavar
en la tierra lo que sea que queda
y dejar sólo un nombre para alguien
que lo quiera. Piensa en ello,
mi nombre, que ha dejado de ser
una parte de mí, ya no más inflado

o golpeado, ya no más guisándose
en un rico abono de memoria
o el más simple de los fragmentos de hueso,
suciedad, mierda de gato, cenizas de madera,
las raíces del eucalipto
que planté en el setenta y tres,
un pequeño yo llevando nada,
dando nada, y libre al fin.


## Reunión de García Lorca y Hart Crane

Brooklyn, 1929. Por supuesto, Crane ha
estado bebiendo y no tiene ni idea de quién
es este curioso andaluz, incapaz
incluso de hablar el lenguaje de la poesía.
El joven que hizo que se
juntaran sabe tanto español como inglés,
pero le duele la cabeza pues
debe ir saltando de un idioma
al otro. En un momento de alivio
va a la ventana para mirar
hacia el East River, que oscurece
mientras ve llegar la noche.
Algo brilla en el horizonte,
una doble visión de tal horror
lo obliga a llevar ambas manos a
su boca para no gritar.
No seamos frívolos, no
pretendamos que los dos poetas se dieron

el uno al otro sabiduría o amor o
incluso un buen momento, no
inventemos un diálogo de tal elocuencia
que incluso las hormigas en tu propia
casa no olvidarán. Los dos
más grandes genios poéticos vivos
se encuentran y ¿qué pasa? Una visión
llega a un hombre ordinario mirando
a un río sucio. ¿Alguna vez has
tenido una visión? ¿Alguna vez has sacudido
tu cabeza hasta hacerla añicos
y jalarla con un tirón de nuevo
ante la imagen de tu joven hijo
cayendo a través del espacio abierto, no
desde la popa de un barco que viaja
de Veracruz a Nueva York, sino desde
el techo del edificio donde trabaja?
¿Te has levantado de la cama para caminar
hasta el amanecer para suplicarle a un Dios despiadado
que haga desaparecer estas fotos? Oh, sí,
bendigamos la imaginación. Nos da
los mitos por los que vivimos. Vamos a bendecir
el poder visionario del ser humano
—el único animal que lo tiene–,
bendice la imagen exacta de tu padre
muerto y el mío muerto, bendice las imágenes
que acechan los rincones de nuestra vista
y no se van. El hombre joven
era mi primo, Arthur Lierberman,
entonces un estudiante de idiomas en Columbia,
quien me contó todo esto antes de morir
tranquilamente durmiendo en 1983
en un hotel de Perugia. Un buen hombre,

Arthur sobrevivió a la escuela de postgrado,
más tarde llegó a casa en Detroit y vendió
pianos durante la Depresión.
Le prestó a mi hermano uno usado
para componer en él canciones horribles,
que Arthur pensó que eran geniales.
¡Qué imaginación tenía Arthur!


**La música del tiempo**


La joven mujer cosiendo junto a la ventana
tararea una canción que no conozco; escucho apenas
unos cuantos compases y cuando los camiones descienden
por la pasarela rota entre nuestros edificios
la música se ha perdido. Antes que la oscuridad
gotee desde las sombras de la gran catedral,
creo que puedo verla una vez más trabajando, y luego oigo
en el repentino silencio del anochecer una música sin letra
saliendo de su habitación. Hago a un lado
mis papeles, me lavo y me visto para salir.
Tengo una pequeña cena en uno de esos cafés
que están a lo largo de las grandes avenidas cerca del puerto
donde duerme la gente sin hogar. Después camino
durante horas por el Barrio Chino pasando
por las puertas abiertas de los pequeños bares y cavernas
desde donde las voces de los viejos
ladran himnos rancios
sobre la derrota del amor. «Esto es el mundo»,
pienso, «esto es lo que vine
buscando hace unos años». Ahora puedo volverme

a mi cuarto de soltero, puedo echarme
despierto en la oscuridad y ensayar
todos los eventos triviales del día por venir,
un día que comienza cuando el sol ilumina
las oscuras cúpulas del dios de alguien y yo
despierto en una inundación de polvo subiendo
desde ninguna parte, y de ninguna parte llega
la voz real de alguien más.

## 2012-2014:
## Natasha Trethewey
[1966-]

Natasha Trethewey nació el 26 de abril de 1966, en Gulfport, Mississippi, hija de un matrimonio mixto entre el poeta, profesor e inmigrante de Canadá Eric Trethewey y Gwendolyn Ann Turnbough, trabajadora social afroamericana. Natasha sintió profundamente el divorcio de sus padres cuando tenía sólo seis años. Creció en Atlanta con su madre y en Nueva Orleans con su padre. Estudió inglés en la Universidad de Georgia, sacando una maestría en Inglés y Escritura Creativa en la Universidad de Hollins, así como una maestría en Bellas Artes en la Universidad de Massachusetts, Amherst.

Su primer poemario, *Domestic Work* (2000), ganó el Premio Cave Canem Poetry, en su convocatoria inaugural, en 1999, por ser la mejor primera obra de una poeta afroamericana, además del Premio del Instituto de Artes y Letras de Mississippi y el Premio de Poesía Lillian Smith, ambos en 2001. Ha publicado además otras tres colecciones de poesía que combinan en sus textos aspectos personales e históricos: *Bellocq's Ophelia* (2002), *Native Guard* (2006), que recibió el Premio Pulitzer; *Thrall* (2012), así como el libro de poemas, cartas y ensayos *Beyond Katrina: A Meditation on the Mississippi Gulf Coast* (2010). Como editora, junto con Jeb Livengood, publicó *Best New Poets 2007*.

Se ha desempeñado en la Universidad de Duke como profesora de la Cátedra Conjunta Lehman Brady de Estudios Documentales y Estadounidenses; y, asimismo, como profesora de la Universidad de Carolina del Norte y de la Universidad de Yale, donde fue

Miembro Weldon Johnson en Estudios Afroamericanos en la Biblioteca Beinecke. Y ahora es Profesora Robert W. Woodruff de Inglés y Escritura Creativa en la Universidad de Emory, en Atlanta. Trethewey también recibió la beca de la Academia de Poetas Estadounidenses en 2016.

Acerca de la autora, la Canciller de la Academia de Poetas Estadounidenses Marilyn Nelson afirmó: «Los poemas de Natasha Trethewey sondean la historia personal y nacional para meditar en el enigma de las identidades raciales estadounidenses. Ya sea cuando escribe sobre su compleja familia desgarrada por pérdidas trágicas o con voces diversas, imaginarias del pasado distante, Trethewey nos anima a reflejar, aprender y experimentar deleite». Sus otros reconocimientos incluyen diversas becas, como la Bunting Fellowship del Institute Radcliffe para Estudios Avanzados de la Universidad de Harvard, así como las becas del National Endowment for the Arts y de las fundaciones Guggenheim y Rockefeller. Galardonada con el Premio del Gobernador de Mississippi por Excelencia en las Artes, Trethewey también fue nombrada Mujer del Año de Georgia en 2008. Ha sido incluida en el Salón de la Fama de la Asociación de Escritores del Sur y Escritores de Georgia. En 2012 fue nombrada Poeta Laureada del estado de Mississippi y Poeta Laureada número diecinueve de Estados Unidos. En 2013, cumplió un segundo término en dicho cargo, durante el cual recorrió ciudades y pueblos de todo el país juntándose con el público para explorar las abundantes maneras en que la poesía vive en las comunidades estadounidenses. Reportaba sus descubrimientos de forma regular durante el programa televisivo *News Hour Poetry Series* (Hora de noticias en las series de poesía) del canal público PBS.

## Historia del Sur

*Antes de la guerra eran felices*, dijo
citando el libro de texto. (Esto fue en el último año de secundaria,

en clase de Historia). *Los esclavos tenían ropa, comida,
y se sentían mejor al cuidado de un amo.*

Vi las palabras borrarse en la página. Nadie
alzó la mano en desacuerdo. Yo tampoco.

Era tarde. Aún nos faltaba ver la Reconstrucción
antes del examen y con suerte, ver

tres horas de *Lo que el viento se llevó*.
*La historia del viejo sur,* dijo nuestro profesor,

*el fiel relato de cómo eran las cosas en aquellos tiempos.*
En la pantalla un esclavo grande como la vida: boca grande,

y ojos saltones, prueba burlona de nuestro libro de texto –una mentira
que el profesor guardaba–. En silencio, como yo.

Ilustración

En el retrato de Jefferson que cuelga
    en Monticello, él está representado en dos tonos:
su frente blanca con iluminación,

una bombilla encendida; el resto de su rostro en la sombra,
    oscurecido como si el artistaintentara contrastar
su brillante conocimiento, su subtexto oscuro.

En 1805, cuando Jefferson se sentó para el retrato,
    ya sostenía una aventura
con su esclava. Contra un telón de fondo, azul

y etéreo, un lavado de pintura que parece
    mantenerlo en relieve, Jefferson mira hacia fuera
a través de los siglos, sus labios fijos como si

acabara de pronunciar una última palabra.
    La primera vez que vi la pintura escuché
cómo mi padre explicó las contradicciones:

cómo Jefferson odiaba la esclavitud, aunque –*por*
    *necesidad*, dijo mi padre– tenía que poseer
esclavos; que su filosofía moral significaba

que él no podría haber engendrado a esos niños:
    *habría sido imposible*, dijo mi padre.
Durante años debatimos la distancia entre

palabra y hecho. Yo seguía a mi padre de libro
    en libro, recogiendo citas, escuchando
mientras él nombraba —como una guía de campo sobre Virginia—

cada flor y árbol y pájaro como para probar
    la búsqueda de conocimiento del hombre es mayor
que sus defectos, que los límites de su visión.

No sabía entonces el contexto
    de nuestra historia, que mi padre podría imaginar
que las palabras de Jefferson se hicieron carne en mi carne

*—la mejoría de los negros en cuerpo*
    *y mente, en la primera instancia de su mezcla*
*con los blancos—* o que mi padre podía creer

que él me hizo mejor. Cuando pienso en esto ahora,
    veo cómo el pasado nos mantiene cautivos,
su hermosa ruina grabada en el ojo de la mente:

mi joven padre, un bosquejo del viejo
    en que se ha convertido, necesita mostrarme
la mejor medida de su corazón, una ecuación

escrita en grande en Monticello. Eso fue hace años.
    Ahora comprendemos cuánto ha cambiado
hablar de Sally Hemings, alguien pregunta

¿cuán blanca era ella?, analizando las facciones
    como para nombrar lo que la hizo digna
de las atenciones de Jefferson: una casi blanca,

amante mestiza, y no una simple esclava negra.
   *Imagínense retroceder al pasado,*
nuestra guía nos dice entonces; y no puedo resistir

susurrándole a mi padre: *aquí es donde*
   *nos separamos. Me dirigiré a la parte posterior.*
Cuando se ríe, sé que está agradecido

de que haya hecho una broma de ello, de esta historia
   que nos vincula –padre blanco, hija negra–
incluso cuando nos convierte en otro para el otro.


**Taxonomía**

*A la manera de las pinturas de castas de*<br>*Juan Rodríguez Juárez, c. 1715*

1. DE ESPAÑOL Y DE INDIA PRODUCE MESTIZO

El lienzo es un cielo plomizo
   tras ellos, cargado
con palabras, con letras doradas que inscriben
   la ecuación de la sangre

*esto más esto es igual a esto,* como si fuera
   un contrato con la naturaleza, o
la cartela de un museo,
   etnográfico, preciso. Observa

cómo la mano del padre, debajo
   de su corona de encaje,

acaricia la cabeza de su hija;
    ella es casi tan blanca

como él, *calidad*. Mira
    en el broche de su cuello,
cómo la puntilla enmarca su rostro.
    Es una niña, sostenida

sobre el hombro izquierdo del sirviente,
    atada a él
por una cincha, por un pañuelo azul sencillo
    anudado a su garganta.

Si el padre, con la mano
    en su cráneo, adivina,
como lo hace el fisionomista,
    los misterios

de su naturaleza, prolijos,
    legibles en su carne clara,
en el suave rizo de su pelo;
    no podemos saberlo: es tan dulce

la forma en que la contempla.
    La madre, mirándolo
de soslayo,
    con un pañuelo en la cabeza

blanco como la cara del hombre,
    con su *peluca* empolvada, hace un gesto
con una mano, la forma
    de la letra C. *Mira*,

parece decir,
    *lo que hemos hecho.*
El sirviente, que todavía es un niño, estira
    el cuello, vuelve su cara

hacia todos ellos. Él es oscuro
    como la historia, es el origen de la palabra
*nativo*: el peso de la sangre,
    una dueña pálida sobre su espalda,

más pesada cada año.


2. DE ESPAÑOL Y NEGRA PRODUCE MULATO

Sin embargo, los siglos no han apagado
la aspereza de la expresión del niño.

Si hay alguna luz dentro de él, no resplandece
en la pintura que sostiene su cara

de perfil –con la frente redonda, los ojos
casi cerrados bajo una ceja poblada–.

Aunque dentro, el padre del chico permanece de pie
con su abrigo y su sombrero. Como si acabara de llegar,

o se estuviera marchando. Lo vemos
ausente, liándose un cigarrillo, miope,

sus párpados trazados frente al niño
pasan delante de él. En la cocina,

la madre del niño se retuerce, vigilante,
con el cuello girado sobre su espina dorsal, rojos abalorios

unidos a su garganta como un collar de sangre,
su cara es tan negra que casi desaparece

en el lienzo, en la pared oscura en la que
contemplamos las palabras que los nombran.

¿Cómo podemos interpretar todo esto?
Cambiar las palabras que hay sobre sus cabezas,

poner algo más en lugar del niño,
una mesa, quizás, sobre la que el hombre pueda dejar

el sombrero, o un perro al que honrar con
la bendición de su tacto, y la historia

cambia. El niño es un palimpsesto de la pintura,
capas de color, la historia lo representa

con el más perfecto matiz intermedio.
Antes de esto él no era nada: un lienzo

en blanco, antes que la imagen o la palabra, antes
de que la última pincelada lo fijara para siempre en su lugar.

3. DE ESPAÑOL Y MESTIZA PRODUCE CASTIZA

¿Cómo no ver
    en este gesto

la mentalidad
    de la colonia?

En los brazos de la madre,
    la niña, colgada

de sus entrañas,
    la oscura cuna

de la sangre mezclada
    (llamémosla *México*)

se vuelve hacia el padre,
    alcanzándole

como de regreso a España,
    a la promesa de la alquimia

de la sangre, tres simples pasos
    hacia la pureza:


*de un español y un indio,*
    *un mestizo;*

*de un mestizo y un español,*
    *un castizo;*

*de un castizo y un español,*
    *un español.*

La vemos aquí,
    una generación después,

casi resbalándose
    del cuidadoso abrazo de su madre.


4. EL LIBRO DE CASTAS

Llamémoslo el catálogo
    de sangres mixtas, o

    el libro de nada:
        ni español, ni blanco, sino

*mulato torna-atrás* (o
    *tente en el aire*) y

    la morisca, el lobo, el chino,
        zambo, albino y

el no-te-entiendo, el
«*I don't understand you*».

    La guía de la colonia,
        el registro de cada nacimiento cruzado,

es la tipología de la mancha,
    de la pintura, la tacha, la mota mancillada:

    lo que puede ser purificado,
        y lo que no, el negro destino

de Canaán. Parece
    un chiste verde: *¿cómo llamas*

*a ese espacio entre*
        las oscuras geografías del sexo?

*Llamémoslo la mancha*: como en
*No es ni lo uno ni lo otro,*

    ilícito y todavía hoy nombrando
        lo que hay en medio. Entre

sus padres, la niña,
    *la mulata torna-atrás,*

    no puede escapar de su abrazo,
        del tríptico que hacen sus cuerpos

en la pintura, en la sangre: su nombre
    está escrito en el *Libro*

    *de castas* –todos sus iguales están como ella
        cautivos de una palabra–.

                            [Traducción de Nieves García Prados]

2014-2015:
CHARLES WRIGHT
[1935-]

Charles Wright nació el 25 de agosto de 1935 en Pickwick Dam, Tennessee. Se educó en el Davidson College y en la Universidad de Iowa (Talleres de Escritores). Empezó a escribir poesía durante su estadía por cuatro años en Italia, adonde había sido enviado durante su servicio en el Ejército estadounidense. La influencia de Pound (especialmente en sus *Cantos* italianos) es notoria en la poesía inicial de Wright.

    Publicó su primer poemario, *The Grave of the Right Hand*, en 1970. Sus siguientes colecciones de poesía, *Hard Freight* (1973) y *Country Music: Selected Early Poems* (1983), fueron ambas nominadas para el Premio Nacional del Libro, un galardón obtenido por esta última. Sus libros, más de una veintena, incluyen *Bloodlines* (1975), *China Trace* (1977), *The Other Side of the River* (1984), *The Southern Cross* (1981), *Zone Journals* (1988), *The World of the Ten Thousand Things* (1990), *Chickamauga* (1995), ganador en 1996 del Premio de Poesía Lenore Marshall de la Academia de Poetas Estadounidenses; *Black Zodiac* (1997), que obtuvo el Premio Pulitzer y el Premio al Mejor Libro del *Los Angeles Times*, y del que cabe notar que fue traducido al español en 2002 por Jeannette L. Clariond bajo el título *Zodiaco Negro*, con prólogo de Harold Bloom, y publicado por la editorial Pre-Textos; *Appalachia* (1998), *A Short History of the Shadow* (2002), publicado en DVD, *Negative Blue*, que muestra temas tradicionales de Wright, como la evocación de los paisajes de Blue Ridge, homenajes a sus poetas favoritos y el reconocimiento de la «fugacidad de todas las cosas»; *Buffalo Yoga* (2004), con su preocupación por la muerte, eje discursivo de los poemarios venideros; *The Wrong End of the Rainbow* (2005), *Scar Tissue* (2007), que ganó el Premio Internacional de Poesía Griffin y está publicado en Vaso Roto, al igual que *Littlefoot: A Poem* (2008); los poemas cortos y elegíacos de *Sestets: Poems* (2009); *Outtakes* (2010); *Bye-and-Bye: Selected Late Poems* (2011); y *Caribou* (2014), también en Vaso Roto Ediciones.

Además, Wright ha escrito dos volúmenes de crítica literaria: *Halflife* (1988) y *Quarter Notes* (1995). Igualmente tradujo los poemas del Premio Nobel Eugenio Montale en *The Storm and Other Things: Eugenio Montale* (1978), Premio de Traducción del PEN, así como la obra del poeta hermético Dino Campana en *Orphic Songs* (1984).

Según los críticos, los poemas de Wright giran mayoritariamente en torno a tres ejes fundamentales: el paisaje, el lenguaje y la idea de Dios. Estos temas a su vez se enmarcan en una sobresaliente religiosidad, como síntesis de una significativa variedad de tradiciones.

Enseñó en la Universidad de Virginia, donde recibió la distinción de «Profesor de Inglés de la Familia Souder», en Charlottesville, ciudad en la que reside en la actualidad. Entre sus numerosos reconocimientos figuran el Premio Bollingen en 2013, la Medalla al Mérito de la Academia Estadounidense de las Artes y las Letras, becas del National Endowment for the Arts, así como el Premio de Poesía Ruth Lilly. En 1999 fue elegido Canciller de la Academia de Poetas Estadounidenses y ejerció dicho cargo hasta 2002. En 2014 fue nombrado Poeta Laureado de Estados Unidos, una posición de la que se retiró en 2015.

## Música terrenal

¿Qué está sucediendo, gran arquitecto del universo?
                                                                   Las estrellas caen,
La luna fracasa detrás de tu vaporoso lavadero,
Los planetas pierden sus nombres,
        y la oscuridad está perdiendo pulgadas bajo la tierra.

Aquí abajo, lo tomamos con calma.
Los caballos continúan con su arrebato y rapiñan en las largas
    hierbas,
Los perros sienten escalofríos,
        y los coyotes cantan en el bosque, tiesos, inadvertidos.


## El secreto de la poesía

El segundo chino dijo: si quieres encontrar poesía
*Enciende una linterna.*
Esta noche, una noche después de luna llena, una delicada luna llena
Es cuanto necesitas,
Esencia lunar, ciega estructura de la materia,
                                        la perfección del dolor,
Esparciéndose involuntaria y solemne sobre el paisaje.

Nieve, nieve y hielo, y más nieve,
Desde ayer, antes de la luz de la luna.
Es difícil de encontrar.

A pesar de lo expresado por el chino.
Difícil de encontrar a pesar del brillo que desata y une.
Ahora que ha vuelto la luz, ya sin hielo y nieve,
lastima y es difícil mirarla.

El viento boreal en las desnudas ramas de los robles nos alcanza.
La canción del viento boreal llena nuestras voces de silencio.

[Traducción de Jeannette L. Clariond]

## Retrato del artista con Hart Crane

Finales de agosto en Venecia, afuera, después de almorzar, Hart
Apaga la colilla de su cigarro en un vaso de vino,
El semblante humedecido y aséptico,
Encierra la palidez de la muerte o la suavidad de una nube.
El brillo líquido de su porvenir se adhiere aún a la pérgola.

El tema de la poesía es siempre el tiempo.
Pienso, las pequeñas manecillas, cada noche en nuestro pecho
Se desdoblan por la mañana, un dedo a la vez
Bajo el renovado peso del sol.
Un día más es un día menos.

Llevo varias semanas escribiendo este poema
Con un lápiz hecho de lluvia, que difumina mi cara
Y la de mi amigo, creando un lenguaje donde nada permanece.

La luz del sol no tiene tal deseo.
En los pequeños estanques de nuestras palabras, el fondo es el brillo.


[Traducción de Jeannette L. Clariond]



*Apologia Pro Vita Sua*
(dos fragmentos)


Cuán pronto llegamos al final del camino:
El fracaso, nuestro compañero de doble dimensión, luz plana del
 sueño,
No habrá de encendernos, no habrá de consumirnos,

Insidioso el cornejo en sus constelaciones de puntas chamuscadas
Es Vía Dolorosa de la primavera
 desvanecida en grave profusión,
Ningún sitio adonde ir sino arriba, ningún sitio donde mirar:
 inercia del mundo muerto,

Se han ido y regresan de nuevo,
 el cornejo
Ramo de la primavera sin su savia, artrítica, marchita de invierno,
 limbo mítico,
Cuyas raíces son la cabellera de mi madre.

---

La carne del sacramento es invisible carne y espectral sustancia,
Digo yo.
        Como cualquier cosa visible,
Siempre atraída hacia abajo, dispuesta a morir y ser asimilada.

Vasija de la vida, decimos, vasija de la vida hacia la nada,
Y después se repliega a lo visible.
Eso, aroma de la primavera como lujuria en el huerto de estrellas
    florecidas,

La forma informe de la oscuridad comienza a trasminarse y
    emerge,

El mundo visible comienza a inclinarse,
Ahí donde permanezco, punto fijo e inquebrantable
                          bajo las olas del mundo.

---

[Traducción de Jeannette L. Clariond]




*Disjecta Membra*
(fragmento)


*La restauración de la naturaleza de los que son buenos*
*Ocurre en un tiempo sin principio.*

Así sucede, no cabe duda.
Se viene a descansar en lo que da descanso y se toma
El alimento apetecido.
La luz que resplandece allá, sobre aquel cuerpo, jamás se hunde.

## Chickamauga

Giros de paloma en la hierba alta.
                          El esmalte del final del verano
En los guantes y las puntas abiertas de la maltrecha magnolia.
Se escucha el ruido del trabajo: un pitido al retroceder el camión,
    un martillo de madera, una cigarra, un cuerno de fuego.

La historia utiliza nuestro pasado como fruta marchita.
A media mañana, la luz de finales de siglo
                          es un percal bajo los duraznos.
Nos roza aquí. Nos roza aquí y aquí.

El poema es un código sin mensaje:
El punto de la máscara no es la máscara, sino la cara por debajo,
absoluto, incomunicado,
                desalojado y peregrino.

La red de agallas de la historia nos arrancará lo suficientemente
    pronto
Del agua gélida de la autoconfianza en que nos movemos
uno a uno
        a su luz y aire sofocantes.

La estructura se convierte en un elemento de creencia, sintaxis
Y gramática, un catequista,
Sus palabras, lo que las cuentas dicen,
            palabras manoseadas para nuestro descontento.

## 2015-2017:
## Juan Felipe Herrera
[1948-]

Juan Felipe Herrera nació en Fowler, California, el 27 de diciembre de 1948. Hijo de trabajadores agrícolas inmigrantes, Herrera recibió en 1972 su grado universitario (BA) en Antropología Social de la Universidad de California (UCLA). Allí se involucró en el movimiento chicano por los derechos civiles y comenzó a actuar en teatro experimental, influenciado por Allen Ginsberg y Luis Valdez. Recibió luego un título de maestría en Antropología Social de la Universidad de Stanford y otro de maestría en Escritura Creativa de la Universidad de Iowa.

Entre los casi treinta libros de su autoría, Juan Felipe Herrera ha publicado al menos una docena de poemarios, como *Rebozos of Love* (1974), *Exiles of Desire* (1985), *Facegames* (1987), *Love After the Riots* (1996), *Border-Crosser with a Lamborghini Dream* (1999), *187 Reasons Mexicanos Can't Cross the Border, Undocuments 1971-2007* (2007), *Half the World in Light: New and Selected Poems* (2008), galardonado con el Premio del PEN Beyond Margins.

Sus libros de poemas más recientes son *Senegal Taxi*, publicado en 2013, y *Notes on the Assemblage* (2015). También ha escrito novelas juveniles, colecciones para niños y el libro ilustrado *Portraits of Hispanic American Heroes* (2014). Su libro de literatura infantil *The Upside Down Boy* (2000) se adaptó como pieza musical. Otros de sus libros para niños y jóvenes que han obtenido premios son *Calling the Doves* (2001), ganador del Premio Ezra Jack Keats, y *CrashBoomLove* (1999), novela de literatura juvenil en verso que mereció el Premio de las Américas. Su libro *Half*

*The World in Light* fue finalista del Premio del Círculo Nacional de Críticos Literarios en 2009. También cabe mencionar los siguientes títulos de Herrera, que combinan prosa con poesía: *Memoria(s) from an Exile's Notebook of the Future* (1993), *Night Train to Tuxtla: New Stories and Poems* (1994) y *Mayan Drifter: Chicano Poet in the Lowlands of America* (1997).

Poeta, profesor y activista, Herrera fue nombrado Canciller de la Academia Estadounidense de Poetas, cargo que ejerció de 2011 a 2016. Ha sido merecedor de numerosos premios y reconocimientos, entre ellos el de Poeta Laureado de California de 2012 a 2014. También recibió el Premio del Círculo Nacional de Críticos Literarios y el Premio Literario Latino Internacional, a los que conviene agregar dos premios de poesía del Salón de la Fama Latino, varios premios PEN y becas de la Fundación Guggenheim, del National Endowment for the Arts, del programa de Stanford Chicano Fellows y de la Universidad de California en Berkeley.

Igualmente le otorgaron el Premio de la Distinción Hungry Mind, el Premio Focal y un Premio PEN West Poetry. En 2015, recibió el Premio Literario Robert Kirsch del periódico *Los Angeles Times* por su destacada trayectoria. Ha sido honrado con una membresía en el Círculo de Regentes de la Universidad de California (Berkeley), la Conferencia de Escritores Bread Loaf y el grupo de Stanford Chicano Fellows; y recibió becas del Consejo de Artes de California. Nombrado Poeta Laureado de Estados Unidos para el periodo 2015-2016, se trata del primer autor hispano en lograr semejante distinción.

De acuerdo con los críticos, bajo la influencia de Allen Ginsberg, entre otros, la poesía de Herrera rebosa de simultaneidad y exuberancia, y frecuentemente toma la forma de un mural. El crítico literario Stephen Burt elogió a Herrera en el periódico *The New York Times* como uno de los primeros poetas en crear exitosamente «un nuevo arte híbrido, en parte oral, en parte escrito, en parte inglés, en parte otra cosa: un arte basado en identidad étnica, alimentado por un orgullo colectivo, pero también irreduciblemente individual».

Juan Felipe Herrera enseñó en el Taller de Escritores de la Universidad de Iowa y fue Decano del Departamento de Estudios Chicanos y Latinoamericanos de la Universidad Estatal de California (CSU), en Fresno, de la que es profesor emérito, como también lo es en la Universidad de California en Riverside. Tiene doctorados *honoris causa* de la Universidad Estatal de California, del Skidmore College y de la Universidad Estatal de Oregón. Padre de cinco hijos, radica en California con su pareja, la poeta y actriz Margarita Robles.

## Fulgencio salió de Oaxaca hacia El Norte

Los ojos verdes el mármol de vida y muerte el ajedrez
y al azar los tejidos de gis de municipio de arpa fugaz
donde caminamos un lienzo entre blanco y anaranjado
el albedrío de pueblos y más que nada el guinda loco
de caderas y brazos rasgados pero no te das cuenta

      los amantes los azulejos secretos
            un copal renace un rehilete de madres
                                hirviendo la tierra

y otras desarraigando las cimas de orquestas y carnes
secas nuestras risas el amor de coco de piña de
ciruela de penitencia de mil generaciones y migraciones
piel de calabaza hacia Norte al Sur al Norte y oyes
los violines de perros que te olfatean a los que no

      les regalaste chicharrón o son
           garabatos estrellas tartamudas
                                      o son

papalotes clavados de costillas y lenguas serpientes o brujas
o un niño que despertó al mundo con aceites zapotecos
planeta negro ferrocarril encendido traje de cruces y
almas de lagartos más almas más tejidos geométricos
más abejas picando eléctricas flautas tuyas mías letritas
noches máscaras amarillas iglesias blancas y un tigre paseándose

      en medio de todo
           juegos de luz tambores y maíz
                  más vuelos más aguas para el Gozón

así así vamos
          por allí va por aquí viene

[Versión original del poema escrito en español por Juan Felipe Herrera]

**Entrar al vacío**

Entro en el vacío,
tiene la forma de una viola:

Israel, Jenin, Cisjordania, Nablus –un muchacho de escombros
cambia su omoplato como si fuera su continente, subterráneo
Gazaground, quiero decir– su único hueso,

el muchacho de escombros es una chica, pienso,
su pelo caído, anudado y doblado bajo
el zancarrón verde de fibras, tubos y conchas.

Ella cava para su padre de escombros, digo escombro
porque es indistinguible del hielo, del fuego, del polvo,
arcilla, carne, lágrimas, cemento, pan, pulmones, pubis, dios,
digamos escombros, digamos agua.

La muchacha de escombros cava para su madre de escombros,
ocupación –desheredada– una vez más,
yo había escrito esto en alguna parte, en un taller, creo,
sí, era una tarde de poetas oscuros con hojas, café
y música en la sala con luz de licor.

Una roca, tal vez es una roca, se asoma, dos rocas
se abrazan una a la otra, las formas me llegan fácilmente,
un viejo reflejo poético –memoria, una nación subterránea,
que es eso, la nación bajo la tierra,
por eso las rocas la cubren–.

Me olvido de mencionar las explosiones, tantas cosas volando,
luz, existencia, la casa en latas, una madre en harapos.

Hace demasiado frío para exponer sus diminutas piernas,
la espalda con forma de pez, debes tomar estas notas para mí.

Antes de que te vayas. Mira esto
ondular
extenderse
más allá
de los charcos de sangre.

Viajo la noche, pasado el Yukón, pasado
el Sur de Laredo, más allá de Odessa, más allá de Ucrania,
la antigua Jaffa, Haifa y Estambul, a través de las nubes,
vacilantes y porosas, escucha:

Son porosas para poder deslizarnos
en ellas, este vientre, este subterráneo:
madres heridas y padres sollozando, ellos

parten, en su carne enlazada, las orillas balbucean
contra la nada, abierto –hacia ti,
se disuelven de nuevo en mis zapatos–.

Escucha el gong del polvo:
pasaportes de gendarmes

hombres clonados de maíz en c-130, con lágrimas
burbujeando en sus manos, guijarros
en camino: todos estamos en camino
a las tierras de los escombros.

Quiero cantar un mantra de la dicha
Prajnaparamita
¿puedes escucharme?

Quiero llamar a la niña del asesino de dragones.
Estoy de rodillas de nuevo.

En el recuento de Cisjordania
las olas de escombros del cráneo –una letra hebrea
para «el amor» me rechaza,
una letra árabe para «frontera»
me reconoce–.

Siéntese en un terraplén,
un vellón de polvo, hay una ola de marea delante de mí.

Nunca me alcanzará. Yo vivo bajo tierra, bajo el Mar Muerto,
bajo las rocas benevolentes y los antebrazos y
conchas de mortero y delgados verdes rojos desnudos
torsos, negros,
tan negros.
En camino:

esto podría ser un tren, escucha:
se descarrila en una nube.

## Mitad mexicano

Es extraño ser mitad mexicano, déjenme decirlo de este modo
Yo soy mexicano + mexicano, entonces queda la cuestión de la mitad
Decir mexicano sin la otra mitad, bueno, eso significa otra cosa
Uno podría decir *únicamente mexicano*
Y entonces se pensaría en las pirámides –vetas de obsidiana, códices de fuego, diosas con
Rostros desollados pies con garras y calaveras como cinturones– éstos no son mexicanos
Ellos son existencias, es decir
Esclavitud, tendones, corazones destrozados sacrificados por el continuum
Quarks y galaxias, la leche cósmica que fluye al interior de los árboles
Después oscuridad

¿Qué es lo otro? Sí
También es mexicano, pero todavía no tiene forma, está salpicado de partículas
¿Piezas europeas? Decir colonia o poder es incorrecto
Mejor pensar en Kant y en su pequeña habitación
Arrastrando sus calcetines negros en busca de la noción del tiempo
O en Einstein volviendo a trabajar sobre la ecuación errónea
sobre la forma en que la luz se curva, todo esto tiene que ver con
la mitad, con lo que es la mitad cuando tú eres un medio-ser

Tiempo

Luz

La manera en la que ellos te acechan y cómo tú les suplicas
Todo esto se convierte en tu proyecto para toda la vida, es decir
tú eres mexicano. Una mitad mexicano la otra mitad
Mexicano, entonces la mitad en contra de sí misma.

[Traducción de Nieves García Prados]

## Borderbus

A dónde vamos where are we going
Speak in English or the guard is going to come
A dónde vamos where are we going
Speak in English or the guard is gonna get us hermana
Pero qué hicimos but what did we do
Speak in English come on
Nomás sé unas pocas palabras I just know a few words

You better figure it out hermana the guard is right there
See the bus driver

Tantos días y ni sabíamos para dónde *íbamos*
So many days and we didn't know where we were headed

I know where we're going
Where we always go
To some detention center to some fingerprinting hall or cube
Some warehouse after warehouse

Pero ya nos investigaron ya cruzamos ya nos cacharon
Los federales del bordo qué más quieren
But they already questioned us we already crossed over they
already grabbed us the Border Patrol what more do they want

We are on the bus now
this is all

A dónde vamos te digo salí de Honduras
No hemos comido nada y dónde vamos a dormir

Where we are going I am telling you I came from Honduras
We haven't eaten anything and where are we going to sleep

I don't want to talk about it just tell them
That you came from nowhere
I came from nowhere
And we crossed the border from nowhere
And now you and me and everybody else here is
On a bus to nowhere you got it?

Pero por eso nos venimos para salir de la nada
But that's why we came to leave all that nothing behind

When the bus stops there will be more nothing
We're here hermana

Y esas gentes quiénes son
no quieren que siga el camión
No quieren que sigamos
Están bloqueando el bus
A dónde vamos ahora
Those people there who are they
they don't want the bus to keep going

they don't want us to keep going
now they are blocking the bus
so where do we go

What?

He tardado 47 días para llegar acá no fue fácil hermana
45 días desde Honduras con los coyotes los que se —bueno
ya sabes lo que les hicieron a las chicas allí mero en frente
de nosotros pero qué *íbamos* a hacer y los trenes los trenes
cómo diré hermana cientos de
nosotros como gallinas como topos en jaulas y verduras
pudriéndose en los trenes de miles me oyes de miles y se
      resbalaban
de los techos y de los desiertos de Arizona de Tejas sed y hambre
sed y hambre dos cosas sed y hambre día tras día hermana
y ahora aquí en este camión y quién sabe a dónde
vamos hermana fíjate vengo desde Brownsville dónde nos
      amarraron
y ahora en California pero todavía no entramos y todavía el bordo
está por delante
It took me 47 days to get here it wasn't easy hermana
45 days from Honduras with the coyotes the ones that —well
you know what they did to las chicas
right there in front of us so what were we supposed
to do and the trains the trains how can I tell you hermana
      hundreds
of us like chickens like gophers in cages and vegetables
rotting on trains of thousands you hear me of thousands and they
      slid
from the rooftops and the deserts of Arizona and Texas thirst and
      hunger
thirst and hunger two things thirst and hunger day after day
      hermana

and now here on this bus of who-knows-where we are going
hermana listen I come from Brownsville where they tied us up
and now in California but still we're not inside and still the border
lies ahead of us

I told you to speak in English even un poquito
the guard is going to think we are doing something
people are screaming outside
they want to push the bus back

Pero para dónde le damos hermana
por eso me vine
le quebraron las piernas a mi padre
las pandillas mataron a mi hijo
sólo quiero que estemos juntos
tantos años hermana
separados
But where do we go hermana
that's why I came here
they broke my father's legs
gangs killed my son
I just want us to be together
so many years hermana
pulled apart

Why?

Mi madre me dijo que lo más importante
es la libertad la bondad y las buenas acciones
con el prójimo
My mother told me that the most important thing
is freedom kindness and doing good
for others

What are you talking about?
I told you to be quiet

La libertad viene desde muy adentro
allí reside todo el dolor de todo el mundo
el momento en que purguemos ese dolor de nuestras entrañas
seremos libres y en ese momento tenemos que
llenarnos de todo el dolor de todos los seres
para liberarlos a ellos mismos
Freedom comes from deep inside
all the pain of the world lives there
the second we cleanse that pain from our guts
we shall be free and in that moment we have to
fill ourselves up with all that pain of all beings
to free them – all of them

The guard is coming well
now what      maybe they'll take us
to another detention center we'll eat we'll have a floor
a blanket toilets water and each other
for a while

No somos nada y venimos de la nada
pero esa nada los es todo si la nutres de amor
por eso venceremos
We are nothing and we come from nothing
but that nothing is everything, if you feed it with love
that is why we will triumph

We are everything hermana
Because we come from everything.

[Versión original del poema escrito por Juan Felipe Herrera]

## El soldado en la habitación vacía

*a la manera del «Soldado en Mitclán» de Rigoberto González*

> No es necesario decir nada.
> El papel va contando a los muertos –
> Veinte millones.
> JUDITA VAICIUNAITE, de «Veinte millones»
> (Traducido por Jonas Zdanys)

Junto a la cama hecha de hojas y pañuelos rasgados
ventanas de harapos y humo de tabaco había
mujeres fregando el suelo
como si los huesos del soldado pudieran retorcerse, hablar y cantar:

«Oh, las colinas son alegres,
nuestros árboles verdes rebosan de canciones
llevamos nuestras hogazas de pan horneadas,
ahora, todos nuestros problemas han terminado».

El último soldado soñaba despierto
en la habitación vacía de la ciudad vacía.
Dijo: «Vi el cielo a trizas,
vi que las estrellas se desplomaban demasiado pronto».

«Estamos aquí para llenar tu boca carmesí,
de norte a sur», respondieron las estrellas.
«Estamos llamando a tu humilde puerta del invierno».

«Ven», le dijo la ninfa del bosque al último soldado,
«Tomaré tus armas de multitud de nombres».

«Ésta es Miroslava», dijo el soldado,
    «que protegió mi rostro de agujeros y polillas».

«Ésta es Marina,
	que me dio una taza de madera de luna ennegrecida».
«Ésta es Furia,
	que nunca escuchó
	que daba la espalda, la hermana que tuve una vez».
«Ésta es Lucha,
	que me bendijo, aunque yo nunca regresara,
	que era pequeña y sagrada, indulgente y pequeña de nuevo,
	la que me brindó la vida».
«Ésta es Pieter,
	que galopó hacia adelante,
	en un hermoso caballo plateado. Estaba pintada con
		truenos
	en un país de hollín y niños de brazos largos que
	se arrastraban sin una madre de leche
	o paja o finos alambres
	o un padre
	de hornos, mesas o cuervos o deseos».

«Pieter, llévame», dijo el soldado en la habitación vacía
pero Pieter se deshizo en altas llamas que lo arrastraron,
pañuelos de fuego de su cuello sinuoso y
fuego en su amplia frente.

«Ven», dijo el soldado dirigiéndose
hacia la ventana. Había pequeños cielos
hechos de rocas y conchas y canciones hechas de astillas
y agua y escupitajos. «Las nubes», dijo Pieter,

«por la carne que una vez tuve
que lanzar a los enemigos que babeaban
y pateaban, reían a carcajadas y ardían».
El último soldado se levantó en la habitación vacía y avisó a

la ninfa del bosque que revelaba sus cabellos de ríos rotos por el sol,
de hombres y balas de cañón gastadas y
perros con talegas.

El soldado se sentó en la mesa gris,
tocó el pan convertido en piedra,
desde lejos oyó a los hambrientos
marchando a través de colmenas y el tintineo
de sus cascos contra los negros
árboles adornados y –los zapatos

tantos zapatos mordidos por la metralla
golpeando, arrastrándose,
desgarrando todo alrededor y luego deteniéndose
para esperarle– a él.

[Trad. de Nieves García Prados]

## 2017-PRESENTE:
## Tracy K. Smith
[1972-]

Tracy K. Smith nació el 16 de abril de 1972 en Falmouth, Massachusetts, y creció en el norte de California. Se graduó en la Universidad de Harvard, donde estudió con Helen Vendler, Lucie Brock-Broido, Henri Cole y Seamus Heaney, en 1994. Obtuvo además un título en Escritura Creativa en la Universidad de Columbia en 1997. De 1997 a 1999 fue becaria de poesía en la Universidad de Stanford. También ejerció el profesorado en las universidades de Nueva York, Pittsburgh y Columbia. Además de la magia de Emily Dickinson, las obras de Elizabeth Bishop, Seamus Heaney, Philip Larkin, Yusef Komunyakaa y Rita Dove han ejercido una influencia significativa en la creación literaria de Smith.

Ha publicado a la fecha cuatro colecciones de poesía, empezando con *The Body's Question* (2003), que ganó el Premio Cave Canem por el mejor primer libro de una poeta afroamericana; *Duende* (2007), ganador del Premio James Laughlin de la Academia de Poetas Estadounidenses (que distingue la mejor segunda producción de un autor) y del Essence Literary Award; y *Vida en Marte/Life on Mars* (2011), obra merecedora del Premio Pulitzer de Poesía en 2012. Acerca de ella, el autor y académico Joel Brouwer escribió en 2011: «Smith se presenta como una poeta extraordinaria y de gran ambición. [...] Como toda buena poesía lo hace, *Vida en Marte* primero nos envía fuera, al frío magnífico de la imaginación, y después nos regresa a nosotros mismos, cambiados y consolados». Además ha escrito un libro de memorias, *Ordinary Light: A Memoir* (2015), finalista del Premio Nacional del Libro en el género de no ficción. Su producción poética más reciente es *Wade in the Water* (2018).

En 2016 actuó como jueza en el Premio Griffin de Poesía. Desde 2017, funge como Poeta Laureada de Estados Unidos. Otros de sus premios y reconocimientos incluyen la Beca Wallace Stegner de la Universidad de Stanford, el Premio Rona Jaffe Writers en 2004, el Essence Literary Award en 2008, una beca de la Fundación Ludwig Vogelstein y de la Conferencia de Escritores Bread Loaf, y el Premio Whiting en 2005. Tracy K. Smith es la directora del Programa de Escritura Creativa de la Universidad de Princeton y vive en Nueva Jersey. La Canciller de la Academia de Poetas Estadounidenses Toi Derricotte escribió con motivo de la entrega a Tracy K. Smith de la beca de la Academia de Poetas Estadounidenses en 2014: «Las apariencias de un poema de Tracy K. Smith son hermosas y serenas, pero por debajo hay siempre un sentido de una vastedad desconocida. Sus poemas se toman el riesgo de invitarnos a imaginar, como lo hace la poeta, lo que significa viajar en los zapatos de la otra persona. La Academia tiene la suerte de poder conferir este merecido reconocimiento a una de las poetas más importantes de nuestros tiempos».

# Duende

**1.**

La tierra está seca y ellos viven deseando.
Cada uno con un pequeño reservorio
De música furiosa que pesa en la garganta.
Lo arrastran y con uñas en los pies
Fuerzan a la noche a que exista. Breve creencia.
Una falda reluciente con lentejuelas y mentiras.
Y en esta noche que no es noche,
Cada palabra es un deseo, cada frase
Una forma que sus cuerpos ansían llenar.

> *Voy a trenzar mi cabello*
> *Trenzar muchos colores en mi cabello*
> *Voy a poner una larga trenza en mi cabello*
> *Y escribir tu nombre allí*

Desafían a la gravedad para sentirse jalados hacia atrás.
El estrépito, la loca bofetada del aterrizaje.

**2.**

Y no sólo ellos. No sólo
La familia destartalada, los *tíos*,
*Primitos*, no sólo el *bailaor*
Cuyos talones han marcado
Y martillado el tiempo
Para que las horas fluyan en su lugar
Como un río de estaño, marcando

Sólo lo que una vez fue.
No sólo las voces de raspado
Contra el río, ni las manos
Empujándolos más lejos, dedos
Como pájaros ciegos, palmas vacías,
Haciendo eco. No sólo las mujeres
Con caras sobrias y flores
En el cabello, las que bailan
Como si estuvieran enterrando
Memoria –una última vez–
Debajo de ellas.
                    Y odio hacerlo aquí.
Ponerme muy ceñida junto a ellas.
No ahora que han probado
Que el cuerpo es un mito, una parábola
Para la que ni siquiera el lenguaje
Se mueve lo suficientemente rápido para nombrar.
Si lo llamo dolor, y trato de tocarlo
Con mis manos, mi propia vida,
Se queda quieto y la música se empobrece,
Un pulso sentido para las prendas transparentes.
Si me inclino por el deseo, comienza desde…
Si me inclino desabrochada en el golpe
De pérdida tras pérdida, el amor arrojado
En el vacío extático
Me lleva con él más lejos,
A acordes que se estiran y doblan
Como la luz a través de un vidrio coloreado.
Pero sigue corriendo, hacia las sombras
Donde el mundo que conozco
Y el mundo que temo
Amenazan con encontrarse.

3.

Siempre hay un camino,
El mar, cabello oscuro, *dolor.*

Siempre una pregunta
Más grande que sí misma.

> *Dicen que te vas el lunes.*
> *¿Por qué no puedes irte el martes?*


**El alma**


La voz es clara. Tiene peso. Como piedras
Abandonadas en aguas tranquilas, o tiradas
Una tras otra a una pared baja.
Quebrándose contra lo que resiste.
No siempre haciendo una mella, pero tratando.
Y el silencio a su alrededor es una puerta.
Perforada por la luz. Una prenda
Que marca los senos, la intimidad
Entre los muslos. El cuerpo es lo que nos atrae
Tensándose al avanzar, bailando al alejarse.
Pero es la voz lo que nos invade. Incluso
Sin decir nada. Incluso sin decir nada
Una y otra vez ausente de sí.

## No lo extraño

Pero a veces me olvido dónde estoy,
Me imagino a mí misma dentro de aquella vida otra vez.

Mañanas recalcitrantes. El sol acaso,
O más bien una luz sin color

Filtrándose a través de las nubes sin forma.

Y cuando empiezo a creer que yo no he salido,
El descanso vuelve. Nuestro sillón. Mi humo

Trepando las paredes mientras las horas caen.
Luchando contra el ruido del tráfico, de la música,

De cualquier cosa viva para escuchar tu llave en la puerta.
Y esa precipitación de sentimiento en mi pecho

Como si el día, la noche, donde sea que esté
Yo en ese momento, fuera sólo un zumbido

De algo diferente a esperar.

Escuchamos tanto sobre cómo el amor se siente.
Ahora mismo, hoy, con la lluvia afuera

Y las hojas que quieren tanto como yo creer
En mayo, en las estaciones que vienen cuando las llamamos,

Es imposible no querer
Caminar hacia el cuarto contiguo y dejarte

Que pases tus manos por los lados de mis piernas,
Sabiendo perfectamente bien lo que ellas saben.


¿No te preguntas, a veces?


1.

De noche, las estrellas brillan como el hielo, y la distancia que abarcan
Esconde algo elemental. No a Dios, exactamente. Más bien a alguien
Delgado y brillante del tipo de Bowie –un Starman
O un as cósmico planeando, balanceándose, sufriendo para hacernos ver–.
¿Y qué haríamos nosotros, tú y yo, si pudiéramos saber con seguridad

Que alguien estaba ahí viendo de reojo a través del polvo,
Diciendo que nada se ha perdido, que todo vive en la espera sólo
Para ser querido de nuevo con suficiente intensidad? ¿Irías entonces,
Aunque sea por unas pocas noches, hacia esa otra vida donde tú
Y aquel primero que ella amó estuvieran ciegos al futuro y felices?

¿Debería ponerme mi abrigo y regresar a la cocina donde mi
Madre y mi padre se sientan a esperar y calentar la cena en el hornillo?
Bowie nunca morirá. Nada vendrá para él mientras duerme
Ni correrá por sus venas. Y nunca se volverá viejo,
Como la mujer que perdiste, que siempre tendrá el cabello oscuro

Y ruborizada, estará corriendo hacia una pantalla electrónica
Que marca los minutos, las millas por recorrer. Exactamente como la vida
En la que para siempre soy una niña que mira por mi ventana al cielo nocturno
Pensando que un día tocaré el mundo con las manos desnudas
Incluso si éste quema.


2.

Él no deja rastro. Se desliza más allá, veloz como un gato. Eso es Bowie
Para ti: el Papa del Pop, galante como Cristo. Como una obra de teatro
Dentro de una obra de teatro, él es una marca registrada dos veces. Las horas

Caen como agua en una ventana con aire acondicionado. Lo transpiramos
Enseñándonos a esperar. En silencio, perezosamente, el colapso ocurre.
Pero no para Bowie. Él ladea su cabeza, sonríe con esa sonrisa traviesa.

El tiempo nunca se detiene, ¿pero termina? ¿Y cuántas vidas
Antes del despegue, antes de que nos encontremos a nosotros mismos
Más allá de nosotros mismos, todo glamoroso-resplandeciente, todo brillante y dorado?

El futuro no es lo que solía ser. Incluso Bowie tiene sed
De algo bueno y frío. Los jets parpadean en el cielo
Como almas migratorias.


3.

Bowie está entre nosotros. Justo aquí
En la ciudad de Nueva York. Con una gorra de beisbol
Y unos costosos jeans. Sumergiéndose en
Una tienda de delicatessen. Exhibiendo todos esos dientes
Al portero en su camino de regreso.
O está tomando un taxi en Lafayette
Mientras el cielo se nubla en el crepúsculo.
Él no tiene ningún apuro. No siente
De la forma en que piensas que siente.
No presume ni alardea. Cuenta chistes.

He vivido aquí todos estos años
Y nunca lo he visto. Es como no distinguir
Un cometa de una estrella fugaz.
Pero apuesto que arde brillante,
Arrastrando una cola de ardiente materia blanca,
Igual que cuando alguno de nosotros rastrea papel higiénico
De regreso del baño. Él obtiene
El mundo entero bajo su pie,
Y somos pequeños a su lado,
Aunque haya ocasiones

Cuando un hombre de su tamaño puede encontrar
Tus ojos sólo por un breve momento
Y mandar un pensamiento como BRILLA
BRILLA BRILLA BRILLA BRILLA

Directo a tu mente. Bowie,
Quiero creerte. Quiero sentir
Tu deseo como el viento antes de la lluvia.
Al modo en que cualquiera simplemente obedece,
Arrasado en ese baile hipnótico
Como si algo con el poder para hacerlo así
Hubiera mirado en su dirección y dicho:
*Sigue adelante.*

# Índice

Preámbulo 7
ROBERT PINSKY
Introducción 23
LUIS ALBERTO AMBROGGIO

Agradecimientos 53

55 ANTOLOGÍA DE POETAS LAUREADOS ESTADOUNIDENSES

57 1937-1941: JOSEPH AUSLANDER [1897-1965]
Protesta 61
Camino a casa 61
Upper Park Avenue 62
Testamento 62

65 1943-1944: ALLEN TATE [1899-1979]
Oda a los muertos de la Confederación 69
Los lobos 72
El significado de la vida 73

75 1945-1946: LOUISE BOGAN [1897-1970]
Medusa 79
Conocimiento 80
El sueño 80
Noche 81

83 1946-1947: KARL SHAPIRO [1913-2000]
  La mosca   87
  Tapas de alcantarilla   89
  Hombre sobre ruedas   89
  La mujer del afinador de pianos   90

91 1947-1948: ROBERT LOWELL [1917-1977]
  En el dormitorio de mi padre   95
  Agua   96
  Por los muertos de la Unión   97
  El nihilista como héroe   100

101 1948-1949: LÉONIE ADAMS [1899-1988]
  Magnificat en breve   105
  Puesta del sol   105
  La montura   106
  Fin del pensamiento   107

109 1949-1950: ELIZABETH BISHOP [1911-1979]
  El iceberg imaginario   113
  El descreído   114
  La aldea de los pescadores   115
  Vista del Capitolio desde la Biblioteca del Congreso   118

121 1950-1952: CONRAD AIKEN [1889-1973]
  Exilio   125
  Verano   126
  Cuando no te sorprendes   127
  El saltamontes   129

131 1952: WILLIAM CARLOS WILLIAMS [1883-1963]
  La carretilla roja   135
  Esto es sólo para decir   135

Las últimas palabras de mi abuela inglesa   136
Una especie de canto   138
El gorrión (Fragmento)   138

141   1956-1958: RANDALL JARRELL [1914-1965]
Niños escogiendo libros en una biblioteca   145
Agua de pozo   146
Refugiados   147
La mujer en el zoológico de Washington   148

151   1958-1959: ROBERT FROST [1874-1963]
El muro que sana   155
El camino no elegido   156
Fuego y hielo   157
Nada dorado permanece   158
Alto en el bosque en una noche nevada   158

161   1959-1961: RICHARD EBERHART [1904-2005]
La marmota   165
La furia del bombardeo aéreo   166
La dura estructura del mundo   167

171   1961-1963: LOUIS UNTERMEYER [1885-1977]
Infidelidad   175
Apenas primavera   175
Tormenta de verano   176

179   1963-1964: HOWARD NEMEROV [1920-1991]
Dinero. Una clase introductoria   183
La aspiradora   184
El pez rape   185

189 1964-1965 | 1984-1985: REED WHITTEMORE [1919-2012]
Recogiendo almejas   193
Prefacio para un texto no escrito   194
La radio debajo de la cama   195
¿Cómo fue?   195

197 1965-1966: STEPHEN SPENDER [1909-1995]
Lo que esperaba   203
Palabra   204
Una clase de primaria en un barrio pobre   204

207 1966-1968: JAMES DICKEY [1923-1997]
Adulterio   211
El paraíso de los animales   212
La ventana del hospital   214

217 1968-1970: WILLIAM JAY SMITH [1918-2015]
Mañana de invierno   221
El mundo debajo de la ventana   222
Primitivo americano   222

225 1970-1971: WILLIAM STAFFORD [1914-1993]
Pregúntame   229
Ritual para leernos unos a otros   229
Para mis jóvenes amigos atemorizados   230

233 1971-1973: JOSEPHINE JACOBSEN [1908-2003]
Lector apacible   237
El lenguaje como un escape de lo discreto   237
El monosílabo   238

241   1973-1974: DANIEL HOFFMAN [1923-2013]
　　　Las focas en la bahía de Penobscot   245
　　　Violencia   246
　　　Debido al desencanto   247

249   1974-1976 | 2000-2001: STANLEY KUNITZ [1905-2006]
　　　El cometa Halley   255
　　　Un viejo tono agrietado   256
　　　El retrato   256
　　　Rey del río   257

261   1976-1978: ROBERT HAYDEN [1913-1980]
　　　Esos domingos de invierno   265
　　　Pasaje del medio   265
　　　Frederick Douglass   272

275   1978-1980: WILLIAM MEREDITH [1919-2007]
　　　Emisario   281
　　　El analfabeto   281
　　　Accidentes de nacimiento   282
　　　El naufragio del Thresher (fragmento)   283

285   1981-1982: MAXINE KUMIN [1925-2014]
　　　Parranda   289
　　　Una llamada   290
　　　Noé, a los seis meses   291
　　　Nuestro tiempo en la Tierra aquí será breve   292

295   1982-1984: ANTHONY HECHT [1923-2004]
　　　Una carta   299
　　　Curriculum vitae   300
　　　Muerte al pintor   301

303   1984-1985: ROBERT FITZGERALD [1910-1985]
     Canción inspirada en Campion   307
     Ligereza en otoño   307
     Metamorfosis   308
     Patrum Propositum   309
     La prioridad del amor de Borges   309

311   1985-1986: GWENDOLYN BROOKS [1917-2000]
     Somos fantásticos de verdad   315
     construcción de cocineta   315
     una canción en el jardín delantero   316
     La balada de Rudolph Reed   317
     Niño rompiendo vidrio   320
     Langston Hughes   321

323   1944-1945 | 1986-1987: ROBERT PENN WARREN [1905-1989]
     Tour patriótico y postulado de la alegría   329
     Padres Fundadores, estilo del siglo XIX,
         sureste de Estados Unidos   330
     Halcón nocturno   333
     Límite mortal   334

337   1987-1988: RICHARD WILBUR [1921-2017]
     Un símil para su sonrisa   341
     El amor nos llama a las cosas de este mundo   341
     Todas estas aves   343
     Un gusano como medida   345
     Terza Rima   345

347   1990-1991: MARK STRAND [1934-2014]
     Mantener las cosas íntegras   351
     Comiendo poesía   351

Los vestigios   352
La llegada de la luz   353

355   1991-1992: JOSEPH BRODSKY [1940-1996]
Seis años después   359
Anno Domini   360
Canción de amor   363

365   1992-1993: MONA VAN DUYN [1921-2004]
Muerte por estética   369
Amor tardío   371
Para William Clinton, presidente electo   373
Temblores de tierra se sintieron en Missouri   374

377   1993-1995: RITA DOVE [1952-]
«Enséñanos a numerar nuestros días»   381
El esclavo de la casa   381
Canario   382
Perséfone cayéndose   383
Dorada y exitosa vieja canción   384

385   1995-1997: ROBERT HASS [1941-]
Meditación en Lagunitas   389
Miseria y esplendor   390
Tiempo y materiales   391

395   1997-2000: ROBERT PINSKY [1940-]
Canto samurái   399
Camisa   400
A la televisión   402
El olvido   403

407   2001-2003: Billy Collins [1941-]
      Consejo para escritores   411
      Introducción a la poesía   412
      Otra razón por la cual no tengo una pistola en casa   413
      Pornografía   414

415   2003-2004: Louise Glück [1943-]
      Una novela   419
      Música celestial   420
      Primer recuerdo   421
      Memoria   422

423   2004-2006: Ted Kooser [1939-]
      Así que esto es Nebraska   427
      Eligiendo un lector   428
      Carrie   428
      Vuelo nocturno   429
      En la clínica oncológica   429
      Saltamontes   430

431   2006-2007: Donald Hall [1928-2018]
      Manzanas blancas   437
      Ardor   437
      Afirmación   439
      Sexo sin riesgo   440
      Después del amor   440

441   2007-2008: Charles Simic [1938-]
      *De* El mundo no se acaba   447
      Charla vespertina   448
      En la biblioteca   449
      Prodigio   450

453  2008-2010: KAY RYAN [1945-]
    Las cosas no deberían ser tan duras   457
    Cosas emparejadas   458
    Duda   458
    Tortuga   459
    Una ordinaria aguja de acero puede flotar en agua pura   460
    Dientes de tiburón   460

463  2010-2011: W. S. MERWIN [1927-]
    A las palabras   469
    Separación   470
    Antes de la inundación   470
    A las consolaciones de la filosofía   471
    Luz de lluvia   473

475  2011-2012: PHILIP LEVINE [1928-2015]
    Una historia   481
    Nuestro valle   482
    Ritos funerarios   484
    Reunión de García Lorca y Hart Crane   485
    La música del tiempo   487

489  2012-2014: NATASHA TRETHEWEY [1966-]
    Historia del Sur   493
    Ilustración   494
    Taxonomía   496

503  2014-2015: CHARLES WRIGHT [1935-]
    Música terrenal   507
    El secreto de la poesía   507
    Retrato del artista con Hart Crane   508
    *Apologia Pro Vita Sua* (dos fragmentos)   509

*Disjecta Membra* (fragmento)   510
Chickamauga   511

513   2015-2017: JUAN FELIPE HERRERA [1948-]
Fulgencio salió de Oaxaca hacia El Norte   519
Entrar al vacío   520
Mitad mexicano   523
Borderbus   524
El soldado en la habitación vacía   529

533   2017-PRESENTE: TRACY K. SMITH [1972-]
Duende   537
El alma   539
No lo extraño   540
¿No te preguntas, a veces?   541

www.ingramcontent.com/pod-product-compliance
Lightning Source LLC
Chambersburg PA
CBHW031748220426
43662CB00007B/313